PILGERN 4.0
Im Winter auf dem Jakobsweg

BEATE ZASCHKE

PILGERN 4.0

Im Winter
auf dem Jakobsweg

mitteldeutscher verlag

Für Fedor, Rolf, Cyrille, Heedo, Kim, Claire
und all die anderen Pilgerinnen und Pilger, die mit mir
zusammen unterwegs waren.

INHALT

WARUM IM WINTER?

»Im Winter kannst du doch unmöglich die Pyrenäen überqueren! Ist das nicht viel zu gefährlich? Warum wartest du damit nicht bis zum Frühjahr? Allein? Hast du dir das auch gut überlegt?«

Besorgt bis skeptisch fielen die Reaktionen in meinem Freundes- und Bekanntenkreis aus, als ich im November 2019 überraschend verkündete, vor Weihnachten auf dem Jakobsweg pilgern zu wollen. Die wenigen Äußerungen von Bewunderung bestärkten mich dafür umso mehr: »Es ist verrückt, was du vorhast, aber ich finde es toll! Ich bin gespannt, was du erleben wirst!«

Natürlich fragte ich meinen Lebensgefährten Gunter ebenfalls, was er von meiner Idee hält.

»Klar, nutze die freie Zeit, die du jetzt hast! Mach dich am besten sofort auf den Weg!«

So sehr ich den Kalender studierte und mit den Etappen meines Pilgerführers abglich, es würde kaum möglich sein, noch vor dem Weihnachtsfest das Ziel meiner Reise zu erreichen.

»Gunter, wäre es ein großes Problem für dich, wenn ich an Heiligabend nicht zu Hause bin, sondern erst am zweiten Feiertag?«

Weihnachten bedeutet uns nicht übermäßig viel. Wir sind beide geschieden, meine und seine Kinder erwachsen. An den freien Tagen wollen wir einfach nur entspannte Stunden verleben. Aber kann ich Gunter ausgerechnet in dieser Zeit, wenn alle Familien in trauter Runde unterm Tannenbaum sitzen, allein lassen?

»Keine Sorge, Schatz, mir wird die Decke nicht auf den Kopf fallen. An Heiligabend werde ich Weihnachtsmann in fünf Familien sein und am ersten Feiertag lade ich meine Kinder zum Gänsebraten ein.«

Gunter rief schon am nächsten Morgen bei der studentischen Arbeitsvermittlung an, die Weihnachtsmänner an Dresdner Familien vermittelt. Ein Job, für den er als Kinderversteher und Stimmungskanone wie geschaffen ist.

Seit ich vor vielen Jahren Hape Kerkelings Buch »Ich bin dann mal weg« las, hatte ich den Wunsch, einmal im Leben den Jakobsweg zu gehen. Ich träumte davon, mich für mehrere Wochen aus meinem Leben auszuklinken, um fern von Alltag und Verpflichtungen Spanien zu durchwandern, die Natur und Kultur dieses historischen Weges zu erleben, gleichgesinnte Menschen zu treffen, einfach nur bei mir zu sein, frei und unabhängig.

Bisher war das nicht möglich, denn ich wollte die Strecke von knapp 800 Kilometern, von Saint-Jean-Pied-de-Port bis Santiago de Compostela ohne Unterbrechung gehen. Im normalen Arbeitsleben, zumindest in der freien Wirtschaft, kann man die dafür benötigten sechs Wochen nicht in einem Stück freinehmen. Nur bei einem Jobwechsel ließe sich eine so lange Tour eventuell einplanen.

Ende September 2019 passierte genau das, unfreiwillig und unverhofft. Ich verlor von jetzt auf gleich meinen Job. Natürlich stand ich unter Schock. Ich hatte in dem mittelständischen Industriebetrieb viele Jahre in verantwortungsvoller Position gearbeitet und nun das. Kurz zuvor übernahm ein chinesischer Investor die Unternehmensmehrheit. Danach kam für mich alles ins Wanken.

Noch während des Personalgesprächs, in welchem man mir erklärte, dass man sich von mir trennen wolle, dachte ich: »Prima, ich geh' sofort pilgern! Jetzt im Herbst ist die passende Jahreszeit!«

Ganz so schnell ging es dann doch nicht. Die Verhandlungen zwischen dem Arbeitgeber und meinem Anwalt zogen sich in die Länge. Als endlich ein akzeptables Schriftstück vorlag, das den mittlerweile ersehnten Schlussstrich zog, war bereits Ende November.

Um meine Reise vorzubereiten, recherchierte ich im Internet. Welche klimatischen Bedingungen sind in Spanien im Spätherbst und Winter zu erwarten? Sind Herbergen offen?

Über verschiedene Portale erfuhr ich, dass die Temperaturen in diesem Zeitraum meist zwischen zwei und acht Grad Celsius liegen. Wunderbar, über null Grad, also kein Schnee! Pilgern im Winter sei für geübte Wanderer grundsätzlich möglich, las ich, wenn man warme und wetterfeste Kleidung hat.

Ich googelte Packlisten und ließ mich in einem Outdoorgeschäft eingehend beraten. Ich kaufte einen neuen Trekkingrucksack, Wanderstiefel und warme Kleidung aus Merinowolle. Mir war klar, dass ich im Winter fast allein unterwegs sein würde. Um sicher in Santiago anzukommen, wollte ich bestmöglich gerüstet sein. Ich lud die GPS-Tracks des Caminos auf mein Smartphone, erhöhte mein Datenvolumen, besorgte Powerpacks, eine Stirnlampe, eine Notruf-Trillerpfeife.

Im Rahmen meiner Vorbereitungen kam mir die Idee, meine Reise ganz bewusst unter das Motto »Modernes Pilgern« zu stellen. Ich bin eine Pilgerin der heutigen Zeit und nutze alle Vorteile, die sie mir bietet. Der Camino ist heute sicherer als früher und es gibt ein dichtes Netz von guten Unterkünften. Die medizinische Versorgung ist gewährleistet. In Spanien hat man selbst in den entlegensten Gebieten Handyempfang, alle Herbergen und Kneipen bieten kostenloses WIFI.

Dennoch verbinden mich mit den Pilgern früherer Jahrhunderte viele Gemeinsamkeiten. So sind die meisten von uns zu Fuß unterwegs. Die Streckenverlauf ist derselbe und beschwerlich wie eh und je. Wir passieren die gleichen Bergdörfer und Städte, Klöster, Kirchen, Berge und Täler. Einzig und allein aus eigener Kraft bewegen wir uns fort. Alles, was wir zum Leben brauchen, tragen wir bei uns. Unsere Lebensweise ist spartanisch. Wir sind auf die Gastfreundschaft der Spanier und den Zusammenhalt in der Pilgergemeinschaft angewiesen. Körperliche und mentale Grenzerfahrungen liegen vor uns.

Was wird die Reise mit mir machen?

AN DEN START
Samstag, der 23.11.2019
Dresden–Saint-Jean-Pied-de-Port

Am Vormittag bringt mich Gunter zum Flughafen. Die Sicherheitskontrollen passiere ich schnell, denn es sind nur wenige Fluggäste unterwegs. Ich sitze am Gate und warte darauf, dass das Boarding beginnt. Bis dahin ist noch eine halbe Stunde Zeit. Endlich beginnt die lang ersehnte Pilgerreise! Ab sofort bin ich auf mich allein gestellt. Mein normales Leben lasse ich für fünfeinhalb Wochen hinter mir. Ich bin frei, frei, frei!

Zu Hause ist alles erledigt. Sogar die Weihnachtsgeschenke habe ich am Vortag zur Post gebracht. Vor allem bin ich erleichtert, dass gestern endlich der Aufhebungsvertrag des Ex-Arbeitgebers im Briefkasten lag. Formal ist dieses Kapitel abgeschlossen, verarbeitet noch nicht.

Gunter hält zu Hause die Stellung und wird meine Post öffnen, falls etwas Wichtiges dabei ist. Wir haben vereinbart, dass ich ihn jeden Abend kurz anrufe, wenn ich in der Herberge angekommen bin, damit er weiß, dass es mir gut geht.

Ich blicke mich in der Abflughalle um, lasse die Schultern locker herunterhängen und atme tief aus. Wann habe ich mich das letzte Mal so leicht und unbeschwert gefühlt? Kein Reisefieber, keine Nervosität, kein mulmiges Gefühl. Nur Vorfreude!

Ich bin gespannt, was mich erwartet. Ich freue mich auf das Outdoor-Abenteuer und die sportliche Herausforderung einer langen Trekkingtour. Ich möchte die Wegstrecke, die Landschaft, Wind und Wetter, die jahrtausendealte Kultur mit Haut und Haar spüren und erleben. Ich bin neugierig auf die Mitpilger aus aller Herren Länder und die spanischen Gastgeber. Ich freue mich auf das regionale Essen und den lokalen Wein. Jeden

Morgen unbeschwert loslaufen, ohne genau zu wissen, wo ich abends ankomme, was ich unterwegs erleben und sehen werde. Jeder Tag ein Neubeginn. Unendlich lange Zeit, um über vieles nachzudenken und anschließend hinter mir zu lassen. In den kommenden Wochen möchte ich meine Akkus aufladen, damit ich anschließend wieder nach vorn schauen kann.

Mit offenen Augen werde ich unterwegs sein und meine Antennen in alle Richtungen aufstellen. Mir ist bewusst, dass ich mich auf einem historischen, religiös motivierten Weg befinde. Alles was damit zusammenhängt möchte ich kennenlernen. Kirchen und Klöster, sogar Pilgermessen werde ich besuchen. Das gehört für mich dazu, wenn ich die ganzheitliche Pilgererfahrung suche, selbst, wenn ich weder christlich noch anderweitig religiös bin. Werde ich Spirituelles erleben? Werde ich der Antwort näherkommen, ob es eine höhere Kraft gibt, die »die Welt im Innersten zusammenhält«?

Dreimal hatte ich Anlauf genommen, meinen Rucksack zu packen. Jedes Mal reduzierte ich meine Ausrüstung, bis es mir gelang, mein selbst gesetztes Ziel von 10 Kilogramm zu unterschreiten. Jedes Teil und jedes Kleidungsstück legte ich einzeln auf die Waage und entschied mich für die leichteste Variante. Wusstet ihr, dass es große Gewichtsunterschiede bei Winterschals gibt? Oder bei Brillenetuis?

Für den Flug verteilte ich mein Gepäck auf den Wanderrucksack und ein kleines persönliches Gepäckstück, damit ich die Anforderungen der Airlines für Handgepäck erfülle und nichts aufgeben muss. Ich werde in Amsterdam und Paris umsteigen, bevor ich in Biarritz lande. Von dort nehme ich ein Taxi nach Bayonne, um den letzten Zug nach Saint-Jean-Pied-de-Port zu erreichen, dem Ausgangspunkt meiner Pilgertour in den französischen Pyrenäen.

Für die Zeit im Flieger hatte ich mir vorgenommen, in mein

Pilgertagebuch meine Erwartungen und Wünsche an die Reise zu notieren, worüber ich unterwegs nachdenken und auf welche Fragen ich Antworten finden möchte. Eine Art To-do-Liste, die ich mit meinen Gedanken und Erkenntnissen am Ende der Tour abgleichen möchte.

An Bord lege ich mir zwar mein Schreibzeug bereit, aber ich habe keine Lust auf meine Ausgangsbilanz. Bloß keine Eile, der ganze Tag liegt noch vor mir! Stattdessen trinke ich im Flugzeug Tomatensaft mit Pfeffer und Salz, klicke die Ohrstöpsel ins Smartphone und ziehe mir die erste Folge der amerikanischen Comedy-Serie »The Marvelous Mrs. Maisel« rein. Zu Hause hatte ich mir alle Staffeln aufs Handy geladen, falls ich beim Pilgern mal Unterhaltung und Ablenkung brauche.

Die Umsteigezeiten verbringe ich mit Leute beobachten, Geschäftsauslagen ansehen und Kaffee trinken. Mein Pilgertagebuch rühre ich nicht an.

Der Flieger landet pünktlich in Biarritz. Von dort bringt mich ein Taxi nach Bayonne. Es ist 18 Uhr und stockdunkel, als ich am Bahnhof ankomme. Der Zug nach Saint-Jean-Pied-de-Port steht am Gleis bereit. Bin ich hier richtig? Ein kleiner Schienenbus? Ich frage vorsichtshalber nach.

Als er sich in Bewegung setzt, nehme ich endlich mein Notizbuch aus dem Rucksack und fange an, meine »To-do-Liste« aufzuschreiben. Im Nu füllen sich die Seiten. Ab und zu fallen Tränen aufs Papier. Ich bin 53 Jahre alt, es liegt weniger Lebenszeit vor als hinter mir. Wie möchte ich die nächsten Jahrzehnte gestalten? Was möchte ich noch aus meinem Leben machen?

In diese Aufzeichnungen habe ich seitdem nie wieder reingesehen. Auch am Ende der Pilgerreise nicht. Irgendetwas hält mich davon ab. Es interessiert mich nicht mehr, was ich damals notiert habe. Selbst jetzt nicht, während ich dieses Buch schreibe. Irgendetwas sperrt sich da in mir.

Als der Schienenbus den kleinen Bahnhof von Saint-Jean-Pied-de-Port erreicht, steigen nur wenige Leute aus. Es regnet in Strömen. Zum allerersten Mal ziehe ich die neongelbe Regenplane über meinen neuen Rucksack und spanne den Schirm auf. Die dunklen Straßen sind menschenleer. St. Jean ist zwar eine Kleinstadt, aber größer als vermutet. Vom Bahnhof brauche ich 15 Minuten bis ins Zentrum. Dort, in der Nähe des Stadttors, befindet sich meine Unterkunft. Ich hatte sie von zu Hause aus gebucht.

Die Tür zur Herberge »Le Chemin vers l'Etoile« ist angelehnt. Ich trete in das altertümliche Haus ein, es ist niemand zu sehen. Nachdem ich auf die Klingel am Tresen geschlagen habe, kommt der Leiter der Pilgerherberge, ein schlanker, älterer Mann, die Treppe hinunter und setzt sich an den Schreibtisch der Rezeption. Er bedeutet mir, Platz zu nehmen. Ich reiche ihm meinen Pilgerausweis und er drückt den ersten Stempel auf die noch vollkommen leere Seite.

Der Hospitalero erkundigt sich in fließendem Englisch, ob ich zum ersten Mal den Camino laufe. Ich bin verwundert. Gibt es denn Leute, die das mehrmals machen?

»Ja, das erste Mal«, antworte ich.

»Welche Pilger-App hast du auf deinem Handy?«, fragt er weiter. Wieso App?

»Ich habe nur diesen Reiseführer!«

Ich ziehe das Buch »Jakobsweg Camino de Santiago« von John Brierley aus der Seitentasche des Rucksacks.

»Das Buch ist gut, aber viel zu schwer«, setzt er fort, »du solltest die App *Buen Camino* aufs Handy laden. Darin findest du alle wichtigen Informationen zur Streckenführung, zu Herbergen und Sehenswürdigkeiten.

Morgen früh musst du gleich beim Pilgerbüro vorbeigehen,

dort einchecken und dich informieren, welche Route über die Pyrenäen offen ist. Die Spanier haben im Winter die Hauptroute gesperrt. Wir hatten in den letzten Tagen viel Niederschlag und in den Bergen hat es bereits geschneit.«

Hauptroute gesperrt? Gut zu wissen. Ich werde zusehen, dass ich morgen früh halb acht gleich dort zur Stelle bin, wenn sie öffnen.

Keine Ahnung, wie ich auf ihn wirke, so wie ich vor ihm sitze. Wahrscheinlich wie ein Häufchen Unglück. Vielleicht gibt er diese Ratschläge aber auch jedem anderen Erstpilger mit auf den Weg:

»Das Wichtigste auf dem Camino ist, dass du auf deinen Körper hörst! Er sagt dir, wieviel du ihm zumuten kannst. Darauf musst du unbedingt achten, sonst schaffst du die Tour nicht! Hier auf dem Camino brauchst du niemandem etwas beweisen! Vor allem, und das ist das Schwerste, musst du dir selbst nichts beweisen!«

Jetzt hat er bei mir ins Schwarze getroffen! Gerade darin bin ich sehr gut. Mein ganzes Leben bin ich damit beschäftigt, mir alles Mögliche zu beweisen. Gerne nehme ich Herausforderungen an. Jedes Ziel, dass ich mir setze, versuche ich mit aller Kraft zu erfüllen, wenn es mir nur wichtig genug ist.

Wie auf Knopfdruck schießen mir die Tränen in die Augen. Ich kann sie nicht unterdrücken. Ich versuche es, aber keine Chance.

»Es ist gut, dass du weinst. Denn dann sehe ich, dass du mich verstehst«, setzt er noch einen drauf.

Jetzt ist es sowieso egal. Ich lasse die Tränen laufen, es sieht ja sonst keiner außer ihm.

Du lieber Himmel! In was für einer miesen Verfassung bin ich eigentlich, wenn mich so ein Spruch dermaßen aus der Fassung bringt?!

Mein Gegenüber ist solche Situationen offenbar gewohnt. Er redet unbeirrt weiter, als wäre meine Reaktion völlig normal. »Am besten du gehst ganz ohne Erwartungen auf den Camino. Erwarte nichts und erzwinge nichts. Setz dich nicht unter Druck. Es ist deine persönliche Reise. Du machst das nur für dich, für niemand anderen. Der Camino ist ein geschützter Bereich. Du kannst ihn nutzen, indem du dich nur um dich selbst kümmerst. Mach einzig und allein das, was dir guttut. Es ist dein Weg. Hier bist du frei, ganz du selbst zu sein, bist frei von allen Verpflichtungen. Du wirst in deinem Leben nie wieder so frei sein. Du brauchst auf niemand Rücksicht nehmen, musst niemanden beeindrucken. Lass dich nicht von anderen beeinflussen. Genieße einfach den Weg. Suche keine Antworten, erzwinge sie nicht! Der Weg gibt dir irgendwann Antworten. Sie kommen von allein. Höre darauf, was der Camino dir irgendwann mitteilt, aber warte nicht darauf. Denke bei allem daran, dass du geliebt wirst. Egal was du machst, du wirst immer geliebt.«

Bei diesen Worten nehmen die Tränen gleich wieder Fahrt auf.

Er erzählt mir, dass er selbst den Camino zweimal gegangen ist. Das letzte Mal vor acht Jahren. Er war damals Alkoholiker und ist seitdem trocken. Nun betreibt er die Herberge.

Schließlich führt er mich in den Schlafsaal. Ich bin der einzige Gast. Alles ist sauber, ordentlich und modern, auch die Duschen und der Waschraum.

Er zeigt mir im Gemeinschaftsraum, wo ich am nächsten Morgen mein Frühstück vorfinden werde. Er sei dann nicht mehr da. Wenn ich morgen früh die Herberge verlasse, brauche ich nur die Tür hinter mir zuzuziehen.

Meine allererste Herberge! Die Schlafetage besteht aus vielen kleinen Kammern, die mit Vorhängen abgetrennt sind. In diesen Unterteilungen steht jeweils ein Doppelstockbett, das gerade so hineinpasst. Jede Bettetage hat ein eigenes kleines Lämpchen und ein winziges Regal mit Steckdose. Man kann hier das Handy ablegen und laden.

Die Matratze und das längliche, prallgefüllte Kopfkissen stecken in einem abwaschbaren, dunkelblauen Gummiüberzug. Das wirkt auf mich sympathisch, weil hygienisch. Auf jedem Bett liegt eine flauschige Decke. Die brauche ich nicht. Ich packe sie gleich auf die obere Etage, denn ich habe meinen Schlafsack.

Vom Hospitalero hatte ich ein Set Einwegbettwäsche aus papierartigem Material bekommen, einen Matratzen- und einen Kopfkissenbezug. Diese Bettwäsche wirft man am nächsten Morgen weg. Mehr als zweimal kann man sie nicht verwenden, weil sie leicht zerreißt. Meine Schlafstatt ist nun vorbereitet.

Ob ich jetzt, im Ort, nach 21 Uhr, noch etwas zu essen bekomme?

Ich trete hinaus auf die nasse Straße. Immer noch fällt Sprühregen. Das mittelalterliche Stadttor ist angestrahlt. Hoch oben, auf einem Sims über dem hohen Durchgang des Tores, steht eine überlebensgroße Pilgerstatue mit massivem Wanderstab. Ich blicke andächtig hoch, mein Herz klopft und ich spüre vor Aufregung einen Kloß im Hals. Jetzt ist es für mich greifbar und fühlbar! Ich bin auf dem Camino! Ich spüre es! Er dort oben ist der erste Pilger, der mir begegnet, auch wenn er nur eine Sandsteinfigur ist. Nun ist der Camino Realität. Jahrelang träumte ich davon, hierher zu kommen und nun bin ich da!

Wie viele Pilger mögen vor mir durch dieses Tor gegangen sein? Welche Beweggründe und Erwartungen werden sie gehabt haben? Genau an dieser Stelle haben sie die schützenden Mauern der Stadt hinter sich gelassen, um auf eine ungewisse Reise zu gehen.

Das Stadttor von Saint-Jean-Pied-de-Port wird nachts angestrahlt

Saint-Jean-Pied-de-Port wirkt wie ausgestorben. Die Altstadt liegt auf einem steilen Hügel. Ich streife durch die schmalen mittelalterlichen Gassen. Alles ist geschlossen. Geschäfte, Kneipen – alles dunkel. Ich komme an einem Flachbau vorbei, einem Imbiss. Durch die hell erleuchteten Schaufenster sehe ich ein paar dubiose Gestalten an einarmigen Banditen stehen. Nein, hier gehe ich lieber nicht rein. Jetzt bin ich froh, dass ich noch ein belegtes Brötchen von meinem Reiseproviant übrighabe.

Als ich später geduscht in meinem Bett liege, bin ich immer noch der einzige Gast. Ich bin der einzige Mensch im ganzen Haus. Ich checke das Wetter auf dem Handy. Nur zwei Grad werden es morgen früh sein.

Verrückt, mein Handy bewirkt, dass ich mich fast wie daheim fühle, selbst mutterseelenallein in der Fremde. Das Smartphone ist das Tor zur großen, weiten Welt, zur Community, in der man auch sonst unterwegs ist. Eine immer verfügbare Verbindung zum gewohnten Umfeld. Ich denke an mein Motto »Modernes Pilgern«. Mit unseren heutigen Kommunikationsmöglichkeiten besteht durchaus ein großer Unterschied zu früheren Zeiten, als die Pilger monatelang von zu Hause fort waren, ohne jeglichen Kontakt.

Ich stelle den Wecker auf sechs Uhr.

TAG 1: ÜBER DIE PYRENÄEN
Sonntag, der 24.11.2019
Saint-Jean-Pied-de-Port–Roncesvalles

Es ist kalt in der Herberge, schnell ziehe ich mich an. Die schwache Beleuchtung lässt mich die Gegenstände auf meinem Bett kaum erkennen. Meine Handgriffe beim Verstauen des Schlafzeugs und beim Packen des Rucksacks sind noch unbeholfen. Ich überlege bei jedem Teil, wo es hingehört. Unten in den Rucksack? Nein, es ist schwer, näher an den Rücken. Ich packe immer wieder um. Es dauert lange bis ich fertig bin.

Mit meinem Gepäck auf dem Rücken und startbereit angezogen, gehe ich hinunter in den Gemeinschaftsraum, um zu frühstücken. Der Kaffeeautomat füllt die Tasse nur zur Hälfte. Auf dem Tisch steht ein kleiner Korb mit einzeln eingeschweißten Keksen. Das ist alles? Für dieses Frühstück habe ich fünf Euro bezahlt? Ich rühre den Süßkram nicht an. Im Ort finde ich bestimmt etwas Besseres.

Ich schwinge den Rucksack auf den Rücken, ziehe die Mütze tief ins Gesicht und gehe zur Haustür hinaus, die geräuschvoll hinter mir zuklappt.

Es ist halb acht, und immer noch tiefschwarze Nacht. Spanien liegt weiter westlich als Deutschland, deshalb bleibt es morgens deutlich länger dunkel. Am Abend setzt die Dämmerung entsprechend spät ein, erst gegen 18 Uhr, ein großer Vorteil beim Wandern.

Zum Pilgerbüro sind es nur wenige Schritte. Die freundliche, ältere Dame erklärt mir anhand eines Lageplans den alternativen Weg über die Pyrenäen, über den Ort Valcarlos, denn die Hauptroute, die Napoleon-Route, ist tatsächlich gesperrt.

Sie notiert sorgfältig meine Personalien in einem Buch und drückt einen weiteren Stempel in meine Credential, den Pilgerausweis. In einem Korb liegen große Jakobsmuscheln, zum Befestigen am Rucksack. Gegen eine Spende darf ich mir eine aussuchen. Offiziell registriert geht es jetzt los.

Vorher muss ich unbedingt noch etwas zu essen kaufen. Ich habe nichts mit, keinerlei Proviant, nicht mal eine Wasserflasche, auch keine Süßigkeiten. Und der Magen ist leer.

Die Geschäfte und Bars, an denen ich vorbeikomme, sind geschlossen. Es ist Sonntag! Das kann doch nicht wahr sein! Ich dachte, der Camino hätte eine gute Infrastruktur! Was mache ich nur?

Es bleibt mir nichts anderes übrig, als mich trotzdem auf den Weg zu begeben, in der Hoffnung, unterwegs etwas kaufen zu können.

Ohne Frühstück ist mit mir nicht viel anzufangen. Wie lange mag es dauern, bis mir vor Hunger schlecht wird?

Das Stadttor liegt hinter mir, als ich bemerke, dass Passanten einen kleinen Laden ansteuern. Das ist doch – ein Bäcker!

Ich trete in das winzige Geschäft ein. Es ist warm hier und duftet herrlich nach frischem Brot. Ich kaufe drei Gebäckteile und eine Halbliterflasche Wasser. Ein Kuchenstück esse ich sofort im Laden und trinke dazu einen Kaffee, den es ebenfalls gibt. Meine Lebensgeister erwachen.

War dies jetzt schon die berühmte »Rettung in der Not«, von der auf dem Camino immer berichtet wird? Jedenfalls bin ich gestärkt, um meine erste Etappe zu beginnen.

Nieselregen setzt ein. Das Infoblatt mit der Wegbeschreibung aus dem Pilgerbüro ist bereits durchnässt. Ich spanne meinen Regenschirm auf und schreite auf kaum befahrenen asphaltierten Nebenstraßen ein Tal aufwärts, passiere kleinere Gehöfte. Es geht mal mehr und mal weniger steil voran. Anstrengend, aber machbar.

Nach nur einer Stunde macht sich ein Stechen im rechten Fuß bemerkbar. Die neuen Schuhe! Sie sind nicht eingelaufen! Gestern bei der Anreise hatte ich sie den ganzen Tag getragen und alles war gut. Und jetzt?!

Jedes Mal, wenn ich den Fuß aufsetze, piekst es im Fußballen unterhalb des dritten und vierten Zehs. Um das Stechen zu vermeiden, kralle ich die Zehen ein. Das hilft ein bisschen. Wenn ich kurz stehen bleibe, vergeht der Schmerz, kehrt beim Weitergehen aber sofort zurück. Mit allem Möglichen hatte ich gerechnet! Vor allem damit, dass mein bandscheibengeschädigter Rücken Probleme bereiten könnte. Aber, Fußbeschwerden? Nach so kurzer Zeit? Hoffentlich bringt das nicht meine ganze Pilgerreise in Gefahr! Schlimmer darf es jedenfalls nicht werden.

Nach eineinhalb Stunden erreiche ich die Grenze von Frankreich nach Spanien. Hier, im Ort Arneguy, befindet sich eine Tankstelle sowie ein Einkaufszentrum mit großem Supermarkt. Geschäftiges Kommen und Gehen der zahlreichen Wochenendeinkäufer auf dem großen Parkplatz.

Ob ich noch etwas kaufe? Nein, lieber keine Zeit verlieren. Ich habe ja meine Wasserflasche und ein trockenes Brötchen. Später werden sich bestimmt noch andere Einkaufsmöglichkeiten finden.

Die Straße wird steiler. Es ist später Vormittag und Hunger und Durst melden sich. Auch wenn es regnet und ich mich nirgends hinsetzen kann, ich muss jetzt eine Pause machen! Ungern setze ich den sauberen Rucksack im nassen Gras ab. Bis auf einen kleinen Rest trinke ich meine Wasserflasche in einem Zug aus. Hätte ich doch bloß vorhin im Supermarkt noch Wasser gekauft! Seitdem passierte ich mehrere kleine Dörfer, aber nirgends fand ich einen Laden.

Die schmale asphaltierte Straße führt immer höher in die Berge. Aus der offenen Garage eines Wohngrundstücks stürmen zwei aggressive Hunde auf die Straße, springen mich an und schnappen von zwei Seiten nach mir. Sie kläffen wie verrückt und versuchen, mich zu beißen. Ich halte den geöffneten Regenschirm wie einen Schutzschild vor meine Beine und wehre die Angriffe ab. Ich stoße mit dem geöffneten Schirm gegen den Hund, der mir gerade am gefährlichsten wird und schreie laut: »Verpiss dich, du Mistvieh! Hau ab!«

Schade, dass der Schirm keine lange Metallspitze hat. Das wäre noch wirkungsvoller. Selbst als ich das Grundstück, das die Hunde bewachen, hinter mir gelassen habe, folgen sie mir nach. Irgendwann bleiben sie stehen, ihr Revier ist zu Ende.

Das war nicht ohne! Der Schrecken sitzt mir in den Knochen. Eines der Viecher hat mich tatsächlich ins Bein gezwickt, aber die Zähne haben den Stoff der Hose nicht durchdrungen. Bin ich froh, dass es regnete und ich meinen Schirm aufgespannt in der Hand hielt! Unvorstellbar, was passiert wäre, wenn ich nur einen Poncho gehabt hätte! Ich wäre geliefert gewesen. Jetzt verstehe ich, warum die mittelalterlichen Pilger einen massiven Wanderstock dabeihatten.

»Durst ist schlimmer als Heimweh!«, dieses Sprichwort kreist in meinem Kopf. Ich kann nur hoffen, dass ich im nächsten Dorf, dem letzten vor dem Pyrenäenkamm, ein offenes Geschäft finde, in dem ich Wasser und etwas zu essen kaufen kann. Ich schaue auf dem Handy bei Google Maps nach. In Valcarlos ist ein Supermercado, ein Lebensmittelladen, eingezeichnet. Aber, ob der heute geöffnet ist?

Die weiß getünchten Häuser des Ortes leuchten mir von Weitem entgegen. Nach einer weiteren halben Stunde steilen Aufstiegs erreiche ich sie und biege auf die Hauptstraße ein. Ich kann erkennen, dass Kunden ihre Einkaufswagen in einen

Supermarkt schieben. Glück gehabt! Im Laden finde ich alles, was ich brauche – Wasser, Brot, Toblerone, gekühlte Getränke. Noch in der Ladentür öffne ich eine Dose Cola und beiße in das Baguette, dass ich gekauft habe.

Es ist 12 Uhr. Ich habe erst elf Kilometer zurückgelegt. Wie weit ist es noch bis zum Tagesziel, bis nach Roncesvalles? Ein Wegweiser gibt 15 Kilometer an und veranschlagt dafür vier Stunden. Das Geländeprofil meiner Pilger-App zeigt, dass es bis zum Pyrenäenkamm noch weitere 720 Höhenmeter sind. Der schlimmste Anstieg steht mir noch bevor!

Jetzt bloß keine Zeit verlieren, denn ich will vor Einbruch der Dunkelheit ankommen!

Kurz nach Valcarlos verlässt der Camino die Asphaltstraße und führt über steile, ausgewaschene Pfade ins Gebirge. Die anhaltenden Regenfälle der letzten Tage machen sich nun bemerkbar. Der Bach neben dem Camino ist angeschwollen und tritt über die Ufer. Über den Pilgerweg ergießen sich an mehreren Stellen Sturzfluten. Das Laufen auf Geröll, über Stock und Stein, ist für meinen schmerzenden Fuß wegen des Massageeffekts wohltuend im Vergleich zur Asphaltstraße.

Immer steiler geht es aufwärts. Langsam und gleichmäßig setze ich einen Fuß vor den anderen und ducke mich dabei unter meinen Schirm, denn es regnet wieder. Laufen, nach 20 Schritten kurz stehenbleiben, verschnaufen, warten, bis sich der Puls beruhigt. Weiterlaufen bis zur nächsten Kurve. Immer weiter. So geht es drei Stunden langsam, aber stetig voran. Jetzt müsste doch bald mal der Gebirgskamm zu sehen sein! Nein, hinter jeder Wegbiegung erscheint nur wieder ein neuer Anstieg.

Ab und zu breche ich eine Zacke meiner Toblerone-Schokolade ab. Schließlich öffne ich auch noch die zweite Getränkedose. Die spanische Orangenlimo schmeckt fruchtig und bringt einen Energieschub.

Das Kloster Roncesvalles

Am späten Nachmittag sichte ich im regenfeuchten Nebel eine Passstraße mit Parkplatz und Picknicktischen an einem Aussichtspunkt. Höher geht es nicht. Das also ist der ersehnte Kamm der Pyrenäen! Ich blicke ringsum auf schneebedeckte Bergkuppen. Es weht ein eisiger Wind.

Kinder auf Schulausflug steigen in ihren Bus, um heimzufahren. Der Motor läuft die ganze Zeit. Ich sehe, dass es drinnen mollig warm ist, während ich anfange zu frieren. Ob sie mich ein Stück mitnehmen? Nein, ich schiebe den Gedanken gleich wieder beiseite. Die knapp zwei Kilometer bergab zu meinem Tagesziel schaffe ich jetzt auch noch.

Kloster Roncesvalles, Kreuzgang mit Schneebergen

Nach einer Dreiviertelstunde Abstieg tauchen vor mir in der einsetzenden Dämmerung die gewaltigen Mauern des Klosters Roncesvalles auf. Was für eine Erleichterung bei diesem Anblick, hoffe ich doch auf Schutz und Obdach! Genauso wie ich müssen sich die Pilger in den Jahrhunderten vor mir gefühlt haben. Ich erinnere mich an die düstere Stimmung im Film »Der Name der Rose«. Habe ich vielleicht einen Zeitsprung gemacht?

Die Herberge im Kloster ist wie erwartet geöffnet. In einem dunklen, holzgetäfelten Büro sitzt eine streng aussehende ältere

Dame. Eine Nonne? Beim Check-in reiche ich meinen Personalausweis und meine Credential über den schweren Schreibtisch und werde aufgefordert, ein Formular auszufüllen. Es wird unter anderem nach dem Grund der Pilgerreise und der Konfession gefragt. Eine Reihe von Optionen steht zur Auswahl. Ich kreuze »Atheist« an und beim Zweck der Reise »spirituell« und »kulturell«. Ich stutze kurz und überlege, ob sich die Angaben »Atheist« und »spirituell« nicht widersprechen. Die Nonne wirft einen prüfenden Blick auf meine Kreuze und nimmt meinen Zettel ungerührt entgegen. Also ist die Kombination »spiritueller Atheist« nicht so ungewöhnlich.

Der Schlafsaal mit vielen Doppelstockbetten ist gut geheizt. Nur ein einziger Pilger ist bis jetzt hier, Candido aus Murcia. Er liegt mir gegenüber im unteren Bett und liest in seinem Reiseführer. Später treffen weitere Pilger ein. Die meisten beginnen hier ihre Tour, denn Roncesvalles ist der erste spanische Ort hinter dem Pyrenäenkamm.

Am Abend findet eine Pilgermesse statt, eine katholische Zeremonie in spanischer Sprache. Zehn Pilger haben sich in der Klosterkirche eingefunden. Ich sitze allein in einer der vorderen Reihen, alle anderen haben hinter mir Platz genommen. Zum Glück entdecke ich Candido in meiner Nähe. Ich drehe mich ständig zu ihm um, damit ich sehe, bei welchen Gebeten ich aufstehen muss und wann ich mich wieder setzen darf.

Schließlich wird die Gemeinde zum Abendmahl gebeten. Ich bin mir nicht sicher, ob ich daran teilnehmen darf. Ich meine, in Deutschland gehört zu haben, dass man als Atheist davon ausgeschlossen ist. Aber Candido stupst mich an und bedeutet mir, nach vorn zu gehen. Auch alle anderen gehen nach vorn. Okay, na gut. Wenn ihr meint.

Am Ende des Gottesdienstes kommt der Priester mit ernstem Blick zu uns Pilgern in die Bankreihen, drückt jedem von uns fest die Hand und wünscht einen »Buen Camino«, einen »Guten Weg«.

So werden wir auf die Reise geschickt. Diese Pilgersegnung hat mich sehr beeindruckt. Durch sie habe ich mich auf dem gesamten weiteren Weg beschützt gefühlt.

Das benachbarte Restaurant bietet am Abend ein Pilgermenü an. Direkt nach der Messe gehen Candido, Heedo aus Südkorea, Cyrille aus Frankreich und ich zusammen dorthin. Bei einfachem Essen und leckerem Rotwein unterhalten wir uns, als würden wir uns schon lange kennen. Ich bin erleichtert, dass außer mir noch andere Pilger auf der Strecke sind – angenehme Weggefährten, die ich hoffentlich immer wieder treffen werde.

Ich bin glücklich und zufrieden. Der erste Pilgertag ist geschafft!

TAG 2: DIE RETTENDEN NOTFALLSCHUHE
Montag, der 25.11.2019
Roncesvalles–Zubiri

Es ist wie im Arbeitsleben. Der erste Tag in einem neuen Job ist anstrengend und aufregend, man weiß nicht so recht, was auf einen zukommt, und man fühlt sich unsicher. Alles ist neu. Man kennt die Gepflogenheiten und die Kollegen nicht, weiß nicht, wie alles funktioniert. Der zweite Tag ist schon anders, vertrauter.

Viel entspannter ist auch mein zweiter Pilgertag. Ich bin froh, dass mit mir noch andere Pilger unterwegs sind, sympathische Leute. Ich weiß nun auch, was ich mir unter einer Pilgerherberge vorstellen kann und dass diese nicht so schrecklich sind, wie sie Hape Kerkeling seinerzeit erlebt hat.

Heute steht mir keine allzu schwere Etappe bevor. Nur 23 Kilometer sind es bis Zubiri, meinem Etappenziel. Ich werde heute vom Gebirge absteigen. Die Strecke, die es gestern auf der französischen Seite der Pyrenäen hinaufging, geht es nun auf der spanischen Seite wieder runter, ungefähr 500 Höhenmeter. Eine so anstrengende Etappe wie gestern werde ich nie wieder auf dem Camino bewältigen müssen. Gut zu wissen, dass ich das Schlimmste bereits am Anfang geschafft habe.

Nach dem Frühstück ist allgemeiner Aufbruch. Kurz nach acht Uhr verlasse ich die Herberge. Jeder läuft allein los. Der Camino ist mit gelben Pfeilen lückenlos markiert. Es nieselt etwas. Zunächst gehe ich durch nasses Laub und über aufgeweichte Wege. Bald führt der Camino über ländliche Nebenstraßen und ich gelange in ein Dorf. In einem kleinen Supermercado kaufe ich meinen Tagesproviant, diesmal wirklich genug Wasser, zwei Dosen Cola, zwei Bananen und etwas zum Knabbern. Das trockene Baguette von gestern habe ich noch einstecken. Damit sollte ich über den Tag kommen. Welch ein beruhigendes Gefühl, nach den Erfahrungen des Vortags, genug zu essen und zu trinken dabeizuhaben.

Genau eine Stunde später melden sich die Schmerzen im rechten Fuß zurück. Bei jedem Auftreten dieses Stechen!

Es hilft nichts, ich muss auf meine Notfallschuhe wechseln. Nur, wo? Hier ist alles nass und schlammig. Nirgends kann ich den Rucksack abstellen und mich hinsetzen. Schließlich entdecke ich am Wegesrand einen gemauerten Steinsims, regennass. Ich nehme meinen Rucksack ab. Ohne dieses Gewicht scheine ich fast zu schweben. Dank meiner Styropor-Sitzmatte kann ich mich hinsetzen, ohne nass und kalt zu werden.

Tief unten im Rucksack befinden sich meine Notfallschuhe – uralte Laufschuhe. Sie haben Hunderte Joggingkilometer auf dem Buckel und sind eingelaufen wie nur irgendetwas. Das Fußbett ist durch meine eigenen Füße so stark ausgeformt, dass es einen Negativabdruck derselben abgibt. Der einzige Nachteil ist, dass sie nicht wetterfest sind, da sie aus luftdurchlässiger Gaze bestehen. Selbst Windstöße spüre ich durch sie hindurch. Aber egal, Hauptsache, die Schmerzen hören auf.

Wie leicht fühlen sich die Joggingschuhe an meinen Füßen an! Was für ein Unterschied zu den klobigen Wanderstiefeln! Nun habe ich allerdings Mühe, diese in meinen vollen Rucksack zu zwängen.

Mit einem beherzten Schwung setze ich ihn auf. Seit gestern ist er um einiges schwerer geworden, Dank dem gekauften Proviant, der Getränke und nun der schweren Schuhe. Mein selbst gesetztes Limit von 10 Kilogramm ist bestimmt bei Weitem überschritten.

Ab dem ersten Schritt merke ich es – der Schmerz ist weg! Erstaunlich, was die Turnschuhe bewirken! Durch die weiche

Sohle merke ich zwar jeden Stein, jede Unebenheit. Aber das ist sogar gut so, denn meine Fußsohlen werden gründlich durchgewalkt. Jedoch muss ich jetzt sehr aufpassen, wo ich hintrete, damit die Schuhe halbwegs trocken bleiben. Nicht einfach, bei den Pfützen und dem nassen Gras am Wegesrand.

An meinen Laufschuhen hängen Erinnerungen. Was habe ich nicht alles mit ihnen erlebt! Eigentlich wollte ich sie zu Hause schon wegwerfen, denn sie sind mittlerweile acht Jahre alt und ausgelatscht.

Diese Sportschuhe sind meine Marathonschuhe. Marathon? Ja, richtig! Es könnte gut sein, dass ich mit ihnen schon mehr als tausend Kilometer gerannt bin. Gut, in letzter Zeit benutzte ich sie weniger. Aber vor ein paar Jahren fast jeden Tag.

Gekauft hatte ich sie im Jahr 2011 in einem Laufsportladen, mit vorheriger Videoanalyse meines Laufstils auf dem Laufband. Es war mir wichtig, die bestmöglichen *Running Shoes* für mich zu finden, denn ich hatte Großes vor.

Am 9. Januar 2011 war ich bei einem Vortrag in der Dresdner Schauburg, einem Kino. Seltsam, dass ich mir das Datum gemerkt habe. Es ging um Motivation und was man alles erreichen kann, wenn man es nur will.

Der Referent war ein Extremsportler, der einmal um die ganze Welt gerannt ist. Jeden Tag im Dauerlauf 50 Kilometer, mit Begleitfahrzeug und Filmteam. Jeden Tag mehr als ein Marathon. Er kam damit in das Guinness-Buch der Rekorde.

Zu Beginn des Vortrags zeigte er ein Bild, wie er mit 38 Jahren, vor seiner sportlichen Karriere, aussah. Er hatte gut 20 Kilogramm Übergewicht, war Alkoholiker und starker Raucher, keine Bewegung, kein Sport. In seinem Handwerksbetrieb, einer Sanitärinstallationsfirma, arbeitete er bis zum Umfallen. Er war bereits gesundheitlich so angeschlagen, dass ihn der Arzt warnte, wenn er so weitermache, habe er nur noch sechs Monate zu leben. Das war der Weckruf, der ihn dazu brachte, sein Leben zu ändern.

Er hörte mit Rauchen und Trinken auf und fing ganz behutsam an, Sport zu treiben. Anfangs lief er nur kurze Strecken, nicht mehr als 400 Meter um den Häuserblock. Bereits da hätte er schon ein Sauerstoffzelt gebraucht. Langsam steigerte er die Streckenlänge. Irgendwann bewältigte er fünf Kilometer am Stück, dann zehn Kilometer. Viel später Halbmarathon, Marathon und Ultraläufe.

Seine Botschaft war: Wenn sogar er es geschafft hat, einen Marathon zu laufen, kann es jeder schaffen!

An diesem Sonntagnachmittag bin ich aus dem Vortrag mit dem Entschluss rausgegangen, dass ich gleich am nächsten Tag mit joggen anfange, um genau dieses Ziel zu erreichen. Ich möchte einen Marathon laufen. Einmal im Leben möchte ich das tun.

Ich habe mein Vorhaben durchgezogen. Mit Hilfe eines Trainingsplans für die Halbdistanz, den ich mir aus dem Internet heruntergeladen hatte, trainierte ich eisern. Vier Monate später lief ich bei einem Volkssportwettkampf diese Strecke mit.

Unter Läufern gilt der Slogan: »Wer einen halben Marathon schafft, schafft auch einen ganzen.«

Das war nun mein nächstes Ziel.

Im großen Angebot an Literatur zu dieser Königsstrecke suchte ich mir ein Buch mit einem geeigneten Trainingsplan aus, den ich ziemlich genau umsetzte. Das bedeutete, über sechs Monate lang, jeden zweiten Tag die vorgegebenen Laufdistanzen zu absolvieren. Meine Haus- und Hofstrecke, den Elberadweg, kannte ich in- und auswendig. Sonntags bin ich die langen Kanten gelaufen, um die 25 bis 30 Kilometer am Stück. Da war ich schon einige Stunden unterwegs. Im Winter ist mir dabei sogar das eine oder andere Mal das Wasser in der Trinkflasche eingefroren.

Am 29. April 2012 war es dann so weit. Ich stehe auf der Reeperbahn, inmitten der 25.000 Teilnehmer des Hamburg-Marathons und warte auf den Startschuss. Ich bin aufgeregt, aber voller Vorfreude. Das ist nun die Belohnung für mein monatelanges Training, für die Strapazen der vielen Läufe im Winter!

Mit Musik und markigen Sprüchen heizt ein Radiomoderator der wartenden Menge ein. Alle Sportler um mich herum strahlen, hüpfen auf der Stelle und scharren förmlich mit den Hufen, wollen endlich losrennen. Ich fühle mich gut vorbereitet und werde mein eigenes Tempo laufen, nicht zu schnell am Anfang, damit die Kraft bis zum Schluss reicht. Durchkommen, ankommen – das ist mein Ziel.

Aus den großen Lautsprecherboxen ertönt der kolossale Sound des Songs »Jump« von van Halen: »I get up, and nothin' gets me down«. Ein sehr emotionaler Moment! Nun wird im Chor der Countdown zurückgezählt: zehn, neun, acht, sieben, sechs, fünf, vier, drei, zwei, eins, und … Startschuss! Die Menge bricht in einen Jubelschrei aus. Die schnellsten Läufer ganz vorn im Starterfeld, die Schwarzafrikaner, stürmen im Sprinttempo los.

Es dauert noch einige Minuten, bis sich auch das hintere Feld, in dem ich mich befinde, in Bewegung setzt. Das macht nichts, denn die Zeitnahme beginnt erst, wenn man mit dem elektronischen Chip, der am Schuh befestigt ist, die Startlinie übertritt.

Überall säumen Zuschauer die Straßenränder. In den Fenstern stehen Musikboxen, die die Straßen beschallen. In regelmäßigen Abständen feuern Trommlergruppen die Läufer an. Meine Schrittfrequenz passt sich automatisch den Rhythmen an. Das Laufevent ist eine einzige große Party, egal, durch welchen Stadtteil man kommt. Erst geht es die Reeperbahn entlang, dann über die Landungsbrücken an der Elbe zurück in Richtung Speicherstadt, durch einen Elbtunnel, weiter an der Außenalster, direkt an Udo Lindenbergs Hotel »Atlantik« vorbei. Sightseeing per Marathonlauf!

Auf der Reeperbahn spricht mich ein Mitläufer an, der ungefähr dasselbe Tempo wie ich hat, ob er sich mit mir unterhalten darf. Ja, warum nicht?

Als gut trainierter Volkssportler kann man beim Laufen durchaus reden, so wie andere Menschen beim Wandern auch. Bei Profiläufern funktioniert das wahrscheinlich nicht.

Wir plaudern über das Marathontraining, den Job und Gott und die Welt. So abgelenkt, bringen wir die ersten 25 Kilometer fast unmerklich hinter uns. Dann trennen sich unserer Wege.

Die Hälfte der Strecke ist geschafft und ich fühle mich noch recht gut. Aber bald ziehen sich die Kilometer in die Länge. Ab Kilometer 35 wird es beschwerlich. Ich bekomme großen Hunger und die Knie fangen an zu schmerzen. Ich sehne die nächste Verpflegungsstation herbei, wo es Bananen und Energienahrung gibt. Ab Kilometer 35 wird es erst richtig interessant, denn weiter bin ich im Training noch nie gelaufen. Das wäre zu anstrengend für den Körper. Die Regeneration würde zu lange dauern.

Die Abstände zwischen den Kilometerschildern erscheinen mir jetzt quälend lang. Ich beobachte die Läufer, die vor mir sind. Es ist eine bunt gemischte Schar. Viele Ältere, um die 50, 60. Manche sind verkleidet, einige humpeln, aber alle sind genauso schnell wie ich und augenscheinlich in guter Verfassung. Endlich kommt der ersehnte Meilenstein, Kilometer 40! Jetzt sind es nur noch zwei Kilometer bis zum Ziel. Es ist fast geschafft. Der berüchtigte »Mann mit dem Hammer«, der zwischen Kilometer 35 und 38 lauert und manchen Läufer einknicken lässt, hat sich mir nicht in den Weg gestellt. Mein Trainingsplan ist aufgegangen.

Nach einem letzten, langen Anstieg erblicke ich den Zieleinlauf. Meine Emotionen drängen nach oben, noch viel stärker als beim Start. Nur nicht losheulen!

Zu beiden Seiten des lang ausgerollten roten Teppichs, auf dem die Sportler ankommen, sind Zuschauertribünen aufgebaut. Ob dort Gunter sitzt, zusammen mit seiner Tochter? Sie hatten mich nach Hamburg begleitet. Mehrmals traf ich sie unterwegs an der Strecke, wo sie mich anfeuerten.

Nun kommt der Moment, der mir immer unvorstellbar, unerreichbar erschien. Schon als Kind hatte ich mich gefragt, wie es überhaupt möglich ist, diese lange Distanz im Dauerlauf zurückzulegen. Und jetzt bin ich dabei, das Unvorstellbare selbst zu vollbringen!

Ich laufe über den roten Teppich auf das Ziel zu. Weiter, weiter, nicht nach rechts und links schauen! Nicht heulen!

Wettkampfhelfer stehen direkt hinter dem Zieleinlauf und hängen den Ankommenden die Finishermedaillen um. Jetzt ist es mit meiner Beherrschung vorbei, ich breche in Tränen aus. Ich hab's geschafft! Geschafft! Wahnsinn!

Und danach?

Danach hatte ich einen heftigen Muskelkater. Am nächsten Tag konnte ich kaum die Hoteltreppe hinuntergehen.

Aber jetzt im Ernst: Danach hatte ich das Gefühl, ich kann alles schaffen. Alles, wenn ich es nur wirklich will. Denn es gab für mich keine größere vorstellbare Herausforderung, als einen Marathon zu laufen. Dieses Gefühl war nach dem Wettkampf sehr stark. Mit der Zeit flaute es natürlich wieder etwas ab. Aber, es ist immer noch da, auch jetzt. Auch heute, auf dem Camino.

Das Wetter bessert sich gegen Mittag und die Sonne kommt heraus. Es ist spätsommerlich warm. Der Weg führt über ausgewaschene Pfade durch grün belaubte Wälder. Die Vegetation ist in einem Zustand wie in Deutschland im September. Ich durchquere kleine Dörfer mit einfachen Bauernhäusern. Kaum ein Mensch ist zu sehen.

Am Nachmittag sehe ich das Ziel meiner heutigen Etappe, die Stadt Zubiri, unten im Tal liegen. Mein rechter Fuß schmerzt inzwischen wieder, trotz der Laufschuhe, aber es ist nicht mehr weit für heute.

Am Ortseingang übersehe ich die Herberge, die sich direkt an der mittelalterlichen Steinbrücke befindet und gehe weiter in die Stadt hinein. Ich klappere alle Unterkünfte ab, die meine Pilger-App als geöffnet angibt. Aber sie sind geschlossen, auch die Touristeninformation ist zu. Wo übernachte ich bloß? Wo sind denn die anderen Pilger untergekommen?

Ich spreche eine ältere Passantin an. Sie erklärt mir auf Spanisch und mit Händen und Füßen den Weg zu einer kleinen Pension. Ich bin erleichtert, dass ich sie ohne Probleme finde. Für 20 Euro bekomme ich ein kleines Zimmer, mit Doppelbett und Bad.

Nachdem ich gestern im Kloster Roncesvalles zum ersten Mal mit vielen Leuten gemeinsam in einem Schlafsaal untergebracht war, bin ich bereits heute froh, wieder ganz allein in einem Zimmer zu sein. Nach nur einer Nacht!

Wie soll das erst noch werden?

Zubiri mit mittelalterlicher Brücke

TAG 3: BEGEGNUNG MIT JESUS?

Dienstag, der 26.11.2019

Zubiri–Pamplona

Die Metallgitter an den Schaufenstern des Supermercados sind heruntergelassen. Geschlossen! Ich kann weder meinen Tagesproviant kaufen noch frühstücken. Schade, gestern Abend hatte ich in dem Laden sogar eine Espressomaschine entdeckt. Auf den heißen Kaffee hatte ich mich schon richtig gefreut!

Ich lenke meine Schritte in Richtung Ortsmitte. Vielleicht finde ich eine andere Einkaufsmöglichkeit? Nein, alles ist zu. Es ist morgens halb acht, die Geschäfte öffnen erst später. Statt eines Heißgetränks muss ich mich mit kaltem Wasser begnügen. Davon habe ich jedenfalls genug. Mein Proviant sieht dürftig aus – nur noch ein vertrocknetes Stück Brot, drei Zacken Toblerone und ein paar Oreo-Kekse. Wieder muss ich mit leerem Magen aufbrechen.

Die Strecke ist landschaftlich schön – sie führt über bewaldete Berghänge. Teils laufe ich auf schmalen Naturpfaden, dann wieder auf kaum befahrenen Straßen. Ab und zu regnet es. In den Dörfern, die ich passiere, gibt es weder Läden noch Cafés. An einem Picknickplatz mit Blick in die Berge mache ich schließlich Frühstückspause, trinke Wasser und verzehre meinen spärlichen Essensvorrat.

Über die Verpflegung auf dem Camino hatte ich mir im Vorfeld wenig Gedanken gemacht, da es immer hieß, dass der Weg von Pilgern fast überrannt werde und sowohl touristisch als auch kommerziell gut ausgebaut sei.

In ganz Europa findet man immer etwas zu essen, und sei es an einer Tankstelle. Aber an Tankstellen führt der Weg nicht vorbei. Von Cafés, Biergärten und Restaurants habe ich bisher nicht viel gesehen. Jedenfalls ist nichts geöffnet – ich befinde mich außerhalb der Saison.

Heute ist mir noch kein anderer Pilger begegnet, ebenso kein Einheimischer, weder auf dem Camino noch in den Ortschaften. Ich laufe in völliger Einsamkeit. Darüber bin ich eigentlich ganz zufrieden, denn ich habe kein größeres Bedürfnis als allein zu sein und von aller Welt in Ruhe gelassen zu werden. Vorgestern Abend in der Herberge hatte ich die Gesellschaft der anderen genossen, aber tagsüber mag ich am liebsten überhaupt niemand sehen.

Es ist Mittag, als mich der Camino vom Hang hinab ins Tal führt. Ich überquere den Fluss Río Arga und gelange an einen verlassenen Picknickplatz mit Betonbänken und -tischen sowie einem Toilettenhäuschen, das sogar geöffnet ist. Keine Menschenseele zu sehen. Im Sommer herrscht hier wahrscheinlich Hochbetrieb. Die Pilger werden an diesem Pausenplatz verschnaufen, bevor es den Berg wieder hinaufgeht.

Während ich mich umblicke, kommt ein Polizeiauto im Schritttempo vorbeigefahren. Interessant – die Ordnungshüter auf Streife. Gut, dass sie aufpassen! Oder ist es hier vielleicht gefährlich? Klar, die Spanier achten darauf, dass auf dem Camino nichts passiert, denn der Pilgerweg ist ein wichtiger Wirtschaftszweig, der durch Kriminalität ernsthaft Schaden nehmen würde.

Langsam wird mir flau im Magen. Hunger! Seufzend nehme ich den steilen Bergpfad in Angriff, der sich in spitzen Serpentinen den Hang hinaufwindet. In der Ferne sehe ich besiedeltes Gebiet. Sind das schon die Vororte von Pamplona? Dort würde ich vielleicht etwas zu essen bekommen. Laut Navi sind es bis dahin immer noch drei Stunden Fußmarsch.

Ich merke bei jedem Schritt, dass mir der Brennstoff fehlt. Meine körperliche Leistungsfähigkeit lässt spürbar nach. Nur langsam steige ich aufwärts. Oben angekommen, verläuft der schmale Wanderpfad horizontal weiter. Die vor mir liegende Strecke kann ich weit einsehen. Was ist das?!

Eine dunkel gekleidete Gestalt steht ca. 100 Meter vor mir reglos auf dem Weg. Ein Pilger kann das nicht sein, denn einen Rucksack hat er nicht auf. Was will der Typ hier?!

Ich nähere mich misstrauisch.

Was mache ich, wenn er mich angreift? Wenn er mich überfällt? Ich bin völlig allein. Meine Hilferufe würde niemand hören. Ob ich meine Kamera, die über meiner Schulter hängt, schnell im Rucksack verstaue? Sie ist das Wertvollste, was ich bei mir habe.

Als sich der Abstand verringert, erkenne ich, dass neben der Gestalt eine Kiste steht. Ich kann das nicht einordnen. Jedenfalls denke ich mir, dass jemand, der andere überfallen will, wahrscheinlich nicht so sperriges Gepäck bei sich hat. Der Gedanke beruhigt mich etwas, aber ich bleibe argwöhnisch.

Als ich den Mann erreiche, grüßt er mich freundlich.

Der ältere Einheimische, ärmlich gekleidet und unrasiert, fragt mich auf Englisch: »Brauchen Sie etwas?«, und öffnet eine Kühlbox, die mit verschiedenen Getränkedosen, die auf Eis liegen, gefüllt ist. Er deutet außerdem auf einen Korb mit Obst.

Ein mobiler Verkaufsstand mitten im Nirgendwo? An einer Stelle, wo kein Mensch vorbeikommt? Bei regnerischem Wetter? Wirklich eigenartig.

»Ist die Not am größten, ist die Rettung am nächsten«, gibt es nicht so ein Sprichwort?

»Immer wenn du auf dem Camino Hilfe brauchst, bekommst du Hilfe. Der Camino sorgt für dich«, hatte der Hospitalero am Anreisetag gesagt.

Das passiert jetzt schon zum zweiten Mal! An meinem ersten Pilgertag, als ich mit leerem Magen die Stadt Saint-Jean-Pied-de-Port verließ, um ohne Wasser und Proviant auf die schwerste Etappe des gesamten Camino zu gehen, fand ich im letzten Moment einen geöffneten Bäcker. Das erschien mir schon wie ein Camino-Wunder. Und heute wieder?

Jetzt geht mir alles Mögliche durch den Kopf. Ich erinnere mich an die Geschichten aus der Bibel, die ich in der Christenlehre in meiner Kindheit gehört hatte. Ist da nicht Jesus hin und wieder in Form eines Bettlers oder einer anderen ärmlichen Gestalt aus dem Nichts aufgetaucht und hat Wunder vollbracht? Niemand hat ihn dabei erkannt. Erst hinterher ist bei den Jüngern der Groschen gefallen. Gut, soweit würde ich jetzt nicht gehen, zu behaupten, dass Jesus hier steht, aber seltsam ist es schon.

»Möchten Sie etwas kaufen?«, holt mich der Mann aus meinen Gedanken zurück.

»Ja, gern!«

Ich nehme zwei Bananen und eine Dose Cola.

»Macht 3,50 Euro.«

Erst als er mir das Wechselgeld auf meinen großen Schein korrekt herausgibt, lässt mein Misstrauen nach und ich frage ihn, wie viele Leute hier am Tag vorbeikommen.

»Im Moment sind es nur zehn Pilger. Im September waren es 200 und im Sommer sogar tausend Leute täglich.«

Jetzt habe ich erstmals ein Gefühl dafür, was hier in der Hochsaison los sein muss. Zweihundert Leute im September? Ganz schön viel. Tausend im Sommer? Pro Tag? Unvorstellbar. Ich finde, ich habe alles richtig gemacht.

An dieser Stelle möchte ich erwähnen, dass ich auf den nachfolgenden 750 Kilometern Wegstrecke nie wieder einen einzigen fliegenden Händler gesehen habe. Denkt jetzt, was ihr wollt, aber es gibt wirklich Dinge zwischen Himmel und Erde, die nicht zu erklären sind.

Kurz vor Pamplona hole ich Heedo ein, meinen jungen, koreanischen Pilgerbruder, den ich vom Kloster Roncesvalles kenne. Er ist, wie ich, allein unterwegs. Seine schwarzen Hosenbeine sind bis zu den Oberschenkeln mit Schlamm bespritzt. Ganz geschmeidig läuft er nicht mehr.

Es ist früher Nachmittag und bis Pamplona sind es nur noch wenige Kilometer, höchstens eine Stunde. Direkt neben der Kathedrale »Santa Maria la Real« im Stadtzentrum soll es eine Herberge geben, die geöffnet ist. Dort wollen wir gemeinsam hingehen.

Heedo ist 25 Jahre alt und wohnt in Seoul bei seinen Eltern. Gerade hat er sein Studium abgeschlossen. Wir tauschen uns über die Lebensverhältnisse in Korea und Deutschland aus und stellen fest, dass es viele Parallelen gibt. Der Kauf von Wohneigentum ist in Korea genauso unerschwinglich wie in Deutschland. Der Lebensstandard und die Lebenskosten sind in beiden Ländern ähnlich.

Wir kommen auf Europa zu sprechen, auf die Vielfalt der Länder, Sprachen und Kulturen innerhalb eines kleinen Kontinents.

»Welches Land in Europa findest du am schönsten und interessantesten?«, möchte er wissen.

Ich überlege kurz.

»Ich finde alle Länder in Europa interessant. Aber am allerschönsten finde ich Deutschland.«

Er lacht: »Natürlich, welches sonst!«

»Ich sage das nicht, weil ich aus Deutschland komme«, verteidige ich mich, »ich finde, das stimmt wirklich!«

Er lacht wieder.

Die Brücke von Trinidad de Arre, kurz vor Pamplona

»Es sind die abwechslungsreichen Landschaften und die kulturelle Vielfalt, die Deutschland so interessant machen. Wir haben die Ostsee, Nordsee, die Alpen, Mittelgebirge, Wälder, Weinberge, Seen und vieles mehr. Dazu kommen noch die unzähligen Burgen und Schlösser.«

»Wenn ich als Tourist nach Deutschland kommen würde, welche Städte sollte ich mir anschauen?«

Mein erster Gedanke ist – Dresden. Jeder Dresdner liebt seine Stadt über alles und ich bilde da keine Ausnahme. Aber, wie ist es für einen Touristen aus Asien? An einem einzigen Tag hat man alle wichtigen Sehenswürdigkeiten gesehen.

»Deine Frage ist nicht leicht zu beantworten«, zögere ich. »Ich würde dir raten, Heidelberg zu besuchen, vielleicht auch Berlin und Potsdam, Hamburg oder München.«

»Angenommen, ich würde nach Europa kommen und dürfte nur ein einziges Land besuchen, welches würdest du mir empfehlen?«

Jetzt kommt meine Antwort wie aus der Pistole geschossen: »Italien!«

Er schaut mich überrascht an.

»Italien ist ähnlich wie Spanien, aber noch schöner. Es gibt dort unvergleichlich faszinierende Städte wie Rom, Venedig und Florenz. Das Essen ist fantastisch. Die Leute sind freundlich und charmant, lebenslustig und entspannt.«

Während wir uns weiter unterhalten, über Europa, die Unterschiede zwischen Deutschen und Italienern und vieles andere mehr, erreichen wir Pamplona und stehen im Nu vor der Kathedrale im Zentrum der Stadt.

Am Kassenschalter des Gotteshauses werden wir gefragt, ob wir Pilger sind.

»Si, peregrinos«, antworten wir stolz.

Wir bekommen einen Preisnachlass auf den Eintritt sowie einen Stempel in unsere Credential. Heute, am dritten Tag, fühlen wir uns schon wie richtige Pilger.

Nach dem Besuch der Kathedrale checken wir in der Herberge ein. Im Schlafsaal ist nur ein einziges Bett belegt. Es schläft dort jemand, den Schlafsack bis zur Nasenspitze hochgezogen. Als er sich aufsetzt erkennen wir ihn. Es ist Cyrille!

Wir beratschlagen, was wir unternehmen wollen, denn es ist erst früher Abend. Heedo möchte zu einem Sportgeschäft gehen, um ein Regencape zu kaufen. Cyrille und ich wollen inzwischen einen Waschsalon aufsuchen, um die Wäsche von uns dreien zu waschen.

Während die Maschinen laufen, schlendern wir durch die Innenstadt, kaufen Proviant und essen an einem Verkaufsstand heiße Maroni.

Cyrille ist Mitte 30, ein bisschen übergewichtig und etwas kleiner als ich, mit schwarzem Lockenkopf und einem verschmitzten Lächeln. Sein Vater stammt aus Ghana und seine Mutter ist Französin. Er ist ein ruhiger, freundlicher junger Mann mit einem feinen Sinn für Humor. Wenn er etwas Witziges sagt, blitzen seine Augen. Er erzählt mir, dass er aus der Stadt Amiens kommt, im Norden von Frankreich. Amiens? Habe ich schon mal gehört.

»Gibt es in deiner Stadt etwas Interessantes zu sehen?«, frage ich Cyrille.

»Ja, wir haben eine Kathedrale, die ziemlich berühmt ist. Im Zweiten Weltkrieg wurde die Stadt von den Deutschen bombardiert und komplett zerstört, nur die Kirche, mitten im Zentrum, ist, wie durch ein Wunder, stehengeblieben.«

»Oh, das tut mir leid! Das ist ja schrecklich, dass meine Vorfahren deine Stadt zerstört haben! Ich weiß gar nicht, was ich sagen soll.«

»Du musst dich nicht dafür entschuldigen! Du hast nichts damit zu tun. Das alles ist lange her, und die Stadt ist längst wieder aufgebaut. Zum Glück haben sich die Zeiten geändert. Jetzt gehören wir alle zu einem Europa, und Franzosen und Deutsche sind Brüder und Schwestern.«

Vor 80 Jahren haben unsere Länder gegeneinander Krieg geführt. Heute sind wir als Weggefährten und Freunde auf dem Camino unterwegs.

Geht es am Ende vielleicht auch darum beim modernen Pilgern? Dass wir Fernwanderer aus aller Welt auf dem Jakobsweg zu einer großen Familie werden und diese Erfahrung in unsere Herkunftsländer mitnehmen?

TAG 4: WEIN UND LIMO
Mittwoch, der 27.11.2019
Pamplona-Puente la Reina

Frühstück ist fertig! Über Nacht müssen die Heinzelmännchen gekommen sein, denn im Aufenthaltsraum der Herberge stehen auf der Anrichte zwei Thermoskannen mit Kaffee, Toastbrot und ein großes Glas Nutella, außerdem Milch und Müsli. Personal ist nirgends zu sehen. Wir sollen, wenn wir heute früh die Herberge verlassen, einfach nur die Tür hinter uns zuziehen.

Cyrille, Heedo und ich gehen getrennt voneinander los. Jeder will allein laufen. Es ist schon spät, halb neun. Die ganze Nacht hindurch hatte es geregnet. Jetzt fangen die Bürgersteige an zu trocknen.

Ich freue mich darauf, bei Tageslicht das interessante Stadtzentrum zu durchqueren. Wie wird die Ausschilderung des Caminos sein? Werde ich gut aus der Stadt herausfinden? Dieselben Gassen, durch die wir gestern Abend im Dunkeln und bei Regen bummelten, sehen heute ganz anders aus, freundlicher und viel belebter.

Mir fällt auf, dass Passanten eine breite Treppe hochgehen und hinter einer schweren Holztür verschwinden. Vielleicht ist das eine Kapelle inmitten der Häuserfront? Neugierig erklimme ich die Stufen und betrete eine unerwartet große, dunkle Kirche mit mehreren hohen Kirchenschiffen und einem goldverzierten Altar, die Iglesia de San Saturnino.

Gläubige sitzen in den Bankreihen und beten. Es ist absolut still. Ich setze meinen Rucksack ab und nehme ebenfalls Platz, verweile einige Minuten reglos und lausche in den Raum hinein. Irgendetwas ist hier. Ich fühle es. Es ist, als befände ich mich in einem Resonanzkörper, der mein Inneres in tiefe Schwingungen versetzt. Andächtig sitze ich da und lasse die Umgebung auf mich wirken.

»Hier bin ich! Ich bin deine Pilgerin«, formuliere ich in Gedanken. Ich weiß nicht warum, aber mir kommen die Tränen.

Als ich die Kirche verlasse, tupfe ich mir verstohlen die Augen ab und meide den Blickkontakt mit den entgegenkommenden Besuchern. Zurück in der Fußgängerzone ist meine Ergriffenheit sofort wieder verflogen, als wäre nichts gewesen.

Ich halte nach den Wegweisern des Jakobswegs Ausschau. In regelmäßigen Abständen sind in den Boden tellergroße Metallplaketten in Form einer Muschel eingelassen. Schilder mit weißen Pfeilen und Jakobsmuschel auf blauem Grund zeigen an den Kreuzungen die Wegrichtung an. Die Orientierung ist kein Problem. Ich muss nicht einmal meine Navigations-App bemühen. Es macht Spaß, die Pfeile im Straßengetümmel zu suchen und ihnen zu folgen – es ist fast wie eine Schnitzeljagd.

Mit meinem großen Rucksack, an dem die Jakobsmuschel baumelt, bin ich für jedermann als Pilgerin erkennbar. Viele Passanten, die mir entgegenkommen, grüßen mich freundlich und rufen mir »Buen camino!« zu. Das motiviert mich ungemein. Ich fühle mich willkommen und als Pilgerin wertgeschätzt. In keiner anderen Stadt bin ich je wieder von Einheimischen so freundlich gegrüßt worden.

Aber, wie reagiert man darauf am besten? Dieselbe Floskel »Buen Camino!« zu benutzen ergibt bei Ortsansässigen wenig Sinn. Ich antworte intuitiv mit »Gracias«. Erst einige Wochen später bekomme ich von einem spanischen Pilgerbruder bestätigt, dass dies die passende Entgegnung ist.

Im Moment bin ich mir noch unsicher, wie ich mich anderen Pilgern gegenüber verhalten soll. Natürlich wünsche ich jedem, der mir begegnet einen »Guten Weg« und mache ein wenig Small Talk, aber ich möchte unbedingt allein laufen. Ist es unhöflich, wenn ich direkt äußerte, dass ich während des Gehens in Ruhe gelassen werden will?

Wie verhält sich der umgekehrte Fall? Darf ich selbst andere Pilger in Gespräche hineinziehen? Vielleicht möchte mein Gegenüber ebenfalls nicht gestört werden und redet nur aus Höflichkeit mit mir?

Öfters blicke ich zurück, um mich zu vergewissern, dass mir niemand folgt. Wenn sich ein Pilger weit hinter mir nähert, laufe ich schneller. Wenn vor mir jemand auftaucht, werde ich langsamer. Nur, um den Kontakt zu vermeiden. Ich fühle mich dadurch getrieben, sogar ein wenig gehetzt.

Gestern riss mich ein unerwarteter Anruf vom Arbeitsamt komplett aus meinem Pilgerdasein heraus. Die Dame war zwar sehr freundlich zu mir, aber der Abstand zu meinem Leben daheim war augenblicklich zunichte. Meine Gedanken kreisten sofort wieder um meinen Jobverlust. Erst nach zwei Stunden Fußmarsch konnte ich allmählich wieder loslassen.

Nun bin ich schon vier Tage unterwegs, und die Erholung setzt bei mir immer noch nicht ein. Ich rede mir während des Gehens gut zu und atme dabei tief ein und aus: »Niemand tut mir etwas. Mein Lebensalltag ist weit weg. Hier bin ich sicher. Der Camino passt auf mich auf. Hier brauche ich keinen Schutzpanzer mehr. Ich lege ihn ab. Ich lege ihn ab, damit ich leicht und unbeschwert gehen kann.«

Wann wird sich endlich die innere Ruhe einstellen? Werden die 700 Kilometer, die vor mir liegen, dafür überhaupt ausreichen?

»Erwarte nichts und erzwinge nichts!«, hatte der Hospitalero gesagt. Ich werde versuchen, mich daran zu halten.

Die Pilgerkarawane auf dem Alto del Perdón

Heute ist es trocken und sonnig, das perfekte Wanderwetter. Gegen Mittag wird es so warm, dass ich die langen Hosenbeine abzippe und in kurzen Hosen und T-Shirt laufe.

Zu meiner Überraschung sind immer noch steile Anstiege zu bewältigen. Ich dachte, ich sei aus dem Gebirge raus! Am frühen Nachmittag gelange ich auf einen Berggipfel mit Parkplatz und Passstraße.

Schau an, das ist doch die Pilgerkarawane, das berühmte Monument auf dem Alto del Perdón! Auf der 790 Meter hohen Kuppe weht ein starker Wind, ich kann mich kaum auf den Beinen halten. Der Rundumblick in das umgebende Tiefland ist jedoch grandios. Für den Abstieg über zerfurchte, steile Wege voller Geröll benötigt man Trittsicherheit und kräftige Waden.

Am Nachmittag erreiche ich das Dorf Murazábal. Eine Bildtafel am Ortseingang mit der Darstellung einer außergewöhnlichen achteckigen Kirche, die von einem romanischen Säulengang umgeben ist, weckt mein Interesse. Klar, da möchte ich unbedingt hin! Jetzt ist es kurz nach drei. Normalerweise wäre ich in etwa einer Stunde in der Stadt Puente la Reina, meinem Tagesziel. Mit dem Umweg über die Kirche verdoppelt sich zwar meine Wegstrecke, aber ich würde immer noch vor Anbruch der Dunkelheit ankommen. Also, auf geht's!

Kaum habe ich das Dorf hinter mir gelassen, ziehen dunkle Wolken auf. Die Kirche »Santa María de Eunate« befindet sich weit außerhalb inmitten von Feldern. Schon kann ich sie in der Ferne erkennen.

Ein kolossaler Regenguss bricht los. Schnell die Plane über den Rucksack und den Schirm aufgespannt! Der Umweg über die berühmte Templerkirche war vielleicht doch keine so gute Idee? Umkehren macht keinen Sinn, denn dafür bin ich schon zu weit gelaufen.

Als ich an der Kirche ankomme, ist sie verschlossen. Von außen ist sie dennoch beeindruckend.

Nun muss ich zusehen, dass ich zügig nach Puente la Reina komme! Es sind bis dahin immer noch fünf Kilometer. Eineinhalb Stunden im Regen!

Mir ist kalt. Durch den Wolkenbruch sind die Temperaturen empfindlich gefallen und ich habe immer noch meine kurzen Hosen an. Die nackten Beine sind nass und schlammbespritzt, meine Turnschuhe ebenfalls.

Zum Glück ist die Nebenroute, auf der ich mich befinde, gut ausgeschildert. Es geht über aufgeweichte Wege, später über Straßen. Die Strecke zieht sich hin, ich friere und meine Laune ist im Keller. Nach einer gefühlten Ewigkeit erreiche ich die ersten Häuser von Puente la Reina.

Wo ist die Herberge? Ich gebe die Adresse bei Google Maps ein. Das Navi leitet mich durch die gesamte Stadt hindurch, bis ich nach einer halben Stunde an deren Ende ankomme. Die Abenddämmerung setzt ein.

Die Templerkirche »Santa María de Eunate«

»Sie haben ihr Ziel erreicht. Es befindet sich auf der linken Seite«, verkündet mein Handy.

Wo soll hier eine Herberge sein?!

Ich gehe noch 50 Meter weiter und schaue mir die Hauseingänge genau an. Hier ist nichts, was nach einer Herberge aussieht! Der Markierungspunkt von Google springt unruhig auf dem Display hin und her. Ich kann ihn keinem bestimmten Gebäude zuordnen. Was mache ich bloß? Hier ist auch niemand auf der Straße, den ich fragen könnte.

Während ich nochmals die Häuserfront ablaufe, kommt mir eine durchnässte Pilgerin entgegen. Sie will zu demselben Quartier wie ich und weiß, zum Glück, wo es sich befindet. Die Unterkunft ist in einem unscheinbaren Gebäude, an dem ich inzwischen dreimal vorbeigegangen bin. Wir läuten mehrmals, bis der Sohn des Hauses endlich öffnet. Nun warten wir noch lange frierend in der ungeheizten Rezeption bis der Herbergsleiter kommt.

Es klingelt wieder. Heedo steht in der Tür – klatschnass und vor Kälte bibbernd.

Kurz darauf kommt auch Cyrille an. Er hat es nur bis Murazábal geschafft. Zwei ältere Damen, die im Auto unterwegs waren, sahen ihm seine Erschöpfung an und brachten ihn her.

Die kleine Unterkunft wird von einem Ehepaar betrieben. Sie ist liebevoll eingerichtet, modern, sauber und ordentlich. Die Wirtin bietet an, zum Frühstück einen Kuchen für uns zu backen. Natürlich nehmen wir dankend an.

Nach der heißen Dusche geht es mir wieder gut und die Strapazen der letzten Stunden sind vergessen. Unsere schlammbespritzte, nasse Kleidung stecken wir gleich in Waschmaschine und Trockner. Bald darauf liegen die Sachen sauber und zusammengelegt auf dem Bett. Zeit, essen zu gehen!

Nur ein paar Schritte von der Herberge entfernt befindet sich die Fußgängerzone. Heedo, Cyrille und ich betreten das erstbeste Restaurant, das für ein Pilgermenü wirbt.

Diese Menüs werden von vielen Gastronomiebetrieben am Camino angeboten. Es besteht aus drei einfachen Gängen sowie Wein und/oder Wasser und Brot. Eine kulinarische Offenbarung kann man für den Pauschalpreis von elf bis 14 Euro nicht erwarten. Aber, man wird satt und der trockene Rotwein schmeckt immer.

Als Vorspeise wählen wir weiße Bohnensuppe. Zum Hauptgang nehmen wir Goulasch mit Pommes und als Dessert Joghurt mit Honig. Der Nachtisch ist richtig lecker.

Als der Wein gebracht wird, fragt der Wirt etwas, das wir nicht verstehen, denn er spricht kaum Englisch. Wir nicken vertrauensvoll. Daraufhin gießt er etwas Rotwein in unsere Gläser und füllt sie mit Sprite auf. Das geht so schnell, dass wir nicht reagieren können. Cyrille und ich schauen uns erschrocken an. Was war denn das?! Hat der Kellner jetzt wirklich Limonade in den Wein gegossen?

Ich nippe zögerlich am Glas. Schmeckt komisch. So, wie man es halt von einer Mischung aus Rotwein und Sprite erwartet. Nicht mein Fall.

Heedo probiert ebenfalls. Er findet die Mischung gar nicht mal so schlecht.

»Cyrille, willst du nicht auch mal kosten?«

Wir bekommen eine entrüstete Antwort: »Ich bin schockiert! So etwas kann man doch nicht machen! In Frankreich wäre so etwas unvorstellbar!«

Es wird trotzdem ein schöner Abend. Es stellt sich heraus, dass meine beiden Pilgerbrüder ebenfalls den Kinofilm »Ich bin dann mal weg« gesehen haben, die Verfilmung von Hape Kerkelings Buch. Er lief in der englischsprachigen Synchronisation unter dem Titel »I am off«. Die beiden waren, wie ich, vom Film begeistert.

Es macht mich ein wenig stolz, dass ein deutscher Film in der ganzen Welt gezeigt wird und die Pilger inspiriert.

TAG 5: ICH WERDE VERFOLGT
Donnerstag, der 28.11.2019
Puente la Reina-Estella

Im Morgengrauen verlasse ich Puente La Reina durch das altehrwürdige Tor der mittelalterlichen Stadtbefestigung und überquere den Río Arga auf einer langen Natursteinbrücke. Dieser Brücke verdankt die Stadt ihren Namen, der übersetzt »Brücke der Königin« bedeutet.

Die Frau des damals herrschenden Königs, Königin Dona Mayor, hatte vor tausend Jahren den Bau veranlasst, um für die zunehmende Zahl von Pilgern den Weg sicherer zu machen. Sogar jetzt, in der modernen Zeit, endet die Stadt an dieser Stelle.

Meine Pilgerbrüder Cyrille und Heedo schliefen noch, als ich heute früh aufbrach.

Die Strecke verläuft auf abwechslungsreichen Wanderwegen. Es geht immerzu bergauf und bergab. Die wenigen Pilger, die ich anfangs noch sah, sind meinen Blicken entschwunden. Am späten Vormittag weitet sich das Gelände und erlaubt einen herrlichen Blick über die sich vor mir ausbreitenden Weinfelder. Am fernen Horizont thront die kleine Stadt Cirauqui auf einem Hügel.

Ich genieße die Aussicht und bleibe immer wieder stehen, um zu fotografieren. Irgendwann merke ich, dass mir ein Mann folgt, denn der Weg ist in beide Richtungen gut zu überblicken. Dass er kein Pilger sein kann, ist zweifelsfrei zu erkennen, denn er trägt keinen Rucksack und kommt leichtfüßig daher. Das ist untypisch für die Gangart eines Pilgers, denn diese schreiten aufgrund des Gepäcks und der schweren Schuhe meist langsam und gleichmäßig voran.

Die einzigen Fußgänger, denen man auf dem Camino normalerweise begegnet, sind die Pilger selbst, oder, ab und zu, ortsansässige Spanier, die ihren Hund ausführen. Beides trifft nicht zu. Was macht der Mann mitten in der Woche, am Vormittag, ohne erkennbaren Grund, auf dem einsamen Weg?

Ich marschiere zügig weiter, während ich ab und zu anhalte und so tue, als würde ich Fotos machen. Dabei behalte ich den Abstand zwischen mir und meinem Verfolger im Auge. Er ist immer noch weit entfernt, aber er läuft schneller als ich und kommt allmählich näher. Ich werde unruhig.

Alle meine Wertsachen könnte man mir mit wenigen Handgriffen leicht entreißen. In der Bauchtasche habe ich mein Bargeld und die Geldkarten. Die erkennbar teure Kamera hängt über meiner Schulter. Wenn ich alles in den Rucksack packe, verliere ich Zeit und er holt mich noch schneller ein. Einen Pilger zu überfallen lohnt sich immer – und wenn es die Kreditkarte ist, die erbeutet wird.

Ich muss an unsere Südamerikareise vor zwei Jahren denken. Gunter und ich waren am ersten Urlaubstag auf einem Stadtbummel im Zentrum von Santiago de Chile. Ich hatte den Fotoapparat griffbereit umhängen, wie typische Touristen. Das Stadtzentrum sah sauber, ordentlich und gepflegt aus, nirgends dubiose Gestalten, die herumlungerten.

Während wir an einer Fußgängerampel warteten, sprach mich eine Passantin an: »Packen Sie lieber Ihre Kamera weg, damit man sie nicht sieht. Sie könnten überfallen werden!«

Ich war überrascht. Uns schien die Gegend sicher! Wir hatten in diesem Moment noch nicht einmal eine Tasche dabei, um den Fotoapparat wegzupacken. Nach diesem Hinweis wurde ich innerhalb kurzer Zeit noch zweimal von anderen Passanten darauf aufmerksam gemacht. Daraufhin brachen wir kurzerhand

Die namensgebende Brücke der Stadt Puente la Reina

den Spaziergang ab und gingen schnurstracks ins Hotel zurück. Während des gesamten Urlaubs hängte ich mir die Kamera nie wieder sichtbar um, sondern nahm sie nur jedes Mal kurz zum Fotografieren aus dem Rucksack.

Wir sind hier nicht in Südamerika, versuche ich mich zu beruhigen.

Schon höre ich Schritte hinter mir. Jetzt kommt er nicht mehr näher, sondern hält den Abstand von ungefähr 40 Metern bei. Bis zu den ersten Häusern von Cirauqui sind es nur noch wenige hundert Meter. So nah am Ort wird er wohl nicht wagen, mich anzugreifen! Ich werde sicherer und verlangsame bewusst meine Schritte, bleibe sogar stehen und tue, als würde ich mich umschauen, denn ich will, dass er mich überholt. Ich will, dass er vor mir ist, denn dann habe ich ihn im Blick.

Es geht etwas bergauf, ich laufe langsam, weit rechts auf dem Feldweg. Endlich zieht der Mann links an mir vorbei. Er ist mittleren Alters, trägt dunkle Wanderhosen und Schuhe, die wie Arbeitsschuhe aussehen, dazu eine schwarze Fleecejacke, aber keinerlei Tasche, kein Beutel, nichts. Schweigend geht er an mir vorbei, blickt stur geradeaus, ohne den Kopf zu mir zu wenden, als wäre ich Luft. Ein seltsamer Kerl. Normalerweise würde beim Überholen jeder grüßen, egal ob Einheimischer oder Pilger. Jeder, der nichts Böses im Schilde führt. Nun ist er an mir vorbei und entfernt sich. Ich atme erleichtert auf. Sein Abstand zu mir vergrößert sich. Bald ist er im Ort verschwunden.

Cirauqui ist eine bemerkenswerte Stadt. Die Häuser sind wie Schwalbennester dicht an dicht auf einer Bergkuppe angeordnet während am höchsten Punkt der markante Kirchturm rausragt.

Der Camino führt quer durch die Stadt, an der höchsten Stelle, der Kirche, vorbei. Der Aufstieg ist steil und ich komme aus der Puste.

Vor einem Bäckerladen sehe ich eine Gruppe von Leuten auf Plastikstühlen sitzen. Als ich mich nähere, nehme ich den Duft von frischgebackenem Brot wahr und erkenne, dass es Pilger sind, die Kaffee aus kleinen Plastikbechern trinken, vom Automaten im Laden.

»Hi, are you pilgrims? Where are you from?«, nehme ich den Kontakt auf.

»Du kannst ruhig Deutsch mit uns reden«, bekomme ich zur Antwort, »ich bin Jürgen aus Berlin. Wir sind eine Gruppe von 24 Leuten und kommen aus ganz Deutschland. Ein Veranstalter aus Paderborn hat unsere Pilgerreise organisiert. Die Übernachtungen in den Herbergen sind bereits reserviert. Die Rucksäcke werden mit einem Gepäckservice zum täglichen Etappenziel gebracht und jeder kann in dem Tempo gehen, wie er will. Wir haben sogar einen spanischsprechenden Reiseleiter dabei. Heute wollen wir nach Estella. Wie weit willst du denn heute noch?«

»Ich will ebenfalls bis Estella«, gebe ich zurück.

Dies sind die ersten Deutschen, die mir auf dem Camino begegnen, heute, am fünften Tag. Bis eben hatte ich das Gefühl, Deutschland sei sehr weit weg. Plötzlich ist es wieder nah.

Während wir plaudern, kommen weitere Teilnehmer der Reisegruppe hinzu. Ich glaub', ich sehe nicht recht! Ich erkenne den Mann, der mich vorhin verfolgt hat. Ja, er ist es! Auch jetzt grüßt er nicht. Er lässt sich nicht anmerken, dass er mich kennt.

Heiliger Strohsack, jetzt macht das für mich Sinn! Na klar, der hat seine sieben Sachen transportieren lassen und deshalb keinen Rucksack dabei.

Ich bin wütend, dass mir dieser Typ, der weder ein Minimum an Höflichkeit besitzt noch sein Gepäck selbst trägt, Angst gemacht hat. So schnell lasse ich mich nicht wieder erschrecken!

Ich verabschiede mich und eile davon, denn ich habe keine Lust, im Pulk dieser Gruppe weiterzulaufen. Bald bin ich aus dem Ort raus und gehe über freies Feld. Hinter mir am Horizont sehe ich nur noch ein paar farbige Punkte, die sich bewegen. Der Abstand ist groß genug.

Heute habe ich etwas Neues mit meinen Schuhen ausprobiert. Gunter riet mir gestern während unseres abendlichen Telefonats, die Innensohlen der Laufschuhe mit denen der Wanderstiefel zu tauschen. Zunächst funktionierte das auch ganz gut. Aber jetzt, am Nachmittag, schmerzt der Fuß halt doch wieder.

Wie weit ist es noch bis Estella? Immer noch eine Stunde! Ich kann nicht mehr! Die heutige Etappe beträgt 22 Kilometer. Das ist nicht besonders viel. Trotzdem reicht es mir für heute. Ich bin seit fünf Tagen unterwegs, nun kommt langsam die Erschöpfung. Vielleicht brauche ich einen Ruhetag?

Am Ortseingang meines Zielorts entdecke ich eine offene Herberge. Während ich zögere hineinzugehen, denn es gibt noch andere Unterkünfte in der Stadt, tritt der Hospitalero vor die Tür.

»Bleiben Sie doch hier! Männer und Frauen sind bei uns separat untergebracht. Der Frauenschlafraum hat nur zwei Doppelstockbetten. Sie sind bis jetzt der einzige Gast und wären ganz allein in dem Zimmer. Alles ist frisch renoviert. Die Übernachtung kostet nur 15 Euro.«

Überredet. Nachdem ich eingecheckt habe, zeigt mir der junge Mann auf dem Stadtplan, wo sich die Sehenswürdigkeiten und der Busbahnhof befinden. Da kommt mir eine Idee.

»Verpasse ich auf der Strecke irgendetwas Nennenswertes, wenn ich die nächste Etappe mit dem Bus fahre?«, frage ich den Hospitalero.

»Nein, ganz und gar nicht«, beruhigt er mich, »ich würde Ihnen eine Verschnaufpause empfehlen.«

Ich mache es mir in meinem Zimmer mit eigenem Bad bequem, dusche und wasche meine Wäsche.

»Plom, plim, plom«, eine Nachricht von Cyrille.

»Hi Beate, wo bist du? Ich bin in der Albergue Municipal in Estella. Die haben ein Pilgermenü. Willst du zum Essen herkommen?«

»Ja, Cyrille, gern. Ich bin um sieben bei dir. Bis später!«

Estella mit markanter Brücke in der Altstadt

Im Dunkeln mache ich mich auf den Weg. Estella ist viel größer als gedacht. Das Stadtzentrum mit breiten Hauptstraßen und lautem Autoverkehr, auch jetzt am Abend, wirkt großstädtisch. Ich brauche 20 Minuten, bis ich an Cyrilles Herberge angelangt bin.

Er wartet schon vor dem Eingang auf mich.

»Die Unterkunft ist fast leer. Ich bin allein in einem Vierbettzimmer untergebracht. Außer mir ist nur noch eine Reisegruppe hier.«

Als wir den Speisesaal betreten, bleibe ich verdutzt stehen. Träume ich? Das ist doch die Paderborner Pilgergruppe, die hier an zwei langen Tischreihen sitzt! Ich hatte mich heute Mittag so beeilt sie abzuhängen! Längst hatte ich sie vergessen. Nun winken sie zu mir herüber.

Cyrille und ich setzen uns an einen separaten Tisch. Während wir essen, erkläre ich ihm meinen Plan für morgen, dass ich einen Ruhetag einlegen möchte und mit dem Bus fahren will.

»Cyrille, hast du Lust mitzukommen? Wir könnten uns morgen am Bahnhof treffen und gemeinsam fahren.«

»Ja, warum nicht?«, willigt er ein.

Wo Heedo steckt, wissen wir nicht. Mit seiner koreanischen SIM-Karte kann er sich nicht bei WhatsApp anmelden und das Telefonieren funktioniert aus irgendwelchen Gründen ebenfalls nicht.

Spätabends begebe ich mich auf den Rückweg in meine Herberge. Der strömende Regen macht mir nichts aus. Ich lächle zufrieden, während ich die Haustür aufschließe, denn ich freue mich auf morgen. Über Nacht werde ich wieder einmal ganz allein in der Herberge sein. Aber das macht mir nichts aus. Ich schließe die Tür hinter mir ab und fühle mich sicher.

TAG 6: INS HAUPTFELD VORGERÜCKT
Freitag, der 29.11.2019
Estella-Nájera

Heute ist Buspilgern angesagt. Cyrille und ich treffen uns am Bahnhof. Die Abfahrtzeiten hatten wir im Internet recherchiert. Die Buslinie verkehrt fast stündlich auf der Fernverkehrsstraße, die parallel zum Camino verläuft und verbindet alle Orte des Pilgerwegs innerhalb der Region.

Wir lösen die Fahrkarten bis nach Logroño. Das entspricht der Strecke von zwei Tagesetappen. Das Ticket ist erstaunlich preisgünstig, ungefähr drei Euro.

Cyrille und ich steigen in den bequemen, klimatisierten Reisebus und lassen während der Fahrt die Landschaft an uns vorbeiziehen. Hin und wieder sehen wir den Camino, der sich durch die Hügellandschaft schlängelt. Nach einer halben Stunde ist der erste Stopp, Los Arcos, erreicht. Ein paar Pilger der Paderborner Reisegruppe, die im Bus mitgefahren sind, steigen aus.

Nach weiteren gut 30 Minuten Fahrt erreichen wir den Busbahnhof von Logroño. Logroño ist eine Großstadt und zugleich die Provinzhauptstadt der Region La Rioja. Eine mehrspurige Promenadenstraße mit unzähligen Geschäften führt ins Zentrum. Nach 15 Minuten Fußmarsch erreichen wir die Altstadt. Hier befinden sich zwei große Kirchen in der Fußgängerzone sowie ein stattlicher Marktplatz, gesäumt von Restaurants.

Ich kann mich nicht so recht mit der Stadt anfreunden. Es ist mir zu laut hier, zu viel Verkehr, zu viele Menschen. Ich sehne mich nach der Natur, der Ruhe und Beschaulichkeit der kleinen Dörfer entlang des Caminos.

Es ist erst Mittag. Was soll ich hier den lieben langen Tag noch machen? Die beiden Kirchen habe ich besichtigt und mehr gibt es nicht zu sehen.

»Cyrille, weißt du was, ich gehe wieder zum Bahnhof zurück und fahre noch eine weitere Etappe mit dem Bus, bis nach Nájera.«

Im Pilgerführer las ich, dass Nájera eine sehenswerte, historische Altstadt hat, mit einem berühmten Kloster. Da verbringe ich lieber dort etwas mehr Zeit.

Da Cyrille in Logroño bleiben möchte, kehre ich allein um. Die Busse fahren jetzt sogar im 30-Minuten-Takt.

Gegen 14 Uhr komme ich bei strahlendem Sonnenschein in Nájera an. Das Thermometer am Busbahnhof zeigt 17 Grad. Ich gehe in Richtung des historischen Stadtzentrums dieser beschaulichen Stadt. Das Kloster ist geschlossen. Es öffnet erst 16 Uhr wieder, wenn die Siesta vorbei ist, die spanische Mittagsruhe. In die Herberge komme ich so früh am Nachmittag noch nicht hinein. Ob ich wenigstens irgendwo einen Kaffee bekomme?

Auf dem Marktplatz stehen vor einer Bar Stühle in der Sonne. Das Lokal will gerade schließen, aber ich kann am Tresen noch einen Kaffee und ein belegtes Baguette bestellen und setze mich damit draußen an einen kleinen Bistrotisch.

Ich schlürfe den heißen Muntermacher und blinzle in die Sonne. Herrlich ist es hier, wie im Sommer, und das am 29. November!

Freitag, der 29. November? Mir fällt ein, dass genau heute die jährliche Betriebsweihnachtsfeier meiner ehemaligen Firma stattfindet, ein Ereignis, auf das sich besonders die Mitarbeiterinnen aus dem Büro wochenlang vorher schon freuen. Den Termin hatte ich selbst festgelegt. Vor einem Jahr hielt ich noch die Weihnachtsansprache vor der Belegschaft, so wie in den Jahren zuvor auch. Damals hätte ich nicht für möglich gehalten, dass ich ein Jahr später nicht mehr dabei sein würde.

Ich denke an meine ehemaligen Kolleginnen und Kollegen. Sie werden an langen, liebevoll dekorierten Tischen sitzen, in einem dunklen Veranstaltungssaal, dessen Einrichtung seit den 1960er Jahren unverändert geblieben ist. Auf der Bühne wird die Musikanlage des DJs aufgebaut sein, daneben ein geschmückter Weihnachtsbaum. Es wird ein Zwei-Gänge-Menü geben, später einen Show Act und natürlich Tanz. Wer wird diesmal die Rede halten? Sofort würge ich den Gedanken ab und versuche, an etwas anderes zu denken.

Wie schön ist es hier! Ich möchte überhaupt nicht im kalten und dunklen Deutschland sein! Erst recht nicht auf der Firmenweihnachtsfeier! Bin ich froh, dass ich stattdessen im sonnigen Spanien bin! Weit weg, auf einem anderen Planeten.

Die Pilgerherberge ist ganz in der Nähe. Der schmucklose Flachbau war wahrscheinlich einmal eine Turnhalle. Die beiden Herbergsbetreuer, ein Schwulenpärchen um die 60, Althippies, wie sie im Buche stehen, nehmen mich freundlich in Empfang und bieten mir einen Pfefferminztee an. Einer der beiden ist Kanadier und kommt jedes Jahr für ein paar Wochen hierher, um als Volunteer zu arbeiten.

Während wir die Aufnahmeformalitäten erledigen, trifft eine Gruppe junger Koreanerinnen und Koreaner ein. Also stimmt es wirklich! Vor ein paar Tagen hatte mir die Dame beim Check-in im Kloster Roncesvalles erzählt, dass derzeit auf dem Camino sehr viele Pilger aus Südkorea unterwegs sind. Sie sind die hier am stärksten vertretene Nation. Ich wollte das nicht so recht glauben, denn mein Pilgerbruder Heedo war bisher der einzige Koreaner, der mir begegnete.

Während ich auf einer der langen Bänke im Aufenthaltsbereich sitze, kommen immer mehr Pilger herein. Was ist denn hier los? Durch meine heutige Busfahrt bin ich drei Tagesetappen vorgerückt und schon befinde ich mich inmitten von vielen Pilgern! Letzte Nacht, in Estella, war ich noch mutterseelenallein in meiner Herberge und jetzt stecke ich mitten im Trubel! Es scheint, als wäre ich zum Hauptfeld aufgeschlossen. Ich freue mich drüber, denn obwohl ich tagsüber allein laufen will, möchte ich andere Pilger kennenlernen und mit ihnen abends zusammen sein.

Der Schlafsaal ist groß, obwohl ein Teil der Turnhalle mit Planen abgehängt ist und nicht genutzt wird. Ich wähle gleich das erste Bett neben der Tür. Es ist Bett Nr. 90, die höchste Nummer von allen, wie ich auf einem Etikett erkennen kann. Also stehen hier insgesamt 45 Doppelstockbetten. Ich muss an die Herbergsbeschreibungen von Hape Kerkeling denken. Die Luft ist schlecht und ausgesprochen miefig, denn die schmalen Turnhallenfenster lassen sich nur ankippen. Ich mag mir nicht vorstellen, wie es hier im Sommer ist, bei voller Belegung und hohen Außentemperaturen.

Da die Siestazeit vorbei ist, mache mich auf den Weg zum Sightseeing in die Stadt. Der Besuch des altehrwürdigen Klosters Santa María la Real lohnt sich wirklich. In einem Seitenschiff der großen Kirche befindet sich eine kleine Naturhöhle mit einer lebensgroßen Madonnenfigur, die bunt angestrahlt wird. Dieses Arrangement wird sehr wirksam präsentiert, ist aber Geschmackssache.

Der gut erhaltene Kreuzgang mit den filigranen gotischen Fensterbögen und auf Podesten platzierten Statuen beeindruckt mich. Vergleichbares habe ich außerhalb Spaniens noch nie gesehen. Mich wundert, dass ich keinem anderen Pilger begegne.

Im Kreuzgang des Klosters Santa María la Real

Ich, als Atheistin, bin die Einzige, die sich für diese Stätte interessiert?

In der Herberge liegen Werbeflyer eines Restaurants aus, das ab 19 Uhr ein Pilgermenü anbietet. Da ich großen Hunger habe, gehe ich pünktlich los. Es regnet und die Geschäfte in den dunklen Gassen der Innenstadt sind bereits geschlossen. Ich benötige mein Navy, um das Lokal zu finden. Als ich dort eintrete, bin ich der einzige Gast, denn die Spanier gehen erst spät essen. Ich setze mich an einen schön gedeckten Tisch mit weißem

Tischtuch und Stoffservietten. Das einfache Essen schmeckt gut und die Flasche Rotwein ebenfalls. Am Nachbartisch haben inzwischen drei weitere Pilger Platz genommen. Sie winken mir zu und fragen, ob ich mich zu ihnen setzen möchte. Das nehme ich sehr gern an.

Fedor, Miguel und Gosia kennen sich seit Pamplona und sind seitdem gemeinsam unterwegs. Weil sie unzertrennlich sind, werden sie von den anderen Pilgern scherzhaft »Die drei Musketiere« genannt.

Fedor kommt aus den Niederlanden. Er ist 47 Jahre alt, kräftig gebaut, kontaktfreudig und spricht perfekt Deutsch. Jederzeit gut gelaunt, sorgt er für Stimmung und Unterhaltung.

Miguel ist Spanier und nur eine Woche auf dem Camino unterwegs. Er ist Anfang 50 und ein durchtrainierter Ausdauersportler. Viele der spanischen Jakobswege kennt er bereits von früheren Touren.

Gosia heißt eigentlich Małgorzata. Sie ist eine temperamentvolle, junge Frau Mitte 30, gebürtig aus Breslau. Seit zehn Jahren wohnt sie in Großbritannien. Wie viele andere junge Polinnen und Polen ist sie zum Geldverdienen in das Vereinigte Königreich gegangen. Gosia hat ebenfalls nur wenig Zeit und muss in wenigen Tagen nach England zurückkehren.

Fedor ist der Einzige von ihnen, der die gesamte Strecke bis nach Santiago gehen will.

Nájera ist für mich ein Wendepunkt meiner Pilgerreise, da ab hier viel mehr Pilger mit mir gemeinsam unterwegs sind. Die Weggefährten, die ich hier kennenlerne, werde ich immer wieder treffen. Cyrille ist jetzt eine Etappe hinter mir. Ich hoffe, dass er mich bald einholen wird.

TAG 7: MORNING HAS BROKEN
Samstag, der 30.11.2019
Nájera–Santo Domingo

Leiser Gesang ist zu vernehmen. Die Stimme scheint sich im Schlafsaal zu bewegen. Wer singt hier? Ich bleibe still liegen und lausche. Es ist noch dunkel.

Ein Mann läuft zwischen den Bettreihen und lässt mit sanfter Stimme das bekannte Lied von Cat Stevens erklingen:

Morning has broken
Like the first morning
Blackbird has spoken
Like the first bird; …

Strophe für Strophe trägt er vor. So behutsam bin ich noch nie geweckt worden. In den Betten ringsum setzt Rascheln ein. Der kanadische Volunteer wünscht einen »Good Morning« und schaltet das Licht ein.

Ab ins Bad, solange die Waschbecken noch frei sind, eingepackt ist dann schnell. Draußen im Vorraum sitzen die Ersten beim Frühstück. Ich nehme mir einen Teebeutel und gieße kochendes Wasser in einer Tasse auf. Während ich versuche, in kleinen Schlucken zu trinken, ohne mir die Zunge zu verbrennen, brechen bereits die ersten Pilger auf.

Eine schlanke, sportliche Frau fragt auf Englisch in die Runde: »Hey, kommt jemand mit? Ich will jetzt los, möchte aber nicht allein im Dunkeln laufen.«

»Ich bin dabei!«, antwortet ein junger, hochgewachsener Koreaner.

Schon sind die beiden zur Tür hinaus.

Die sympathische Pilgerin war mir bereits gestern in der Herberge aufgefallen. Ungefähr in meinem Alter, spricht sie sehr gut Englisch und ist offensichtlich allein unterwegs. Aus welchem Land mag sie kommen? Bis jetzt hatte ich noch keine Gelegenheit, mit ihr zu reden. Ihre Frage nach einer Begleitung wundert mich aber doch. Das passt gar nicht zu ihr. Sie wirkt auf mich nicht wie eine Frau, die im Dunkeln Angst hat.

Der Hospitaliero erkundigt sich fürsorglich, ob ich gut geschlafen habe. Ich antworte wahrheitsgemäß: »Ging so. Nachts war ich eine Weile wach und konnte nicht schlafen, da habe ich mir auf meinem Handy einen Spielfilm angesehen.«

Er schaut mich irritiert an, als hätte ich gerade einen schweren Verstoß gegen die Hausordnung zugegeben. Ich versuche ihn daher milder zu stimmen: »Aber das Wecken war großartig! So bin ich noch nie geweckt worden, mit so schönem Gesang. Danke!«

Gut geschlafen hatte ich in der vergangenen Nacht nun freilich nicht. Die unteren Bettetagen waren fast alle belegt. Punkt 22 Uhr wurde das Licht ausgeschaltet und nur fünf Minuten später hörte ich aus einer entfernten Ecke der Turnhalle das erste Schnarchen. Wie kann man nur so schnell einschlafen?

Wie schön, dass man per Smartphone und Kopfhörer der Massenunterkunft entfliehen kann. Nachrichten schreiben, E-Mails checken, Musik hören, Filme schauen – das geht auch während der Nachtruhe, ohne die anderen zu stören. Dank kostenlosen, schnellen WIFIs ist das alles kein Problem.

Ich schaute eine weitere Folge von »Marvelous Mrs. Maisel«. Von Mal zu Mal gefällt mir die Serie besser.

Eine selbstbewusste junge Hausfrau mit zwei Kleinkindern wird von ihrem Ehemann im New York City der 1950er Jahre in einer unüberlegten Kurzschlusshandlung verlassen, zugunsten einer Affäre mit seiner einfach gestrickten Sekretärin. Kurz darauf bereut er die Trennung und würde sie nur zu gern rückgängig machen. Das lehnt jedoch Mrs. Maisel ab und zieht mit ihren Kindern zu ihren Eltern, die in einer hochherrschaftlichen Wohnung auf der Upper East Side wohnen. Der Vater ist ein brillanter Mathematikprofessor und etwas lebensfremd. Die Mutter, eine treusorgende Ehefrau, hält sich in der Öffentlichkeit bescheiden im Hintergrund, trifft aber in Wirklichkeit alle wichtigen Entscheidungen. Die junge Mrs. Maisel stiehlt sich Abend für Abend aus der elterlichen Wohnung, um in einem Kellerclub in der Downtown als Standup-Comedian aufzutreten, wo sie ihre Alltagserlebnisse auf witzige, selbstironische Weise vor dem begeisterten Publikum wiedergibt. Die allnächtliche Nebentätigkeit verheimlicht sie geschickt vor ihrer Familie. Die Geschichte ist sensationell witzig, feinsinnig, intelligent und auch warmherzig. Ich mag diesen Humor. In der damaligen Gesellschaft ging es piefig zu, aber man spürt deutlich den Aufbruch in die moderne Zeit. Die Frauen fangen an, selbstbestimmt zu handeln und auch das Thema Rassentrennung wird aufgegriffen. Kein Wunder, dass die Serie bei den Golden Globe Awards 2018 als »Beste Serie – Komödie/Musical« ausgezeichnet wurde. Mrs. Maisel hat mir in einigen schlaflosen Stunden die Zeit vertrieben. Sie ist quasi mit mir mitgepilgert.

Spätestens um acht Uhr müssen alle Pilger die Herberge verlassen haben. Ich bin schon etwas früher startklar und trete hinaus in die Dunkelheit. Die Straßenlaternen verbreiten in den Gassen warmes Licht. Als ich hinter der Stadt die ersten Weinfelder erreiche, blicke ich zurück in Richtung Osten. Hinter mir entwickelt sich ein grandioser Sonnenaufgang. Die Sonne, die noch nicht über den Horizont gestiegen ist, strahlt die Wolkendecke von unten an und färbt sie glutrot.

Hier in der Region Rioja ist nicht nur der Wein, sondern auch der Erdboden rot. Nach dem nächtlichen Regen haftet blutfarbener Schlamm an meinen Schuhen. Ich muss mich konzentrieren, dass ich nicht in Pfützen trete und mir die rote Brühe in die Turnschuhe läuft.

Die Landschaft gefällt mir sehr. Der Camino schlängelt sich durch hügelige Weinfelder. Abgeerntete, immer noch belaubte Weinstöcke sind bis zum Horizont dicht an dicht aufgereiht. Später werden die ausgedehnten Weinfelder von brachliegenden Hügeln abgelöst. Kleine Baumgruppen verteilen sich in der kargen Landschaft und geben dem Blick des Pilgers immer wieder die Möglichkeit, zu ruhen und zu verweilen.

Gegen Mittag komme ich an eine Anhöhe, die eine herrliche Fernsicht über die vor mir liegenden Felder bietet, während der Pilgerweg schnurgeradeaus zum Horizont führt, rechts und links gesäumt von patchworkartig angeordneten Feldern. Niemand ist auf dem Camino vor mir zu sehen, kein einziger dunkler Punkt, der sich bewegt. Ein erhabener Anblick, der mir das Gefühl von unendlicher Weite und Freiheit vermittelt, als hätte ich den Pilgerweg ganz für mich allein. Diese Landschaft ist so unglaublich schön, dass ich eine Weile andächtig stehen bleibe und verweile.

Am Nachmittag setzt Regen ein. Ich erreiche meinen Zielort Santo Domingo, eine kleine Stadt mit beeindruckendem historischem Stadtzentrum und großer Kathedrale. Die Pilgerherberge befindet sich gleich nebenan. Fast alle Pilger aus Nájera haben hier Quartier bezogen. Zu meiner Freude gibt es statt der üblichen Doppelstockbetten Einzelbetten. Welch ein Luxus! Dazwischen ist etwas Platz, für einen Stuhl für jeden Pilger, ein eigener kleiner Privatbereich!

Beim Check-in machte mich der Herbergsleiter darauf aufmerksam, dass um 20 Uhr in der benachbarten Kathedrale eine

Wie ein Teppich breitet sich die Landschaft vor mir aus

Pilgermesse stattfinden soll. Ich frage meine Mitreisenden, ob sich mir jemand anschließen möchte. Niemand hat Interesse an einer Besichtigung, geschweige denn am Gottesdienst, obwohl es sich bei der Kathedrale um eine bedeutsame Kirche handelt, in der einst das sogenannte Hühnerwunder stattfand.

Im 13. Jahrhundert übernachtete eine Pilgerfamilie aus Deutschland mit ihrem jugendlichen Sohn in einem Wirtshaus in Santo Domingo. Die Annäherungsversuche der Magd wies er zurück, worauf die gekränkte junge Frau einen Silberbecher in seinem Gepäck versteckte und ihn des Diebstahls bezichtigte. Der unschuldige junge Mann wurde verurteilt und hingerichtet. Als die geschockten Eltern die Stadt verließen, um ihren Weg nach Santiago fortzusetzen, gingen sie noch einmal an der Richtstätte vorbei. Zu ihrer Überraschung sprach der Sohn zu ihnen, am Galgen hängend. Er lebe und es ginge ihm gut, weil der heilige Jakobus ihn unsichtbar an den Beinen hält. Augenblicklich eilten die Eltern zum Richter und verlangten, den Jungen vom Galgen nehmen zu lassen. Dieser antwortete genervt, dass der Delinquent genauso tot sei wie die gebratenen Hühner vor ihm auf dem Teller. Daraufhin wurden die Hühner lebendig und flogen vom Tisch auf. Der junge Pilger wurde vom Galgen genommen und stattdessen die Magd hingerichtet. Seitdem wird in der Kathedrale, zur Erinnerung an dieses Wunder, in einem Käfig ein lebendiges Hühnerpaar gehalten, das alle paar Wochen ausgetauscht wird.

TAG 8: EIN GANZ NORMALER PILGERTAG
Sonntag, der 1.12.2019

Santo Domingo–Belorado

Man braucht schon etwas Kraft, um die schwere, dunkle Holztür der Herberge zu öffnen. Es ist kurz nach halb acht. Ich bin die Erste, die in nachtschwarzer Dunkelheit die Unterkunft verlässt. Die Straßen glänzen nass – es fällt leichter Sprühregen.

Morgens habe ich nur ein Bestreben – raus hier, raus aus der Herberge, hurtig einpacken und nichts wie weg! Generell sind um diese Zeit alle Pilger in Eile und entsprechend kurz angebunden. Gerade mal ein »Good morning« wird erwidert, ohne aufzublicken, denn jeder ist mit Packen beschäftigt und will schnellstmöglich los.

Ich habe noch nicht gefrühstückt. In der Herberge gab es nichts und in der Stadt ist heute, am Sonntag, alles geschlossen. Meine Wasserflaschen sind gefüllt und ein paar Kekse habe ich noch. Ich hoffe, in den Dörfern, die ich passieren werde, etwas kaufen zu können.

Der Camino führt an einer Ortsverbindungsstraße zur Stadt hinaus. Als ich mich umdrehe, zeichnet sich die Stadtsilhouette mit dem markanten Kirchturm dunkel vor dem Rot eines leuchtenden Sonnenaufgangs ab, denn die Stadt liegt genau hinter mir im Osten, während der Pilgerweg geradezu in Richtung Westen verläuft. Die leuchtenden Farben spiegeln sich in den Pfützen, die sich wie flache Seen auf dem Camino ausbreiten. Während ich mich abmühe, das Farbenspiel mit der Kamera einzufangen, werde ich nach und nach von den anderen Pilgern überholt, die sich nun vor mir auf der Strecke verteilen. Bald bin ich wieder allein.

Aufgrund des regnerischen Wetters unternehme ich heu-

Das Dorf Grañón – Graffitis begrüßen den Pilger

te wieder einen Versuch mit meinen Wanderstiefeln. Langsam müssten sie doch eingelaufen sein! Allerdings frage ich mich, wie dieser Prozess abläuft. Passen sich die Schuhe an die Füße an, oder ist es vielleicht umgekehrt? Ich fürchte, das zweite trifft eher zu. Mal sehen, wie lange ich es heute in meinen Stiefeln aushalte.

Der Camino führt über aufgeweichte Feldwege durch unspektakuläre Landschaft. Der Nieselregen hört auf. Kurz vor zehn Uhr erreiche ich das Dorf Grañón. Wandmalereien an einer Mauer, die Pilger auf ihrer Wanderschaft darstellen, leuchten mir am Ortseingang entgegen. Vielleicht ist dieses Dorf auf dem Camino während der Hochsaison ein beliebter Pilgertreffpunkt, mit Biergärten, Trinkbrunnen und Geselligkeit? Noch 564 Kilometer bis Santiago, kann ich einem Wegweiser entnehmen.

Ich gehe weiter in den Ort hinein, ein paar Treppenstufen hoch und stehe kurz darauf vor einer großen Kirche. Die Tür ist angelehnt. Vielleicht ist geöffnet, weil heute Sonntag ist? Ich trete ein. Es ist dunkel. Nur wenig Licht dringt durch die schmalen Fenster. Vorn im Kirchenschiff befindet sich ein barocker Altar, etwa fünf Meter hoch, komplett vergoldet.

Ich nehme meinen Rucksack ab und setze mich in eine hintere Bankreihe. Ich habe die Kirche ganz für mich allein. Ich lausche in den dunklen Raum hinein. Absolute Stille, nicht einmal ein Knacken des Gestühls oder der Holzvertäfelungen. Ich schließe die Augen und fühle mich warm, sicher und geborgen. Mich umgibt hier etwas, ähnlich, wie ich es vor ein paar Tagen in der Kirche in Pamplona gespürt habe. Etwas Unsichtbares wirkt hier auf mich ein. Ist es der heilige Jakobus, dem ich mich hier nahe fühle?

»Danke, dass du mich begleitest und beschützt!«

Viele tausend Pilger vor mir haben auf ihrer Reise in dieser Kirche Schutz gesucht, gebetet und in Andacht verweilt. Ich bin fest davon überzeugt, dass so etwas Spuren hinterlässt. In diesen Mauern stecken eine Menge Kraft und Energie. Ich glaube, davon ist ein wenig auf mich übergegangen.

Als ich das Gotteshaus verlasse, rückt auf der gegenüberliegenden Straßenseite ein Mann Stühle zurecht. Eine Bar? Ist sie geöffnet? Ich trete ein. Der kleine Raum ist voller Pilger – lauter bekannte Gesichter. Zwischen den Tischen stehen Rucksäcke und versperren den Weg. Ich drängle mich vor an den Tresen.

»Tostado con aceite, café con leche y zumo de naranja, por favor.«

Dieser Satz klingt bei mir im Moment noch etwas holprig. In den nächsten Wochen wird er mir fast mühelos über die Lippen kommen, da ich dieses Frühstück aus Toast mit Olivenöl, Milchkaffee und Orangensaft, wann immer möglich, bestelle. Frisch gepressten O-Saft gibt es hier in jeder Bar. Er schmeckt fantastisch und ist preisgünstig. Ich versuche, täglich ein Glas zu trinken, denn es sind die einzigen Vitamine, die ich zu mir nehme, abgesehen von ab und zu mal einer Banane oder einem Apfel.

Ich setze mich zu Fedor, Gosia und Miguel an den Tisch, die drei Musketiere, mit denen ich vor zwei Tagen in Nájera Bekanntschaft schloss. Wie herrlich ist es, im Warmen zu sitzen, den heißen Kaffee zu genießen und in den Toast zu beißen, den ich mit Olivenöl beträufle. Nach dieser Stärkung wird es ein guter Tag werden. Ich kaufe in der Bar gleich noch eine Dose Cola und ein eingeschweißtes Stück Kuchen. Das ist mein Proviant für den Tag.

Hinter Grañón breitet sich eine ungewöhnliche Landschaft aus, bestehend aus hügeligen, kahlen Bergkuppen inmitten von winterlich brachliegenden Äckern. Vergleichbares habe ich noch nie gesehen. Immer wieder bieten sich mir weite Blicke in die Ferne. Dann sehe ich, wie sich der Camino zwischen den Feldern durch die Landschaft schlängelt, endlos lang, bis er hinter dem Horizont verschwindet. Eine sehr spannende Landschaft. Jetzt ist alles grau und farblos. Wie mag es hier im Sommer aussehen, wenn alles grün ist?

Am Nachmittag tauchen die ersten Häuser der Stadt Belorado auf. Die einzige geöffnete Unterkunft soll sich in der Ortsmitte befinden.

Hügellandschaft hinter Grañón

Tag für Tag werde ich bei der Herbergssuche entspannter, denn immer findet sich ein Quartier. Bald bin ich im Zentrum angelangt, überquere eine altertümliche Steinbrücke und entdecke Kim, einen koreanischen Pilgerbruder, der E-Zigarette rauchend vor einer Tür steht. Mit seiner leuchtend roten Jacke und den neongelben Regengamaschen ist er leicht zu erkennen. Prima, hier muss die Herberge sein!

Ich checke ein und bekomme den Schlafraum gezeigt. Obwohl laut Türbeschriftungen mehrere Zimmer existieren, werden alle Gäste in ein und demselben kleinen Raum verfrachtet. Fast alle Pilger, die mit mir heute auf der Etappe waren, sind schon angekommen. Die unteren Kojen der sechs Doppelstockbetten sind bereits belegt. Es ist ziemlich eng hier.

Ich richte meine Schlafstatt in einer oberen Etage ein und gehe zum Waschraum. Diesmal keine Trennung von Männern und Frauen? Ich suche vergeblich nach der üblichen Kennzeichnung.

Es gibt nur ein Badezimmer für alle. Zum Glück kommt niemand anderes herein, als ich gut sichtbar hinter einer Glastür, unter der Dusche stehe.

Bislang hatte ich so etwas nur einmal auf einem Campingplatz in den Niederlanden erlebt. Gunter und ich waren auf einer Fernradtour von Amsterdam entlang der Nordseeküste nach Belgien unterwegs und hatten auf einem modernen, gut ausgebauten Zeltplatz Station gemacht. Als ich zum Sanitärtrakt ging, fand ich keine Räumlichkeiten für die Damen. Nach längerem Umherschauen fragte ich schließlich eine Urlauberin. Sie bestätigte meine Ahnung – Männer und Frauen sind zusammen! Das war für mich gewöhnungsbedürftig. Die Holländer sind bekanntermaßen etwas moderner, aufgeschlossener und offener als wir Deutschen. Aber, dass sie so weit gehen?

Es war schon ein seltsames Gefühl, als ich mir morgens die Zähne putzte und die Kontaktlinsen einsetzte. An den Waschbecken unmittelbar neben mir standen wildfremde Männer, fast in Tuchfühlung, die sich rasierten. Das hat mir nicht so behagt. Selbst mein Lebensgefährte lässt mir zu Hause mehr Privatsphäre.

Was mache ich mit dem restlichen Tag? Es ist draußen noch hell und es fühlt sich an wie nachmittags, obwohl es bereits 17.30 Uhr ist. In dieser ungemütlichen Herberge den Rest des

Tages totzuschlagen, kommt für mich nicht infrage. Ich schlüpfe in meine Turnschuhe und gehe ins Ortszentrum. Hier sind die Bürgersteige hochgeklappt.

Auf dem Marktplatz kommt mir Miguel entgegen. Er zeigt mir die Eckkneipe, in der sich Fedor und Gosia befinden, eine Sportsbar. Es ist eine Spelunke, in die ich allein niemals den Fuß setzen würde. An den Wänden hängen Flachbildschirme, auf denen Fußballübertragungen gezeigt werden. An den Plastiktischen kauern Männer, die lieber in dieser trostlosen Kneipe ihren Sonntagabend verbringen als allein in ihrer Wohnung.

Ich nehme an Gosias und Fedors Tisch Platz. Miguel hatte heute früh in der Herberge von Santo Domingo seinen Pilgerstab vergessen. Jetzt fährt er mit dem Bus zurück, um ihn zu holen.

Das spanische Bier schmeckt gut. Wir essen dazu Tapas, kleine, leckere Häppchen. Fedor erzählt, dass er auf seinem Pilgerweg durch Frankreich in der Basilika von Vézelay ebenfalls ein sehr seltsames Erlebnis hatte. Er stand mitten in der Kathedrale, als ihn plötzlich ein Schauer überkam, der ihn am ganzen Körper zittern und in Tränen ausbrechen ließ. Schnell verließ er daraufhin die Kirche.

Ehe wir uns versehen, ist Miguel mit seinem Pilgerstock zurückgekehrt. Innerhalb einer Stunde fuhr er zweimal die Strecke mit dem Bus, für die wir Pilger heute den ganzen Tag gebraucht hatten. Wie unendlich langsam ist doch unsere Fortbewegungsart! Und dennoch – nach ein paar Wochen werden wir, wenn alles gut geht, auf diese Weise die gesamte iberische Halbinsel durchquert haben.

Zwei Pilger nähern sich unserem Tisch. Die beiden Brasilianer kenne ich aus der Herberge von Nájera. Gestern, in Santo Domingo waren sie ebenfalls in unserer Unterkunft. Sie scheinen Brüder zu sein, so ähnlich sie sich sehen. Beide haben eine stämmige, untersetzte Figur, tragen einen Vollbart, haben schwarze Augen und dunkle Haare. Luciano, der Jüngere, Ende 30, spricht Englisch, aber nicht besonders gut. Der Ältere mag um die 50 Jahre alt sein. Er schaut finster und redet nicht, kann offenbar kein Englisch. Es sind zwei stille und auf mich sehr zurückhaltend wirkende Männer, die offenbar alles gemeinsam machen. Mich beachten sie überhaupt nicht. Morgen werde ich mehr über die beiden erfahren, überraschende Dinge!

Zu später Stunde gehen wir in die Herberge zurück und fallen in die Betten. Alsbald beginnt ein vielstimmiges Schnarchkonzert. Ich wälze mich im Bett herum und kann nicht einschlafen. Es ist zu warm, die Luft ist stickig und das Fenster lässt sich nicht öffnen.

»Mrs. Maisel, hilf!«

Ich greife nach meinem Handy und den Kopfhörerstöpseln und begebe ich mich auf Zeitreise ins New York der 1950er Jahre. Irgendwann fallen mir die Augen zu.

TAG 9: CLAIRE
Montag, der 2.12.2019
Belorado–Agés

Endlich ist die Nacht vorbei! Das war die bisher schlimmste von allen. Schlechte Luft, lautes Schnarchen und andere Geräusche, die man einfach nicht hören will. Es ist eine Erlösung, als morgens um sieben Uhr das Licht eingeschaltet wird. Aufbruch im Dunkeln, wie immer. Ich schließe mich heute den drei Musketieren an, denn sie hatten gestern eine Bar ausfindig gemacht, in der es vielleicht Frühstück geben könnte.

Das harte, regelmäßige Klacken von Fedors Pilgerstab auf den Pflastersteinen hallt durch die menschenleeren Gassen. In der Häuserfront neben uns öffnet sich eine Tür und die geheimnisvolle Pilgerin, die in Nájera morgens so hektisch aufgebrochen war und nach einer Begleitung fragte, tritt auf die Straße. Seitdem hatte ich sie nicht mehr gesehen. Ich vermutete, dass sie weit vor mir auf der Strecke sei. Nun freue ich mich, sie eingeholt zu haben. Wenn sie im selben Tempo wie ich unterwegs ist, werde ich sie früher oder später treffen und dann wird sich schon die Gelegenheit zum Kennenlernen ergeben.

Nach einem kurzen »Hello«, biegt sie sofort in Richtung Camino ab, während wir vier unsere Schritte zum Marktplatz lenken. Die hell erleuchteten Fenster der Bar verheißen Gutes. Wir treten ein und bestellen Milchkaffee. In einer Vitrine liegen in Folie eingeschweißte Kuchenstücke, die »Sponge Cake« heißen, Schwammkuchen, denn sie erinnern an Küchenschwämme. Etwas anderes gibt es hier nicht. Aus dem Getränkekühlschrank nehme ich eine Dose Coke und eine kleine Wasserflasche. Das wird meine Basisverpflegung für heute sein.

Vom heißen Kaffee gewärmt, ziehe ich frohen Mutes los in die einbrechende Morgendämmerung und lasse die drei Musketiere alsbald hinter mir. Trotz schlechten Schlafes in der vergangenen Nacht haben sich meine Kräfte vollständig erholt. Ich fühle mich wie jeden Morgen, topfit und motiviert. Jeder Tag ein Neubeginn. Ich habe gefrühstückt, bin warm und trocken, meine Kleidung am Körper ist sauber und ich bin neugierig darauf, was der heutige Tag bringen mag. Mein Proviant besteht aus Wasser, meiner Notfall-Cola und einer halben Packung Oreo-Kekse. Alles ist gut.

Regen und Wind setzen ein. Ich muss meinen Schirm von innen festhalten, damit er nicht umklappt. Der Camino verläuft über Feldwege und ist völlig aufgeweicht. Meine Füße versinken im Schlamm. Da hilft nur, am äußersten Wegrand über die Grasbüschel zu laufen. Gott sei Dank komme ich heute mit den Wanderstiefeln gut klar, denn mit Joggingschuhen hätte ich keine Chance.

Vor mir erblicke ich einen Pilger, der verzweifelt versucht, seinen Poncho über sich und seinen Rucksack zu ziehen. Der starke Wind lässt die große Plane unkontrolliert flattern, während der Regen herunterschüttet.

»Buen Camino! May I help you with this?«, spreche ich ihn an.

Er blickt zu mir auf. Es ist Candido! Candido, der Spanier aus Murcia, den ich im Kloster Roncesvalles an meinem ersten Pilgertag kennenlernte. Mit Heedo und Cyrille verbrachten wir einen vergnügten Abend. Seitdem hatte ich ihn nicht mehr gesehen und mich schon gefragt, wo er abgeblieben ist. Wir umarmen uns und haben uns viel zu erzählen, während wir gemeinsam weiterstapfen.

Candido, ein freundlicher, kräftiger Mann mittleren Alters, der Ruhe und Herzenswärme ausstrahlt, arbeitet als Betriebslei-

Morgens im Dunkeln geht es durch die Gassen von Belorado

ter in einer Firma, die Blattsalate abpackt. Diese Waren sind in ganz Europa in den Supermärkten zu finden. Heute früh bekam er einen Anruf von seiner Firma, dass er zurück in den Betrieb kommen muss, denn es gibt Probleme und er werde dringend gebraucht. Schon ist es vorbei mit der mentalen Erholung, dem Grund, warum er hier ist. Er wird nur noch die beiden Tage bis nach Burgos laufen und von dort mit dem Zug nach Hause fahren. Seine Pilgerreise möchte er im nächsten Frühjahr, zusammen mit seinem vierzehnjährigen Sohn fortsetzen.

Es ist kalt. Der Weg führt immer weiter bergan, durch Olivenhaine, deren Bäume mit Schnee bepudert sind. Bis auf über 1.000 Höhenmeter geht es hinauf. Hier in der Höhe pfeift mir der Wind um die Ohren.

Ich komme durch Wälder aus dürren, entlaubten Bäumen. Die hinteren Baumreihen verschwinden im Nebel. Eine mystische Szenerie.

Später verwandelt sich der Camino in eine sandige Forststraße. Großflächige, tiefe Pfützen nehmen die gesamte Breite ein. Es bleibt mir an diesen Stellen nur, den Weg zu verlassen und durch die steile Grasböschung des angrenzenden Waldes zu gehen. Brombeerzweige verhaken sich an den Hosenbeinen, die bereits bis zu den Knien nass sind.

Am späten Nachmittag erreiche ich das Dorf San Juan de Ortega. Hier möchte ich gern den Tag beschließen. Direkt am Camino befindet sich eine kleine Herberge mit nur sieben Betten, die gleichzeitig eine Pizzeria mit Ausschank betreibt. Kim steht mit seiner E-Zigarette vor dem Eingang und bedeutet mir hineinzugehen. Im warmen und gemütlichen Gastraum sind bereits die Koreaner bei Speis und Trank versammelt. An einem Ecktisch sitzen laut redend und lachend die drei Musketiere zusammen mit den beiden Brasilianern.

Ich frage den Mann am Tresen, ob ich einchecken kann. Leider ist kein Bett mehr frei. Die anderen waren schneller. Schade, wie gern wäre ich geblieben! Meine Hoffnung auf eine heiße Pizza zusammen mit einem frisch gezapften Bier hat sich im Moment des Entstehens sofort zerschlagen. Der Wirt rät mir, fünf Kilometern weiter nach Agés zu gehen, dort sei die nächste offene Herberge.

Enttäuscht ziehe ich von dannen. Es fängt wieder an zu nieseln und es ist unangenehm kalt. Noch eine Stunde laufen! Wer weiß, was das für eine Herberge ist? Vielleicht bin ich dort die einzige Pilgerin, während in der Pizzeria der Bär steppt?

Die Strecke zieht sich hin, aber irgendwann nehmen die Häuser von Agés im Regendunst Gestalt an. Ein Schild verweist auf die örtliche Herberge, die sich in einer Seitengasse befindet. Ich bin erleichtert, sie offen vorzufinden.

Auch diese Unterkunft hat ein eigenes, kleines Restaurant und bietet Frühstück an. Na bitte, wer sagt es denn! Beim Check-in reserviere ich gleich für das Pilgermenü am Abend. Jetzt bedaure ich nicht mehr, in San Juan abgewiesen worden zu sein.

Der geräumige Schlafsaal ist hell und freundlich. Er sieht aus wie der umfunktionierte Übungsraum eines modernen Fitnesscenters. Neben jedem Doppelstockbett stehen zwei Stühle – Luxus! Zwischen den Betten ist reichlich Platz. Ich wähle mein Bett direkt neben einem bodentiefen, großen Fenster, dass sich ankippen lässt und schaue mich zufrieden um. Außer mir sind noch andere Gäste hier – junge Koreaner und Pilger, die ich noch nicht kenne.

Na so was! Schräg gegenüber, auf der unteren Bettetage, sitzt eine schlanke, sportliche Frau, die in ihrem Pilgertagebuch schreibt. Die Pilgerin aus Nájera! Jetzt werde ich sie endlich kennenlernen!

»Hi, where are you from?«, spreche ich sie an, als sie ihre Aufzeichnungen beendet hat.

Sie antwortet, dass sie aus Oxford komme, aus England, und Claire heißt.

Wir plaudern eine Weile und gehen später hinunter ins Restaurant zum Pilgermenü, besetzen den letzten freien Tisch.

»Kennst du Rolf?«, fragt mich Claire und zeigt auf einen Mann mittleren Alters, der am Tresen sitzt und sich laut auf Spanisch mit dem Wirt unterhält.

»Rolf? Nein, den kenne ich nicht. Was ist denn mit ihm?«

»Rolf ist ein Deutscher mit südafrikanischem Pass. Er wohnt nicht in Deutschland, hat aber deutsche Eltern. Ich dachte, du kennst ihn vielleicht, weil er ein Landsmann ist.«

Sie spricht den Namen englisch aus: »Roulph«, mit gerolltem »R« und langgezogenem »ou«.

Ich frage mich, wie der Mann wirklich heißt. »Rolf«, »Ralf« oder englisch »Ralph«?

In der englischen Sprache spricht man alle drei Varianten gleich aus.

Ein Deutscher also? Seit der Paderborner Pilgergruppe in Estella bin ich nie wieder auf Deutsche gestoßen.

Ich blicke hinüber zum Tresen. Dort sitzt ein Mann mit graumeliertem, kurzem Haar, Dreitagebart, groß, athletisch, vielleicht Mitte 50.

»Er sieht gut aus und weiß das auch!«, lautet Claires Analyse, »als Modefotograf hat er viel Geld verdient, sodass er sich vor ein paar Jahren zur Ruhe setzen konnte.«

Das bedient ja sämtliche Klischees! Ich bin skeptisch.

Die drei Musketiere sitzen am Nachbartisch. Sie waren zwar in der Pizzeria eingekehrt, hatten aber ebenfalls kein Bett bekommen. Vor einer Weile kamen sie in der Herberge an.

Fedor bekommt von Claire ebenfalls sein Fett weg, denn wir werten nun unsere voneinander unabhängigen Beobachtungen aus.

»Fedor ist in Gosia verliebt, das ist klar zu erkennen. Hast du vorhin im Schlafsaal gesehen, wie er, nur mit Unterhose bekleidet, vor ihr tänzelte und posierte?«

Wir kichern. Ja, ich hatte das ebenfalls bemerkt und dieselbe Schlussfolgerung gezogen.

»Aber, Gosia will nichts von ihm. Ich glaube eher, dass sie an Miguel interessiert ist«, ergänzt Claire.

Das Essen wird serviert und dazu ein Flasche Rotwein. Wir werden immer lustiger.

Claire ist geschieden und hat ab und zu Männer über Dating-Plattformen kennengelernt. Was sie dabei erlebte, gibt sie zum Besten und ist echt komisch.

Schließlich frage ich sie, warum sie an dem Morgen in Nájera im Dunkeln so hektisch aufgebrochen ist und eine Begleitung gesucht hat.

Nun erfahre ich die ganze Geschichte. Sie war auf der Flucht vor den beiden brasilianischen Pilgern.

»Was?! Vor Luciano und seinem älteren Bruder?«, entfährt es mir überrascht.

Eine Etappe vor Nájera, in Logroño, hatte sie die beiden in der Herberge zum ersten Mal getroffen. Claire schmerzten die Füße und sie erzählte das im Schlafsaal. Daraufhin bot Luciano an, ihre Füße zu massieren, denn er sei Arzt. Sie erlaubte es, ohne sich etwas dabei zu denken. Luciano massierte und massierte, er hörte überhaupt nicht mehr auf, fing sogar an zu stöhnen. Für Claire wurde die Situation immer unangenehmer. Luciano fragte sie, wie weit sie am nächsten Tag laufen wolle, und am Tag danach, und an den nächstfolgenden Etappen. Das behagte ihr gar nicht. Wollten sich die beiden an ihre Fersen heften? Jetzt quält sie sich mit Selbstvorwürfen. Hatte sie ihn ermutigt? Hatte sie etwas falsch gemacht?

»Nein, du hast nichts verkehrt gemacht, du konntest ja nicht wissen, was passiert«, beruhige ich sie.

Seitdem hat sie das Gefühl, dass ihr die beiden Brasilianer nachstellen. Sie versucht, ihnen zu entkommen, aber sie blieben immer an ihr dran.

Claire ist eine attraktive Frau mit dunklen, lockigen Haaren. Ihr Alter, Mitte 50, sieht man ihr nicht an. Sie wirkt auf mich jünger. Für mich ist es nicht verwunderlich, dass Männer sich zu ihr hingezogen fühlen.

An dem besagten Morgen in Nájera wollte sie verhindern, dass die beiden Brüder ihr im Dunkeln folgen, deshalb war sie so schnell aufgebrochen und suchte eine Begleitung.

Ich bin platt. Was mir Claire hier berichtet, hätte ich nicht für möglich gehalten. Wenigstens sind die beiden Brasilianer heute Nacht nicht mit uns in derselben Herberge, sondern in der Pizzeria, fünf Kilometer hinter uns.

Sie erzählt mir von ihrer Familie. Sie hat vier erwachsene Kinder. Einen Sohn und eine Tochter muss sie immer noch finanziell unterstützen. Nach der Trennung von ihrem Mann nahm sie einen Job an der Universität von Oxford an. Sie organisiert dort Veranstaltungen. Jetzt ist sie auf dem Camino, um über sich und ihren Umgang mit den Kindern nachzudenken. Sie findet, sie müssten die wirtschaftliche Verantwortung für ihr Leben selbst übernehmen, bringt es aber nicht fertig, die finanzielle Unterstützung einzustellen. Mit ihrer Familie hat sie dramatische Zeiten erlebt. Auf dem Camino versucht sie, Abstand zu finden.

Wir reden und lachen bis Mitternacht, bis auch die zweite Flasche Wein geleert ist. Dann fallen wir, ein wenig betrunken, in unsere Betten.

TAG 10: ZU FUSS DURCH DIE GROSSSTADT
Dienstag, der 3.12.2019
Agés-Burgos

Als ich morgens ins Freie trete, bin ich überrascht. Es schneit! Eine dünne Schicht liegt auf den umliegenden Dächern. Insgeheim hatte ich mir gewünscht, auf dem Camino Schnee zu erleben.

Als ich das Dorf hinter mir lasse, wird der Camino zu einem schlammigen Feldweg, auf dem sich tiefe Pfützen ausbreiten. Es ist kaum möglich, die Wasserlachen zu umgehen. Auf die aufgeweichten Felder daneben kann man nicht treten, man würde im Erdreich versinken. So bleibt mir nur, auf den nassen Grasbüscheln am Wegesrand zu balancieren. Der Schneefall ist mittlerweile in Nieselregen übergegangen.

Das Wetter stört mich nicht, denn am Ende des Tages werde ich in Burgos ankommen, einer Großstadt mit vielen Sehenswürdigkeiten. Candido hatte mir gegenüber von Burgos geschwärmt, dass es eine wunderschöne Stadt sei, eine der interessantesten auf dem Camino. Auch die Pilgerherberge direkt neben der Kathedrale soll klasse sein, modern eingerichtet und geräumig.

Mit dieser Aussicht auf mein Tagesziel läuft es sich selbst bei miesem Wetter gut, da mich am Abend eine ordentliche Unterkunft erwartet, in der ich heiß duschen kann, wo es warm und trocken ist und ich die Möglichkeit habe, meine nasse und schmutzige Kleidung zu waschen und zu trocknen. Noch sind meine Wanderschuhe wasserdicht. Meine Merinokleidung hält mich warm, ohne dass ich vom Schwitzen einen nassen Rücken bekomme. Proviant habe ich ausreichend dabei. Mehr brauche ich nicht, um zufrieden zu sein.

Mir geht immer noch das intensive Gespräch mit Claire durch den Kopf. Ich bin noch ganz im englischsprachigen Modus. Wenn ich mich vier Stunden lang hochkonzentriert in dieser Sprache unterhalte, kann ich gar nicht ohne Weiteres auf Deutsch zurückschalten. Ich ertappe mich dabei, dass ich meine Gedanken immer noch auf Englisch formuliere. Seltsam, so krass ist mir das lange nicht mehr gegangen.

Englisch ist die Caminosprache. Jeder spricht Englisch, bis auf wenige Ausnahmen. Auch die Koreaner, Chinesen und Südamerikaner. Vielleicht ist das im Sommer anders, wenn mehr Deutsche unterwegs sind?

Mit der englischsprachigen Verständigung habe ich zum Glück kein Problem. In den 1990er Jahren lebte ich mit meiner Familie fast zwei Jahre in den USA, weil mein Mann von seinem Arbeitgeber dorthin delegiert worden war. Unsere beiden Kinder waren damals in der ersten und in der zweiten Klasse und besuchten eine normale, öffentliche Schule. Erstaunlich schnell lernten sie die Sprache, allein durch die Umgebung, die Medien und den Alltag. Ich selbst bin viermal in der Woche mit dem Auto quer durch die Millionenstadt Detroit gefahren, um im arabischen Stadtteil an einem ganztägigen, kostenlosen Englischkurs für Ausländer teilzunehmen. Ich saß als fast einzige Europäerin zwischen Einwanderern aus Jordanien, Irak, Afghanistan und Libanon. Das fand ich sehr spannend, weil meine erwachsenen Mitschüler viel aus ihren Heimatländern berichteten.

Seit der Zeit in den Staaten bin ich in der englischen Sprache ziemlich fit, was mir insbesondere im Beruf sehr geholfen hat. Auf dem Camino bedaure ich manchmal, dass ich kein Spanisch kann, denn es wäre schöner, wenn ich mit den Einheimischen in ihrer Landessprache reden könnte. Vor Jahren lernte ich mal ein Semester lang Spanisch in der Volkshochschule, habe aber seitdem fast alles vergessen.

Wo mag Claire jetzt sein? Auf jeden Fall hat sie zwei Stunden Vorsprung. Heute früh war sie in aller Eile aufgebrochen, um den Abstand zu den Brasilianern, die in der Herberge hinter uns übernachteten, zu vergrößern. Zum Abschied umarmten wir uns und tauschten die E-Mail-Adressen aus. Claire will heute nicht in Burgos bleiben, sondern einen Ort weitergehen, um den Abstand zu Luciano und seinem Bruder auszubauen. Ihr Zeitplan ist straff. In wenigen Tagen muss sie León erreichen, da sie von dort ihre Rückreise nach England antreten muss, denn der Job ruft. Im nächsten Jahr möchte sie wiederkommen und ihre Wanderung fortsetzen.

Das Wetter bessert sich allmählich, der Regen hört auf und die Sonne kommt sogar heraus. Jetzt führt der Camino über verkehrsarme Straßen.

Ich erreiche eine leerstehende, neu gebaute Wohnanlage mit ungefähr 30 Mehrfamilienwohnhäusern, die mitten auf der grünen Wiese errichtet wurden. Hier gibt es keinerlei Infrastruktur, keine Geschäfte, Restaurants oder dergleichen – eine reine Schlafsiedlung. Die Gebäude in hochwertiger Ausführung – mit Balkonen, Terrassen, Autostellplätzen, sind komplett unbewohnt. Die Baustelle mag vor ein paar Monaten fertiggestellt worden sein, aber niemand ist hier je eingezogen. Eine moderne Geisterstadt.

Ich gehe über einsame Bürgersteige. Gras und Unkraut wachsen zwischen den Pflastersteinen heraus. Nur selten fährt ein Auto vorbei. So etwas habe ich in Deutschland noch nie gesehen! Sehen so die Folgen einer Immobilienblase aus?

Ich laufe weiter, das Leerstandsgebiet liegt bald hinter mir. Die Dichte der Straßen nimmt zu. Spürbar nähere ich mich der Peripherie einer Großstadt.

Der Stadtrand von Burgos ist erreicht. Mein Navi zeigt, dass es auf einer mehrspurigen, stark befahrenen Einfallsstraße weitergeht, die direkt ins Zentrum führt. Die Kathedrale in der Altstadt und die Herberge in deren Nähe sind mein Ziel. Noch zehn Kilometer sind es bis dahin – gut zwei Stunden langweiliger Fußmarsch im Straßenlärm.

Ob ich in einen der Nahverkehrsbusse steige, die hier alle paar hundert Meter eine Haltestelle haben? Mit dem Bus wäre ich in 15 Minuten im Zentrum. Nein, ich entscheide mich, zu Fuß zu gehen. Auf diese Weise will ich ermessen, wie groß die Stadt wirklich ist.

Entschlossen überquere ich die erste Ampelkreuzung. Beidseitig der vier Fahrspuren verlaufen breite, mit Gehwegplatten ausgelegte Bürgersteige. Auf meiner Straßenseite ist der Camino mit den allgegenwärtigen gelben Pfeilen markiert. Auf der anderen Seite sind einfache, flache Zweckbauten aufgereiht, mit eindeutigen Leuchtschriften, die Eroscenter, Nightlife, Erotic und Massagen verheißen. Kein Mensch ist dort zu sehen, weder Anbieter noch Kundschaft. Natürlich, es ist ja erst nachmittags.

Nach einer halben Stunde wandelt sich das Straßenbild. Ich erreiche Gewerbegebiete. Die Gebäude sind deutlich größer und stattlicher als die Bordelle. Bläulich schimmern die verspiegelten Fassaden. Was mag hier produziert werden? Die Firmennamen sagen mir nichts. Es könnten Industriebetriebe sein oder Callcenter oder IT-Firmen. Überall in Europa findet man diese nullachtfünfzehn-Architektur. Einfallslose Quader aus Glas mit Freitreppe zum Eingang. Automatische Türen öffnen und schließen sich. Fahnen mit Firmenlogos flattern im Wind. Alles austauschbar. Die Gebäude sind nur für ein paar Jahrzehnte Nutzung konzipiert. Was danach kommt, ist egal.

Hin und wieder werde ich von entgegenkommenden Autos angehupt. Wenn ich hinüberblicke, winken mir die Fahrer lebhaft zu. Ich freu mich, auf diese Weise in der Stadt begrüßt zu werden. Jedes Hupen, jedes Winken beflügelt meine Schritte.

Das Laufen auf den harten Gehwehplatten strapaziert meine Füße. Der rechte Ballen schmerzt fast unerträglich. Ich bin zu bequem, den Rucksack umzupacken, um meine Laufschuhe herauszuholen. Außerdem ist hier nichts, wo ich mich hinsetzen könnte. Ich beiße die Zähne zusammen und bleibe ab und zu stehen, um die Füße zu entlasten.

Nun erreiche ich die Einkaufszentren. Rings um die schmucklosen Flachbauten sind Parkplätze angelegt, dazwischen Tankstellen. Es ist schwer zu erkennen, was sich hinter den Märkten verbirgt. Sind es Baumärkte? Möbelhäuser? Supermärkte? Hier würde ich bestimmt Toblerone, Kontaktlinsenreiniger, Gesichtscreme und andere Dinge, die ich brauche, bekommen. Aber, so viel Zeit habe ich nicht. Ich beschließe, mich lieber in der Altstadt umzusehen.

Wieder ändert sich das Stadtbild – ich erreiche das Zentrum. Nun kommen Bankfilialen, Schuh- und Modegeschäfte, Cafés, noch mehr Banken und noch mehr Bekleidungsgeschäfte. Aber kein Lebensmittelladen, keine Drogerie, kein Optiker. Das gibt es doch nicht! Nun bin ich im Stadtzentrum und weit und breit ist kein Supermercado zu finden? Ich hatte mich darauf verlassen, dass ich hier meinen Proviant auffüllen kann!

Nun beginnen die Fußgängerzonen. Touristische Wegweiser zeigen die Richtung zur Kathedrale und auch zur Albergue Municipal. Schließlich stehe ich vor einer schweren, doppelflügeligen Holztür mit Eisenbeschlägen, dem Eingang zur Herberge, die sich in einem Haus mit mittelalterlicher Fassade befindet.

Der Empfangsbereich mit der Rezeption ist geräumig, topmodern und schick, so wie es mir Candido in Aussicht gestellt hatte. Ich bin erleichtert, mein Tagesziel erreicht zu haben.

Im Schlafsaal treffe ich auf alte Bekannte – die koreanischen

Die Kathedrale von Burgos

Pilger, die gestern in der Pizzeria in San Juan übernachtet hatten, während ich weiter nach Agés gehen musste. Überholt hatten sie mich jedenfalls nicht.

»Wie kommt es, dass ihr vor mir da seid? Seid ihr mit dem Taxi gefahren?«

Im Brustton der Überzeugung antworten sie: »Nein, wir sind gelaufen!«

Seltsam, warum sagen sie nicht die Wahrheit? Es ist doch nicht ehrenrührig, den Bus oder ein Taxi zu nehmen!

Am frühen Abend gehe ich auf Stadtbesichtigung. Die berühmte Kathedrale von Burgos muss man gesehen haben! Der Eintritt ist frei, was daran liegt, dass dort gebaut wird. Das Kirchenschiff steht voller Gerüste, aber die Seitenchöre und der Kreuzgang sind zugänglich. Einen Eindruck von der Pracht dieses Bauwerks bekommt man allemal.

Unter den vielen Besuchern entdecke ich die brasilianischen Brüder, vor denen Claire geflohen ist. Obwohl sie mich aus der Sportsbar in Belorado genau kennen, laufen sie grußlos an mir vorbei.

Keine Ahnung, ob die panische Angst, die Claire vor den beiden hatte, berechtigt war, jedenfalls ist ihr Plan aufgegangen – sie hat sie endgültig abgehängt und wird ihnen nie wieder begegnen.

TAG 11: DER FLASHBACK

Mittwoch, der 4.12.2019

Burgos–Hornillos del Camino

Die Wetter-App kündigt eisige Temperaturen an, unter null Grad. Also warm anziehen!

Die heutige Tagesetappe ist relativ kurz, nur 21 Kilometer bis nach Hornillos. Damit habe ich genug Zeit, um unterwegs etwas zu besichtigen. Nachdem ich mich im Pilgerführer informiert habe, beschließe ich, dem Kloster La Huelgas einen Besuch abzustatten. Es befindet sich zwei Kilometer hinter Burgos, nur wenige Gehminuten vom Camino entfernt. Eine knappe Stunde nach meinem morgendlichen Aufbruch erreiche ich den Abzweig zum Kloster. Wenig später stehe ich davor. Es öffnet erst um zehn Uhr, in mehr als einer Stunde. Weil mich diese Sehenswürdigkeit wirklich interessiert, beschließe ich zu warten. Leider ist kein Café in der Nähe, auch kein Supermercado, um die Zeit anderweitig zu nutzen. Nicht einmal eine Sitzgelegenheit gibt es. Wenigstens scheint die Sonne und macht die eisige Kälte des Morgens erträglicher.

Nach und nach kommen weitere Besucher, die ebenfalls auf Einlass warten. Als der Ticketverkauf beginnt, teilt mir die Kassiererin mit, dass eine Besichtigung nur innerhalb einer Führung möglich ist. Die Erste startet 10.20 Uhr. Noch weitere 20 Minuten warten! Der Vormittag ist schon fast vorbei! Ich bin hin- und hergerissen. Wenn ich auf die Besichtigung verzichte, habe ich völlig umsonst in der Kälte gestanden. Vielleicht verpasse ich hier wirklich etwas? Nie wieder werde ich in meinem Leben hierherkommen. Ich entscheide mich, auf den Beginn der Führung zu warten, in der Hoffnung, dass sie nicht zu lange dauern wird.

Alle Besucher müssen ihre Taschen zum Durchleuchten auf ein Transportband legen, wie beim Security Check auf dem Flughafen. Danach ist das Gepäck in Schließfächern zu verwahren.

»Ist das hier so eine Art Nationalheiligtum?«, frage ich mich, denn solche Sicherheitsmaßnahmen hatte ich bisher in Spanien noch nicht erlebt.

Die Besuchergruppe, die auf dem Hof auf die Führung wartet, ist mittlerweile recht groß. Es mögen über 20 Spanier sein. So viel Andrang mitten in der Woche, außerhalb der Touristensaison? Ich bin die einzige Pilgerin.

Eine kleine, zierliche Person im elegant geschnittenen, dunkelblauen Wollmantel tritt auf uns Wartende zu, die Museumsführerin. Ich schaue genauer hin und bin wie vom Donner gerührt. Ich mustere die Frau ungläubig. Sie sieht aus wie meine ehemalige Kollegin Frau X., als wäre sie ihr Klon! Wie ist das möglich?! Das Alter, die Größe, die Statur, die Gesichtszüge, sogar die Stimme, gleichen sich. Nur Frisur und Haarfarbe sind anders.

Die Dame beginnt ihre Ausführungen in spanischer Sprache. Ich verstehe so gut wie nichts, höre nur ab und zu aus dem Redefluss eine Jahreszahl heraus. Ich mag die gelispelten Konsonanten »C« und »Z« in der spanischen Sprache, die wie das englische »TH« ausgesprochen werden. Eigentlich müsste ich wirklich nochmal anfangen, Spanisch zu lernen.

Die Führerin spricht klar und deutlich in ihr Mikrofon. Ähnlich laut und akzentuiert hatte auch Frau X. geredet. Ich starre die Dame unentwegt an und versuche, Unterschiede zu meiner Kollegin zu finden, aber es gibt keine. Es ist, als stehe hier deren Zwillingsschwester!

Hoffentlich bemerkt sie meine Blicke nicht, denn ich bin mir nicht sicher, ob ich meine Gefühle gut genug verbergen kann. Meine Gedanken an Frau X. sind keinesfalls freundlicher Natur, war sie, als engste Vertraute des Chefs, vermutlich nicht ganz unbeteiligt an meinem abrupten Verlassen der Firma. Gefühle der Bitterkeit und Verachtung schnüren mir den Hals zu. Der Anblick von Frau X.' Double ist für mich schwer zu ertragen.

Das Kloster ist sehenswert mit dem romanischen Kreuzgang und prachtvollen Innenräumen. Eine zweite Aufpasserin läuft mit der Gruppe mit und gibt acht, dass niemand zurückbleibt.

Die Museumsführerin bemerkt, dass ich kein Spanisch verstehe. Sie kommt auf mich zu und gibt mir in jedem Raum eine Zusammenfassung in Englisch. Sie steht dicht neben mir und ich schaue ihr ins Gesicht. Wie oft hatte ich ebenso nah neben Frau X. gestanden, bei Besprechungen, sogar bei Terminen im Ausland, wenn wir gemeinsam beim Kunden waren, um diverse Probleme zu klären.

Wie ist das möglich, dass diese Dame genauso aussieht wie meine Kollegin? Stimmt das denn wirklich, dass jeder Mensch auf der Welt einen Doppelgänger hat?!

Die Führung dauert inzwischen anderthalb Stunden, ein Ende ist nicht abzusehen. Es ist gleich um zwölf, ich muss schleunigst los, zurück auf den Camino, sonst schaffe ich meine heutige Strecke nicht.

Auf meine Bitte hin führt mich eine Aufsichtsperson nach draußen. Ich hole meinen Rucksack aus dem Schließfach und verlasse eiligen Schrittes das Kloster. Bloß weg hier, weg, weg, weg!

So viel Zeit habe ich eingebüßt! Der halbe Tag ist vorbei und ich bin erst drei Kilometer gelaufen! Wie komme ich zurück zum Camino?

Ich schaue auf mein Handy, aber irgendwie werde ich aus der Navigation nicht schlau und halte es für das Sicherste, denselben Weg zurückzugehen, den ich heute früh gekommen bin, bis ich wieder auf die vertrauten Markierungen stoße.

Während ich den Weg in Richtung Burgos einschlage, kommt mir eine ältere Passantin entgegen, die mich verwundert anschaut. Sie ist eigentlich schon an mir vorbei, als sie sich nochmal zu mir umdreht und fragt, ob ich eine Pilgerin sei, denn ich würde in die verkehrte Richtung laufen. Sie bedeutet mir, quer durch den angrenzenden Park zu gehen. Dahinter würde ich direkt auf den Camino stoßen. Ich bin froh über diesen Hinweis, der mir einen großen Umweg erspart.

Während ich durch den Park eile, laufen mir die Tränen über das Gesicht. Es ist, als hätten sich die inneren Schleusen geöffnet. Die wenigen Spaziergänger, die mir entgegenkommen, wundern sich bestimmt. Es ist mir egal, ich schau sie nicht an. Ich weiß selbst nicht, was mit mir los ist. Die unsägliche Wut darüber, wie ich in meinem Job jahrelang ausgenutzt und anschließend wie eine ausgequetschte Zitrone rausgeschmissen wurde, brechen sich Bahn.

Nach kurzer Zeit erreiche ich eine Straße und sehe die gelben Pfeile. Ich bin zurück auf dem Camino! Ich atme erleichtert auf – hier fühle ich mich sicher.

Seltsam, nur ein kleiner Abstecher weg vom Pilgerweg hat mich in eine skurrile, fast surreale Situation gebracht. Und umgekehrt – genau im entscheidenden Moment, als ich zurückging, kam mir die spanische Rentnerin zu Hilfe und wies mir den Weg. Sie war übrigens die einzige Passantin weit und breit in dieser einsamen Gegend. Ist das nicht alles merkwürdig?

Der Flashback im Kloster hat mich heftig aus der Bahn geworfen. Diese Begebenheit ist doch kein Zufall! Ist dieses Zusammentreffen mit Frau X. vielleicht eine Prüfung für mich? Eine Art Schocktherapie, damit ich mich noch einmal mit den Umständen meines Jobverlustes auseinandersetze? Das ist jedenfalls gelungen, mein Gedankenkarussell rotiert.

Heute, am Tag 11 meiner Pilgerreise, ist eine Wunde aufgerissen, die ich schon fast verheilt wähnte. Hass und Ärger, die in mir hochkochen, lasse ich zu, denn sie sind berechtigt. Elf Jahre lang hatte ich in der Firma gearbeitet, die letzten fünf Jahre in führender Position. Zu meinem Geburtstag im Juli erhielt ich noch vom Geschäftsführer eine Dankes-WhatsApp, ich könne stolz auf das Erreichte sein. Die neue Fertigungshalle, an deren Bau ich maßgeblichen Anteil hatte, war so gut wie fertig. Die neuen Produktionslinien hatte ich zum Laufen gebracht.

Nur sieben Wochen später wird mir erklärt, dass man sich von mir trennen will, weil der neue Investor mit den Unternehmenszahlen nicht zufrieden ist. Frau X. bekleidet jetzt meinen Posten.

Ich laufe im scharfen Tempo, denn ich muss Zeit aufholen. Das hat eine ähnliche Wirkung auf mich, als würde ich auf einen Boxsack einprügeln. Laufen, laufen, laufen!

Ständig erlebe ich auf dem Camino Situationen, die nicht mit rechten Dingen zugehen. Jedes Mal habe ich das Gefühl, dass ich dabei etwas lerne oder eine Erfahrung dazugewinne. Bietet der Camino etwa für jeden Pilger einen Plan? Läuft hier im Hintergrund ein Programm ab, für jeden maßgeschneidert?

Schon am Anreisetag ging es los, als ich von dem Hospitalero in Saint-Jean-Pied-de-Port erklärt bekam, wie der Camino funktioniert. War es Zufall, dass ich ihn traf? Kein anderer Pilger außer mir hatte diese Ratschläge bekommen!

Was war mit dem Mann mit der Kühlbox, der mir Proviant verkaufte, als ich vor Hunger kaum noch konnte?

Die Pilgerin, die aus dem Nichts auftauchte und mir in Puenta la Reina die Herberge zeigte, die ich in der einsetzenden Dunkelheit verzweifelt suchte?

Die »Verfolgung« durch den Paderborner Pilger, die mich

lehrte, gelassener zu sein und nicht in jedem Unbekannten gleich einen Verbrecher zu vermuten?

Ich traf Candido auf dem Camino wieder, nachdem ich ihn tagelang aus den Augen verloren hatte. Ich lernte Claire kennen – nur, weil ich in einer anderen Herberge abgewiesen worden war.

Das Déjà-vu gerade eben mit Frau X.? Die ungefragte Hilfe der älteren Spanierin, die mich auf den Camino zurückbrachte?

Sind das alles Zufälle? Was ist mit den seltsamen Energien, die ich in manchen Kirchen spüre?

Übrigens hatte Claire in der Kirche von Grañón ein ähnliches Erlebnis wie ich. Auch sie fühlte, dass dort etwas war, was sie nicht beschreiben konnte, dass sie in Tränen ausbrechen ließ. Sie befürchtete bereits, dass die anderen Besucher der Kirche sie für verrückt hielten.

Meine Gedanken springen kreuz und quer. Das straffe Gehen hilft mir, mich zu sortieren. Etliche Kilometer später habe ich mich beruhigt und finde, dass es jetzt genug ist, mich über Menschen, die in meinem Leben keine Bedeutung mehr haben, aufzuregen. Frau X. mitsamt Geschäftsführer, ihr interessiert mich nicht mehr! Macht doch, was ihr wollt! Ihr seid mir gleichgültig!

Das Wetter bessert sich, die Sonne kommt heraus. Der Camino ist gut begehbar, verläuft über Feldwege und Dorfstraßen. Am frühen Nachmittag fängt mein rechter Fuß wieder an zu schmerzen. Die Sitzbänke im Ort Tardajos kommen mir gelegen, um Pause zu machen und die Schuhe zu wechseln. Meine Notfall-Cola und eine Banane stärken mich für den nächsten Anstieg, denn die Straße geht jetzt steil bergauf. Der Ort zieht sich lang hin. Am Ende des Dorfes erblicke ich eine Klapptafel mit Eiswerbung und ein paar Plastikstühle vor einer Tür. Eine Bar! Hier werde ich einen Kaffee trinken!

Ich betrete den kleinen Gastraum mit Tresen und einfachen Holztischen, an denen Einheimische sitzen. Sie nehmen keine Notiz von mir. Es ist völlig normal, dass Pilger hier haltmachen. Nachdem ich an der Bar einen Milchkaffee bestellt habe, nehme ich Platz. Ich mustere die vielen Postkarten, Geldscheine und Visitenkarten, die Pilger an der Pinwand neben mir befestigt haben, als der Wirt kommt und eine Tasse Suppe vor mir abstellt. Ich blicke überrascht auf. Er lächelt und sagt, dass sei Knoblauchsuppe, die gehe aufs Haus.

Was für eine freundliche Geste! Ist das schon wieder ein Camino-Wunder? Eine Art Wiedergutmachung für mein aufwühlendes Erlebnis im Kloster? Auf jeden Fall ein Glücksmoment.

Gestärkt setze ich meinen Weg fort. Die Sonne scheint am strahlendblauen Himmel und wirft harte Schatten auf die Straße. Kein Mensch ist zu sehen.

Bald erreiche ich den nächsten Ort, Rabé de las Calzadas. An einem Stallgebäude, dem letzten Haus des Dorfes, befindet sich ein riesiges Wandgemälde, ca. 20 Meter lang und vier Meter hoch. In leuchtenden Farben zeigt es Einstein, Gandhi und Martin Luther King, die den Weg in Richtung Santiago weisen. Es ist ein Mural zur Motivierung der Pilger, denn gleich anschließend beginnt die Meseta, eine Hochebene ohne Bäume, Wasser und Schatten. Im Sommer muss es eine Qual sein, diese Wüste in der sengenden Hitze zu durchqueren. Fast drei Tage benötigt man dafür. Im Winter ist das natürlich kein Problem.

Ich finde die Landschaft faszinierend. Der Camino schlängelt sich als Feldweg zwischen kahlen, hügeligen Bergkuppen. Es wachsen nicht einmal Sträucher auf ihnen. Einfach nur Äcker und Brachland, fast wie eine Mondlandschaft. Die Sonne steht tief und taucht alles in goldenes Licht.

Das Dorf Tardajos

Das Ziel meiner heutigen Etappe ist Hornillos. Die Albergue Municipal, direkt neben der Kirche, finde ich ohne Probleme. Hier sehe ich einige Bekannte wieder. Die beiden brasilianischen Brüder, Rolf, Kim und Christina, eine junge Spanierin. Die drei Musketiere sind weitergelaufen, sie sind mir jetzt voraus.

Am Abend trifft überraschend Cyrille in der Herberge ein, den ich seit Logroño nicht mehr gesehen habe. Unsere Wiedersehensfreude ist groß. Zusammen gehen wir in die Dorfkneipe.

Wir sind die einzigen Gäste in dem weißgetünchten, kahlen Raum und sitzen an einem Plastiktisch. In der Ecke bullert ein Ofen. Dennoch friere ich, obwohl ich alles anhabe, was ich besitze. Das Pilgermenü ist okay und die Flasche Rotwein schmeckt, wie immer. Wir berichten uns gegenseitig, was wir erlebt haben. Es stellt sich heraus, dass Cyrille Claire ebenfalls kennengelernt hat. Sie waren gestern gemeinsam in der Herberge und verbrachten einen vergnügten Abend.

Auf dem Heimweg ist es eisig kalt, weit unter dem Gefrierpunkt. Kein Wunder, denn wir befinden uns auf über tausend Meter Höhe und die Nacht ist sternenklar.

Zurückgekommen in der Herberge, ist das Licht im Schlafraum bereits gelöscht. Alle Pilger schlafen, obwohl es erst 21 Uhr ist. Ich schlüpfe geräuschlos in meinen Schlafsack. Endlich wird mir wieder warm.

Was war das heute für ein Tag, mit extremen Tiefen, aber auch Höhen! Am meisten freue ich mich, Cyrille wieder getroffen zu haben, denn damit hatte ich nicht gerechnet. Werde ich vielleicht auch Heedo irgendwann wiedersehen?

TAG 12: MYUNG,
MEIN KOREANISCHER PILGERBRUDER
Donnerstag, der 5.12.2019
Hornillos del Camino–Castrojeriz

Stockfinster ist es, dennoch bin ich putzmunter und ausgeschlafen. Mein Handy ertaste ich unter dem Kopfkissen. Erst fünf Uhr! Um mich herum schlafen alle. Kein Rascheln, kein Geräusch. Tiefschlaf. Prima, das Bad ist frei! Ich schleiche in den Waschraum – das ist meine Chance, mich ungestört frischzumachen. Einen wichtigen Programmpunkt des Tages hätte ich damit erledigt. Wenn in kurzer Zeit alle munter werden, ist es vorbei mit der Privatsphäre. Dann will jeder die Toilette benutzen und an dem einzigen Waschbecken die Zähne putzen. Wir sind in dem kleinen Schlafraum, in dem dicht an dicht die Doppelstockbetten stehen, zehn Übernachtungsgäste. Es gibt nur ein einziges Bad mit zwei Duschen, einem WC und einem Waschbecken. Fix und fertig angezogen lege ich mich wieder ins Bett und warte darauf, dass um sieben Uhr das Licht eingeschaltet wird. Vorher will ich die anderen nicht mit meiner Stirnlampe und Rascheln wecken.

Ich hatte mich gestern Abend beim Einchecken für das Frühstück angemeldet und dafür fünf Euro im Voraus bezahlt, denn in diesem kleinen Ort gibt es weder einen Supermercado noch eine Bar. Im Gemeinschaftsraum hat der Hospitalero den Tisch bereits gedeckt. An jedem Platz liegt eine dünne Papierserviette anstatt eines Tellers und ein Einweg-Plastikmesser. In einem Korb befinden sich Zwieback und Hotelpäckchen mit Margarine und Fruchtaufstrich. Tassen, Teebeutel und löslicher Kaffee sowie ein Wasserkocher stehen auf der Anrichte zur Selbstbedienung.

Ich knabbere drei Zwiebäcke, die ich, trocken wie sie sind, mit Marmelade bestreiche, denn die abgepackte Margarine schmeckt mir nicht. Dazu habe ich mir einen Pfefferminztee aufgegossen. Das ist für mich als Frühstück in Ordnung und ich bin froh, etwas Heißes im Bauch zu haben. Aber, für diesen Preis?

Mit Mütze, Schal und Handschuhen trete ich hinaus in die Kälte. Es ist immer noch dunkel. Erst als das Dorf hinter mir liegt, beginnt die Dämmerung. Mein Tagesziel ist Castrojeriz, eine Stadt, die zum Weltkulturerbe gehört. Rolf hatte gestern in der Herberge so etwas erwähnt.

Zunächst geht es weiter durch die Meseta. Es läuft sich gut auf den breiten Feldwegen, denn sie sind gestern bei sonnigem Wetter getrocknet. Ich wandere entlang von gepflügten, graubraunen, hügeligen Feldern mit ein paar Grasbüscheln am Wegesrand. Zwischen den Äckern erheben sich rundgelutschte Bergkuppen. Ab und zu steht ein dünner Baum am Wegesrand. Mir gefällt diese außergewöhnliche Landschaft.

Am späten Vormittag führt der Weg vom Hochplateau steil hinab in eine Talsenke, und ein Ort mit markantem Kirchturm wird sichtbar, Hontanas. Der Camino führt direkt an einer Herberge vorbei. Die Tür steht offen und ein Schild wirbt dafür, dass es hier Frühstück gibt. Super, ein Kaffee wäre jetzt nicht schlecht!

Ich trete ein und finde im Gastraum fast die gesamte Pilgerschar aus dem letzten Quartier vor. Die brasilianischen Brüder, Rolf, Christina, Myung aus Korea und einen Italiener, den ich noch nicht kenne. Großes »Hallo« von allen Seiten.

In der Küche bestelle ich einen Milchkaffee und einen Bocadillo mit Tortilla. Das ist ein knuspriges Baguette, das mit warmem Rührei gefüllt ist, dem kleine Würfel von gekochten Kartoffeln beigemengt sind. Alles frisch zubereitet. Was für ein Traum! So etwas Leckeres habe ich auf dem ganzen Camino noch

Der Camino schlängelt sich durch die Meseta

nicht gegessen. Wir Pilger haben alle dasselbe bestellt, mampfen und mampfen, ohne viel zu reden. Erstmal nur essen! Wie gut das tut! Die Portion macht satt und zufrieden, sie ist kaum zu schaffen. Als Nachspeise reicht Rolf Oreo-Kekse herum.

»Gib nur zu, Rolf, du willst die Kekse einfach nicht mehr schleppen, stimmt's?«, scherze ich.

Rolf grinst und nickt.

Nach und nach löst sich die Runde auf, alle setzen ihren Weg fort. Der steile Anstieg zurück auf die Hochebene, den ich vorhin schon von Weitem sah und der mir sehr bedrohlich erschien, ist für mich jetzt eine Leichtigkeit.

Ich hole Myung ein, einen jungen Koreaner. In Nájera, vor sechs Tagen, hatte ich ihn zum ersten Mal gesehen. Damals saß er abends beim Pilgermenü mit den brasilianischen Brüdern zusammen. Sie schienen sich gut zu verstehen, denn sie lachten und unterhielten sich angeregt. Ich hatte mich noch gewundert, in welcher Sprache die drei kommunizierten, denn die Brasilianer können kaum Englisch. Jetzt ist die Gelegenheit, das herauszufinden.

Myung ist ein freundlicher, zuvorkommender junger Mann. Er spricht exzellent Englisch, geradezu druckreif. Ich muss mir direkt Mühe geben, mich annähernd gut auszudrücken. Myung ist, so wie die meisten anderen Koreaner, allein angereist. Ich erfahre, dass er mit 23 Jahren gerade seinen Militärdienst in Südkorea abgeleistet hat. Das überrascht mich, denn er wirkt auf mich viel jünger. Meine erste Vermutung war, er sei gerade mit der Schule fertig.

»Hey, sag mal, in welcher Sprache hast du dich denn letztens mit den Brasilianern unterhalten?«

»Auf Spanisch.«

»So wie ich dich beobachtet habe, kannst du die Sprache ziemlich gut. Wo hast du sie denn gelernt? In der Schule?«

»Nein, ich habe sie mir selbst beigebracht – durch YouTube-Videos, Zeitungen, Musikhören. Wenn ich eine neue Sprache lerne, versuche ich, mehrere Wochen lang ganz in sie einzutauchen. Dabei nutze ich alle verfügbaren Medien.«

»Welche Sprachen sprichst du denn noch?«, möchte ich wissen.

»Französisch, ein bisschen Deutsch, Italienisch, Portugiesisch, Chinesisch. Insgesamt sieben Sprachen. Mein Ziel ist, mich in jedem Land, in dem ich unterwegs bin, mit den Menschen auf der Straße in ihrer Landessprache unterhalten zu können. Fremdsprachen lernen ist mein Hobby. Später möchte ich in den diplomatischen Dienst treten, da werden mir die Sprachkenntnisse von Nutzen sein.«

Ich bin beeindruckt.

»Weshalb bist du denn auf dem Camino unterwegs?«

»Ich bin hier, um die Menschen und die Kulturen der verschiedenen Länder Europas kennenzulernen. In der Schule hatte ich das Unterrichtsfach »Europäische Geschichte«. Von den alten Griechen bis in die Gegenwart wurde alles vermittelt. Jetzt möchte ich mit eigenen Augen sehen, worüber ich so viel gehört habe.«

Er plant nach seiner Rückkehr vom Camino in Korea ein Studium aufnehmen, das ihn auf seine spätere internationale Karriere vorbereiten soll. Im Bereich der Diplomatie kann ich ihn mir sehr gut vorstellen, so aufgeschlossen und interessiert er an Menschen und politischen Entwicklungen ist. Ich bin mir sicher, Myung wird es in seinem Leben weit bringen. Ich wünsche es ihm von ganzem Herzen.

Während wir miteinander reden, legen wir unmerklich eine weite Strecke zurück. Im Nu sind wir an der Klosterruine Arco de San Anton, nur wenige Kilometer vor Castrojeriz, angelangt. Da ich ein paar Fotos aufnehmen möchte, trennen sich unsere Wege.

Ab der Ruine geht es auf einer kaum befahrenen Alleestraße weiter. Von Weitem sehe ich eine majestätische Burgruine hoch oben auf einem Berg in der Sonne thronen. Unterhalb der Burg schmiegen sich die Häuser der kleinen Stadt Castrojeriz dicht an dicht an den Steilhang. Die große Kirche gleich am Ortseingang ist leider zu, schade. Jetzt im Winter sind auf dem Camino fast alle Sehenswürdigkeiten geschlossen, bis auf die bedeutsamsten Kirchen und Klöster in wichtigen Orten.

Die Stadt Castrojeriz in der Meseta

Ich brauche eine gefühlte Ewigkeit, um die langgezogene Stadt zu durchqueren. Die Albergue Municipal befindet sich am anderen Ende des Ortes. Endlich stehe ich vor der Unterkunft. Christina und Myung haben schon eingecheckt. Die Herberge hat einen Schlafsaal, fast so groß wie eine Turnhalle, mit reichlich Platz zwischen den Doppelstockbetten. Wir drei haben den ganzen Saal für uns allein! Alle anderen Pilger haben offenbar in der anderen Herberge am Ortseingang Quartier bezogen. Die Waschräume sind groß, das Wasser in den Duschen ist heiß und prasselt mit hohem Druck auf den Körper. In der Küche stehen frisches Brot, Olivenöl und Teebeutel bereit. Wir dürfen uns gegen eine Spende bedienen. Mit diesem Quartier bin ich sehr zufrieden, hier ist es Lichtjahre besser als in der beengten Herberge der letzten Nacht.

An den Wänden des Schlafsaals hängen großformatige, gerahmte Fotos mit Motiven des Caminos, alle während der Sommermonate aufgenommen. Die Bilder zeigen einen stark bevölkerten, geradezu überlaufenen Weg. Völlig klar, wenn eintausend Menschen gleichzeitig unterwegs sind. Während ich im Winter kaum jemanden vor oder hinter mir auf der Strecke sehe, scheinen die Pilger im Sommer in einer nicht abreißenden Marschkolonne zu laufen. Erneut bin ich froh, im Winter hier zu sein.

TAG 13: WO EINE DEUTSCHE IST, IST AUCH EIN BIER

Freitag, der 6.12.2019

Castrojeriz–Frómista

Die Morgendämmerung setzt ein und taucht den Marktplatz mit den historischen Häusern und Arkaden in lila Licht. Der gelbe Schein der Straßenlaternen bildet dazu einen schönen Kontrast. Im Nu habe ich die Stadt hinter mir gelassen und überquere eine Ortsverbindungsstraße. Anschließend läuft der Camino zwischen Äckern auf eine Bergkette zu. Die Felder sind mit Raureif bedeckt. Das diffuse Licht der noch tief stehenden Sonne lässt den Bodennebel weiß leuchten. Vor mir sehe ich eine einsame Gestalt, die sich langsam entfernt. Es ist meine spanische Pilgerschwester Christina.

Das Tiefland habe ich durchschritten und nun geht es steil den Berg hinauf, auf den Alto Mostelares, auf die Hochebene der Meseta. Die hundert Höhenmeter stapfe ich Schritt für Schritt nach oben, bleibe häufig an den Wegbiegungen stehen, um ins Tal hinabzublicken. Ich greife immer wieder nach der Kamera, um die Landschaft, die die Morgensonne in goldenes Licht taucht, einzufangen. Ich bin fast oben angekommen, als ich stutze. Wo ist mein Handschuh? Wo ist der zweite Handschuh? Mein Handschuh ist weg!

Beim Fotografieren hatte ich die Handschuhe ausgezogen und unter den Arm geklemmt, bin so weiter aufwärtsgelaufen. Jetzt fehlt einer! Wer weiß, wo ich den verloren habe! Ich muss ihn unbedingt wiederhaben!

Handschuhe sind im Winter ein lebensnotwendiges Zubehör. Ich hänge an ihnen, denn ich hatte sie extra für die Pilgertour gekauft. Sie sitzen perfekt. Trotz warmen Futters sind die

Finger sehr beweglich. Die Innenflächen bestehen aus feinem Ziegenleder und sind für die Bedienung eines Smartphones geeignet. Lange hatte ich beim Kauf gezögert, weil sie so teuer waren.

Und nun ist einer weg! Ich muss zurück, den Berg hinunter, meinen Handschuh finden. Ohne ihn kann ich nicht weiterpilgern.

Ich steige die mühsam erklommenen Höhenmeter hinab, den Blick konzentriert auf den Weg gerichtet. Auf halber Wegstrecke kommt mir ein unbekannter älterer Pilger entgegen. Langsam stapft er den Berg hoch.

»Buen camino, haben Sie eventuell einen schwarzen Handschuh gesehen?«, spreche ich ihn an.

»Meinst du vielleicht den?« Er hält meinen Handschuh hoch, »ich habe ihn gerade aufgehoben. Weil ich nicht wusste, wem er gehört, wollte ich ihn oben am Picknickplatz, ablegen.«

Bin ich froh! Es ist kaum zu beschreiben, wie erleichtert ich bin. Dass ich ihn wiederhabe, bedeutet mir viel!

Ist das wieder eines der Wunder des Camino? Wieder einmal die Rettung in der Not? Ich verstaue meine Handschuhe im Rucksack.

Normalerweise würde man denken: Es ist doch nur ein Kleidungsstück, warum die ganze Aufregung? Beim Pilgern ist das etwas anderes als im heimischen Alltag, denn man ist auf dem Camino auf das Allernotwendigste reduziert. Jedes Ausrüstungsstück ist unverzichtbar und hat deshalb eine hohe Bedeutung. Handschuhe wären nicht ohne Weiteres wiederbeschaffbar. Nicht einmal im letzten größeren Ort Castrojeriz, gab es ein Sportgeschäft oder einen Bekleidungsladen. Ich war ja schon froh, dass ich am Plaza Mayor einen Tante-Emma-Laden fand, um Proviant zu kaufen.

Zu Hause, beim Packen meines Rucksacks, hatte ich sorgfältig ausgewählt, was ich mitnehme. Jeder Gegenstand, der sich in meinem Gepäck befindet, ist Ergebnis einer wohlüberlegten Entscheidung. Ich habe nur dabei, was ich wirklich brauche. Mehr nicht. Bis jetzt habe ich nichts vermisst. Mein Rucksack wiegt zehn bis elf Kilogramm, inclusive Wasser und Proviant. Damit komme ich klar. Einige meiner Pilgerkollegen tragen viel mehr Gepäck. Cyrilles Rucksack wiegt 14 Kilogramm, Fedors sogar 20. Ich hätte nicht die Kraft, so viel zu schleppen.

Das Bewusstsein, alles dabei zu haben, was man zum Leben braucht, vermittelt ein erstaunliches Gefühl von Freiheit. Man ist völlig flexibel, an nichts gebunden. Mein Rucksack ist mein Zuhause. Er verkörpert ein Stück Vertrautheit und Heimat fernab in der Fremde.

Den Berg stapfe ich jetzt ein zweites Mal nach oben, diesmal ohne Fotopausen. Den Finder meines Handschuhs lasse ich bald hinter mir. Der Aufstieg ist anstrengend und schweißtreibend. Auf der Hochebene befindet sich ein großer Rastplatz für die Pilger, mit Brunnen und Picknicktischen. Hier lasse ich mich nieder und mache Pause, genehmige mir eine Banane und eine Dose Coke, knabbere an einem Stück trockenen Baguettes. Ich bin bereits im Aufbruch begriffen, als der ältere Pilger schwer atmend herannaht. Er macht ebenfalls halt und setzt erschöpft seinen Rucksack ab.

»Endlich geschafft! Schade, dass es hier oben kein Bier gibt. Jetzt könnte ich ein kühles Blondes vertragen!«

»Da kann ich helfen,« antworte ich, »ich habe noch eine Dose im Rucksack. Gut temperiert ist sie jedenfalls. Du kannst sie gerne haben!«

»Wirklich? Du hast allen Ernstes ein Bier für mich? Ich fasse es nicht! Du willst es wirklich nicht selbst trinken?«

»Ich würde mich freuen, wenn du es nimmst. Tagsüber trinke ich sowieso kein Bier und heute Abend kann ich mir ein neues kaufen.«

Mein Pilgerbruder strahlt. Er öffnet zischend die Dose und trinkt den ersten Schluck.

»Ich hätte es wissen müssen – wo eine Deutsche ist, da ist auch ein Bier!«

Wir plaudern noch ein bisschen. Der ältere Herr ist US-Amerikaner, stammt ursprünglich aus Hawaii, wohnt aber, seitdem er im Ruhestand ist, in Malaysia, wo er sich sehr wohl fühlt. Jetzt ist er zwei Wochen auf dem Camino pilgern, danach fliegt er wieder nach Hause. Den Jakobsweg ist er früher schon einmal gegangen. Damals, vor ein paar Jahren, sei es ihm deutlich schwerer gefallen, diesen Berg zu besteigen. Diesmal befindet er sich in einer besseren gesundheitlichen Verfassung.

»Der Berg, den wir gerade bestiegen haben, ist übrigens nichts im Vergleich zum O Cebreiro! Hast du schon mal vom O Cebreiero gehört?«, fragt er mich.

»Nein, keine Ahnung, noch nie gehört«, gebe ich zu. Schlimmer als die Pyrenäenüberquerung kann es wohl nicht werden, denke ich im Stillen.

Er zeigt mir den O Cebreiero auf meiner Karte im Tourbuch. Tatsächlich, es gibt da eine Etappe mit einem beachtlichen Anstieg auf 1.300 Meter Höhe. Bei meiner Überquerung der Pyrenäen auf der Valcarlos-Route erreichte ich eine Höhe von 1.055 Metern am Ibañeta-Pass. Also geht es doch noch höher! Den O Cebreiro hatte ich bis jetzt nicht auf dem Schirm. Aber es werden ja wohl nicht wieder 900 Höhenmeter an einem einzigen Tag sein! Ich zähle in meinem Tourbuch die Etappen bis dahin. Erst in elf Tagen wird mir dieser Aufstieg bevorstehen. Jedenfalls bin ich vorgewarnt.

Ich verabschiede mich von meinem amerikanischen Pilgerbruder und laufe vergnügt weiter. Wer weiß, vielleicht erzählt er später zu Hause, dass er hier ein Camino-Wunder erlebt hat? Ein Bier-Wunder, das ihm eine Deutsche bereitet hat?

Einmal oben auf der Hochebene, läuft es sich ganz entspannt, sogar die Sonne scheint. Das Gelände ist flach wie ein Tisch, rechts und links des Weges erstrecken sich frisch gepflügte Felder. Bald darauf geht es weiter über schmale, asphaltierte Landstraßen ohne Verkehr.

»Plom, plim, plom«, ich schaue auf mein Handy. Es ist eine WhatsApp von meiner Freundin Irene, die mir einen guten Nikolaus wünscht und fragt, ob ich etwas in meinen Schuhen gefunden habe.

Nikolaus? Ist das heute? An Nikolaus hatte ich überhaupt nicht gedacht. Schade, dass ich das verpasst habe, denn meine beiden Mitpilger in der Herberge, Christina und Myung, wären bestimmt überrascht gewesen, von mir eine Süßigkeit in ihren Stiefeln zu finden.

Hier auf dem Camino befinde ich mich jenseits von Raum und Zeit, sodass ich weder an Nikolaus noch an die Adventszeit denke. Seit gestern haben wir ein Wetter wie im Frühling, die Sonne scheint – da ist Weihnachten weit weg.

Gegen Mittag erreiche ich das Dorf Itero de la Vega. Eine Werbetafel mit Eiswerbung macht mich auf eine Bar aufmerksam. Ich trete ein. Rolf sitzt am Tresen. Er trinkt Kaffee und unterhält sich auf Spanisch mit dem Wirt. Sonst sind hier keine weiteren Gäste. Ich setze mich neben ihn und bestelle einen Milchkaffee und eine Portion Nudeln.

»Sag mal, wo hast du denn so gut Spanisch gelernt?«

»Ich bin in Spanien aufgewachsen und zur Schule gegangen.«

»Aber du bist doch Deutscher! Wie kommt es, dass du in Spanien aufgewachsen bist?«

»Meine Eltern sind Deutsche. Sie haben sich in Südafrika kennengelernt. Dort bin ich auch geboren. Meine Eltern sind später nach Spanien gezogen. Deshalb habe ich hier gelebt. Als Erwachsener war ich dann eine Weile in New York City, arbeitete als Fotograf im Bereich Fashion. Nachdem ich anfangs Assistent war, habe ich mich später selbstständig gemacht. Das war der absolute Knochenjob. Man verdient zwar viel Geld, aber es ist brutal stressig. Vor allem ist man ständig in der Welt unterwegs, heute Buenos Aires, morgen New York, übermorgen London. Vor zehn Jahren habe ich den Job an den Nagel gehängt. Ich muss nicht mehr arbeiten, um Geld zu verdienen. Ich lebe mal hier und mal dort, habe keinen festen Wohnsitz, sondern reise die ganze Zeit durch die Welt. Bis ich 60 Jahre alt bin, möchte ich alle Länder der Welt besucht haben. Viele fehlen nicht mehr, nur noch ein paar Staaten in Osteuropa und in Afrika.«

»Wow, das hört sich spannend an. Und warum bist du hier auf dem Camino?«

»Ich beschäftige mich viel mit Meditation, war deswegen oft in Indien und sogar bei indianischen Medizinmännern im Urwald von Südamerika. Ich fand heraus, dass ich in meinem früheren Leben schon einmal gepilgert bin, aber das Ziel, Santiago, nie erreicht habe. Das will ich jetzt zu Ende bringen.«

Interessant. Ich hätte nicht gedacht, dass sich Rolf mit Themen wie Meditation und Reinkarnation befasst, denn er wirkt auf mich überhaupt nicht wie ein Esoteriker. Im Gegenteil – er ist ein bodenständiger Mensch, überhaupt nicht arrogant oder eingebildet, wie ich im ersten Moment dachte. Rolf ist ein sehr angenehmer Pilgerbruder, der unvoreingenommen auf andere Menschen zugeht. Man sieht ihn ständig und mit jedermann freundlich und interessiert reden, egal ob Passant auf der Straße, Wirt am Tresen oder Weggefährte.

Vielleicht sollte ich versuchen, anderen Menschen mit weniger Vorurteilen zu begegnen? Ist das am Ende sogar wieder eine Lektion, die mich der Camino lehren will?

Die Tür geht auf und ein guter Bekannter kommt zur Tür herein. Es ist Kim aus Südkorea. Seit Nájera hatte ich ihn fast jeden Tag gesehen. Er ist allein unterwegs, wie fast alle Pilger, die ich auf dem Camino treffe. Viele Ausnahmen fallen mir nicht ein. Ganz am Anfang der Tour traf ich mal ein junges brasilianisches Pärchen. Die beiden Brüder, die Claire verfolgt haben, sind ebenfalls gemeinsam unterwegs. Aber sonst? Bei den jungen Koreanern bin ich mir nicht sicher, wer zusammengehört. Kim, ist jedenfalls Einzelkämpfer. Er ist etwas älter als seine Landsleute, ich schätze ihn auf Ende 30.

Nach der Stärkung in der Bar geht es weiter. Rolf läuft ein paar hundert Meter vor mir, er will, so wie ich, allein gehen. Ab und zu sehe ich ihn vor mir, als kleinen Punkt am Horizont.

Der Camino verläuft weiter in der Ebene der Meseta, auf beiden Seiten befinden sich die vertrauten, rundgelutschten Hügel, die mir so gut gefallen.

Hinter dem Dorf Boadilla del Camino verläuft der Pilgerweg direkt neben dem Canal de Castilla, einem schmalen, schnurgeraden Wasserweg, dessen Oberfläche vollkommen still ist, sodass sich darin das Herbstlaub der rechts und links stehenden Bäume perfekt spiegelt.

Mein Tagesziel, die Stadt Frómista, rückt näher. Die markante Kirche Santa Maria del Castillo ist von Weitem zu sehen. Ich gehe direkt ins historische Zentrum dieser interessanten Stadt, deren besondere Sehenswürdigkeit die romanische Kirche San Martín ist.

Typische Landschaft in der Meseta

Nicht weit davon entfernt finde ich Unterkunft in einer privaten Pilgerherberge, die erst vor Kurzem in einem liebevoll restaurierten, historischen Haus eröffnet wurde. Als ich das Büro betrete, um mich anzumelden, wartet eine Überraschung auf mich: Fedor! Wir fallen uns in die Arme.

»Was machst du denn hier? Ich dachte, du bist mit Gosia und Miguel über alle Berge!«

»Wir drei sind von Burgos aus zwei Etappen an einem einzigen Tag gelaufen. Dadurch sind wir schon gestern in Frómista

Fromista – die Kirche San Martín

angekommen. Miguel und Gosia sind heute weitergegangen. Ich konnte nicht mehr und musste einen Ruhetag einlegen. Es macht überhaupt keinen Sinn, mit Gewalt zwei Etappen auf einmal zu laufen, denn dann braucht man wieder einen Tag Pause und hat den Zeitvorteil sogleich verloren. Gosia und Miguel wollen unbedingt in vier Tagen in León ankommen, um heimzureisen. Deswegen machen die so einen Stress.«

Die Herberge füllt sich. Rolf, Christina und ein paar Koreaner beziehen hier Quartier. Neu in der Runde ist ein junger, schwarzer US-Amerikaner, Brian aus New York City, ein lustiger und cooler Typ, der mich irgendwie an den Schauspieler Will Smith erinnert.

Die Waschräume in dieser neu eröffneten Unterkunft haben Duschkabinen mit modernen Armaturen, die Wände sind stylisch gefliest, über den Waschbecken befindet sich eine großflächige Spiegelwand. In allen Herbergen gab es bislang nur winzige Spiegel, in denen man gerade mal das Gesicht sehen konnte. Meist war auch noch die Beleuchtung schlecht. Zum Haare kämmen und Kontaktlinsen einsetzen hatte es geradeso gereicht. Nun sehe ich seit Langem meinen nackten Oberkörper – und erschrecke. Mein Gott, habe ich abgenommen! Mein kleines Bäuchlein ist komplett verschwunden. Darüber bin ich nicht böse. Aber, dass die Rippen so deutlich zu sehen sind, geht mir dann doch zu weit. Selbst der BH sitzt locker. Noch mehr abnehmen möchte ich jedenfalls nicht!

Ich kann es kaum glauben. Ich bin doch erst zwei Wochen unterwegs! Gut, ich habe öfters unfreiwillig auf das Frühstück verzichtet, tagsüber wenig gegessen, aber abends hatte ich fast immer ein Pilgermenü. Klar verbrennt man viel Energie, wenn man den ganzen Tag wandert. Aber, dass es so schnell geht? Ich muss aufpassen, dass ich genug Nahrung zu mir nehme! Ob ich am Körper weiter abnehme, ist mir egal. Aber ich möchte nicht, dass mein Gesicht abmagert und die Wangen einfallen.

Abends gehen Fedor und ich gemeinsam in die Stadt. In einer kleinen Bar in der Nähe bestellen wir jeder eine große Portion Paella. Frisch zubereitet und im heißen gusseisernen Tiegel serviert, ist sie ein Genuss. Endlich mal kein Pilgermenü, sondern etwas Leckeres.

Ich erzähle Fedor von meinem unfreiwilligen Abnehmen. Er

holt daraufhin seinen Personalausweis hervor und legt ihn vor mir auf den Tisch.

»Kennst du den?«

Ich zögere mit der Antwort.

»Fedor, bist du das?«

Auf dem Passbild ist ein extrem übergewichtiger, junger Mann zu sehen, der meinem Gegenüber kaum ähnelt.

»So sah ich mal aus. Das war vor dem Pilgern. Seitdem habe ich 30 Kilogramm abgenommen. Das meiste während der drei Monate, die ich unterwegs bin.«

Fedor ist jetzt immer noch kräftig und stämmig, aber überhaupt nicht zu vergleichen mit dem Vorher-Bild. Ich weiß nicht, was ich sagen soll. Jedenfalls bekomme ich vor Fedor eine gewaltige Hochachtung. Wirklich Wahnsinn, wie viel er abgenommen hat. Kaum zu glauben! Hut ab, dass er sich in seinem damaligen Zustand überhaupt auf Pilgertour begeben hat. Bewundernswert, dass er es von Maastricht, seinem Heimatort, die ganze Strecke bis hierher geschafft hat. Für jeden Normalgewichtigen ist das schon eine große Leistung. Aber, mit 30 Kilogramm Übergewicht plus 20 Kilogramm Rucksack? Schwer vorstellbar. Ein Wunder.

Ist das heute nicht schon das dritte Wunder?

Ich habe meinen verlorenen Handschuh zurückbekommen. Einem durstigen Pilger habe ich mit einem gut gekühlten Bier eine große Freude bereitet. Und jetzt das Abnehm-Wunder – von Fedor und von mir.

TAG 14: WIE AM ERSTEN TAG NACH DEN FERIEN

Samstag, der 7.12.2019

Frómista – Carrión de los Condes

Schon wieder Samstag? Ist es tatsächlich schon zwei Wochen her, dass ich von Dresden angereist bin? Die Zeit ist seitdem wie im Flug vergangen.

Die Tür der Herberge klappt hinter mir zu und ich stehe in der dunklen Innenstadt von Frómista. Gestern Abend waren die Temperaturen noch warm und mild, denn den ganzen Tag schien die Sonne. In der sternenklaren Nacht hat es sich drastisch abgekühlt. Es ist eiskalt, weit unter null Grad und dicker Nebel hat sich gebildet.

Werde ich eine Frühstücksmöglichkeit finden? Die Stadt schläft noch, kein Passant ist zu sehen. Die Bäckerei, die ich gestern Nachmittag in Herbergsnähe entdeckt hatte, ist geschlossen. Schade, aber es ist nun mal Wochenende. Wieder ohne Frühstück losgehen! Ein heißer Kaffee wäre so schön gewesen. Ich folge den gelben Markierungspfeilen.

Dort! Ein diffuser Lichtschein dringt durch den Nebel. Es ist dieselbe Tapas-Bar, in der ich gestern Abend mit Fedor Paella aß. Durch die hell erleuchteten Fenster sehe ich, dass junge Leute dicht an dicht am Tresen und im Eingangsbereich stehen. Ich setze meinen Rucksack ab und drängle mich hinein. Ach, schau an! Dort sitzt Fedor, und neben ihm ist noch Platz! Ich freue mich, nicht allein frühstücken zu müssen und setze mich zu ihm. Wir bestellen Milchkaffee, Toast mit Olivenöl und frischen Orangensaft. Der Toast besteht aus einem Stück Baguette vom Vortag, das einmal quer durchgeschnitten und beidseitig geröstet wurde. Darauf träufelt man Olivenöl. Das schmeckt gut

Pilger im Nebel – hier im Dorf Población

und macht satt. Die Milch im Kaffee liefert noch ein paar Extrakalorien.

»Ich staune, dass hier so viele Gäste sind, samstags um halb acht!«, bemerke ich, während ich mich umblicke.

»Die jungen Leute haben bestimmt die ganze Nacht durchgefeiert«, vermutet Fedor.

»Schau mal, die trinken gar keinen Kaffee, sondern Bier. Am frühen Morgen! Das könnte ich nicht. Ich wundere mich, dass niemand betrunken ist.«

»Das liegt daran, dass die Spanier zum Bier oder Wein Tapas essen. Die gibt es zu jedem Drink gratis dazu. Das können belegte Schnittchen sein, eine Tasse Suppe, Oliven oder irgendein anderes Häppchen. So isst man immerzu eine Kleinigkeit und der Alkohol wirkt dadurch nicht so schnell. In Logroño sind Miguel, Gosia und ich bis spät in die Nacht durch die Tapas-Bars gezogen. Miguel hat uns erklärt, wie das mit den Tapas funktioniert.«

Gestärkt machen wir uns auf den Weg. Bald lassen wir die Stadt hinter uns. Der Camino verläuft neben einer Straße. Mittlerweile ist es hell, der Nebel hängt immer noch dick und undurchdringlich in der Luft. Die Sichtweite beträgt weniger als 50 Meter. Auf so ein Wetter hatte ich eigentlich gewartet, denn ich finde es spannend, im Nebel zu fotografieren. Ich lasse Fedor vorausgehen, damit ich mich ganz meinen Aufnahmen widmen kann. An keinem anderen Tag habe ich so häufig auf den Auslöser gedrückt wie heute.

Vier Kilometer hinter Frómista zweigt im Ort Población de Campos eine naturnahe, alternative Strecke ab, während der reguläre Camino entlang der Fernverkehrsstraße auf direktem Wege nach Carrión de los Condes führt. Ich entscheide mich für die längere, landschaftlich reizvollere Route. Der nächtliche Temperatursturz und die gleichzeitige Feuchte haben Felder und Wälder mit Raureif überzogen und aus Gräsern, Schilfhalmen, Büschen und Bäumen filigrane Gebilde gezaubert. Die Sonne hat Mühe, den Nebel zu durchdringen und so wird es nicht einmal richtig hell. Mystischer Camino!

Besonders der Sakralbau Ermita de la Virgen del río, der einsam auf einem flachen Hügel thront, strahlt eine geheimnisvolle Ruhe aus. Vor dem Gebäude befinden sich Picknickplätze. Im Sommer ist hier vielleicht ein belebter Pilgertreffpunkt. Jetzt bin ich hier mutterseelenallein.

Die Ermita de la Virgen del río im Nebel

»Plom, plim, plom«, Fedor schreibt.

»Hallo Beate, bin in Sirga und habe ein Café gefunden! Schicke Dir die location, ok. Es ist eine Bar bei der Kirche … Und die heißt la cantina! Viele Grüße Fedor«

Gleich kommt noch ein Foto von seinem Bratfisch mit Kartoffelsalat hinterher.

Sirga? Wo soll das sein? Ich schaue auf meine Camino-App. Alles klar, Fedor ist in Villalcázar de Sirga, drei Kilometer von mir entfernt. Bis dahin werde ich noch eine halbe Stunde brauchen. Die Aussicht auf ein warmes Mittagessen lässt mich meine Schritte beschleunigen.

Es geht geradeaus die Straße entlang. Villalcázar ist bereits der nächste Ort. Von Weitem sehe ich den hohen Turm der Kirche Santa María la Blanca.

Kirchen waren früher wichtige Orientierungspunkte für die Pilger, denn sie sind für jeden Ort charakteristisch und über große Entfernungen zu sehen. Heute schauen wir einfach nur auf die Navigationsapp und wissen jederzeit, wo wir sind. Trotzdem ist es spannend, am Horizont eine Landmarke zu entdecken und sich ihr Schritt für Schritt zu nähern. Die Fernsichten sind über die vielen Jahrhunderte jedenfalls dieselben geblieben. Die früheren Pilgerkollegen werden beim Anblick der vor ihnen liegenden Ortschaften genauso auf eine Ruhepause und etwas zu essen gehofft haben, wie ich jetzt.

Es ist nicht schwierig, die Bar zu finden. Als ich eintrete, beschlägt sofort das Metallgehäuse meiner eiskalten Kamera, die ohne Schutzhülle über meiner Schulter hängt. Blitzschnell ziehe ich meine Jacke aus und wickle den Fotoapparat hinein, damit die Feuchtigkeit nicht in der Optik kondensiert.

Ich entdecke Kim im gut besuchten Gastraum. Prima, wieder habe ich Gesellschaft gefunden! Fedor ist bereits fort. Ich setze mich zu Kim an den Tisch. Was für eine Wohltat, sich auszuruhen und aufzuwärmen. Die schmerzenden Füße erholen sich augenblicklich. Ich bestelle einen Milchkaffee und ein Schinkenbaguette. Mit jedem Bissen kehren meine Kräfte zurück.

Kim hat dasselbe Tagesziel wie ich, er möchte ebenfalls nach Carrión de los Condes, eine Stadt, die sechs Kilometer von hier entfernt ist. Bevor ich weitergehe, möchte ich mir die große Kirche gegenüber der Bar genauer ansehen. Als ich vorhin vorbeiging, bemerkte ich, dass sie offen ist.

Die Templerkirche »Heilige Maria, die weiße Jungfrau« ist aufgrund ihrer Größe und ihres Alters beeindruckend und sogar ein Nationaldenkmal. Man muss Eintritt bezahlen, wie in den meisten Kirchen in Spanien, die als Sehenswürdigkeit gelten. Für Pilger gibt es einen Preisnachlass sowie einen besonders schönen Stempel in den Ausweis. Ich möchte wetten, dass ich heute die einzige Pilgerin bin, die diese Kirche besichtigt, denn Fedor und Kim sind weitergelaufen.

Am Nachmittag erreiche ich den Stadtrand von Carrión de los Condes. Cyrille war gestern hier. Er hatte mir eine WhatsApp geschrieben und mir geraten, die Herberge Espíritu Santo aufzusuchen, er wäre dort sehr zufrieden gewesen. Google Maps führt mich ohne Probleme hin.

Die Herberge scheint in früheren Zeiten ein Kloster gewesen zu sein. Ein großformatiges Papstbild hängt im Foyer – wahrscheinlich ist es eine katholische Einrichtung.

Eine ältere Dame nimmt mich zum Check-in ins Büro mit. Ich reiche ihr meinen Pilgerausweis und sie notiert alle meine Daten. Zum Schluss fragt sie, ob ich katholisch bin. Nein, ich schüttle den Kopf.

Dennoch reicht sie mir ein dünnes Halskettchen, das sie von einem kleinen Haufen vom Tisch nimmt. An einer feinen weißen Schnur hängt ein winziger ovaler Anhänger aus Blech, in den, kaum erkennbar, eine Marienfigur hineingeprägt ist. Obwohl ich nicht ihrer Kirche angehöre, wurde ich dieses religiösen Andenkens für würdig befunden! Ich hänge mir das Kettchen sogleich um den Hals. Unter dem T-Shirt ist es vor versehentlichem Abreißen sicher und berührt meine Haut. Wer weiß, wozu es gut ist? Vielleicht beschützt es mich auf meinem Weg? Ich werde es von nun an Tag und Nacht tragen und erst zu Hause wieder abnehmen.

Der Schlafsaal ist groß und geräumig mit ungefähr 20 einzeln stehenden Betten. Herrlich, keine Doppelstockbetten! Die Waschräume sind für Männlein und Weiblein getrennt, tip-top sauber und gut geheizt. Ich gebe Cyrille recht, es ist eine empfehlenswerte Herberge.

Mittlerweile sind weitere Pilger angekommen – Bekannte, wie Rolf, Fedor, Kim, Christina, Brian, aber auch unbekannte junge Männer aus Frankreich und Belgien. Sogleich komme ich mit zwei sympathischen älteren Herren ins Gespräch, Gerard aus Nizza und sein Cousin Antonio aus Sevilla. So viele Mitpilger habe ich lange nicht mehr in einer Herberge angetroffen!

Zeit, die Stadt zu erkunden! Von der Herberge aus sind es nur wenige Schritte bis in die Fußgängerzone. Jetzt, am frühen Abend, fallen die Temperaturen empfindlich. Den ganzen Tag hatten sie den Gefrierpunkt nicht überschritten.

Ich rufe Gunter an, um meine tägliche Meldung zu machen. Er ist gerade mit Freunden in Pirna auf dem Weihnachtsmarkt. Sie waren vorher in der Sauna und nun trinken sie zusammen Glühwein.

Glühwein! Wie gerne würde ich jetzt einen Glühwein trinken! Glühwein ist hier nicht bekannt. Es gibt hier auch nirgendwo Weihnachtsmärkte. Lichterketten hängen zwar quer über der Fußgängerzone und ein paar Weihnachtsdekos sieht man in den Schaufernstern, aber alles in Maßen. Weihnachtsmusik hört man hier überhaupt nicht, in keinem Restaurant, in keiner Bar. Davon verschont zu werden, ist geradezu wohltuend. In Deutschland kann man sich zu dieser Zeit ja kaum retten vor lauter »Jingle Bells« und »Last Christmas«.

Auf dem Weg zurück in die Herberge kommt mir Kim entgegen, in dünner Windjacke, ohne Mütze und Schal, mit nackten Füßen in Gummiflipflops. Wie hält er das aus?! Ich habe alles an, was mein Rucksack hergibt und friere immer noch!

Inzwischen ist es dunkel, sieben Uhr abends, und ich bekomme Hunger.

»Kim, kommst du mit, irgendwo etwas essen? Neben der Herberge habe ich ein einfaches Restaurant gesehen. Dort stand auf einem Werbeschild, dass sie Pilgermenüs anbieten.«

Kim ist einverstanden. Die Bar ist geöffnet, am Tresen sitzen zwei Leute, ansonsten ist der Gastraum mit dem Charme eines Dönerimbisses leer. Kim und ich versuchen mit Hilfe einer App auf seinem Smartphone, die Speisekarte zu übersetzen. Er fotografiert den spanischen Text und die Software zeigt sofort die koreanische Übersetzung an. Die überträgt Kim für mich mehr schlecht als recht ins Englische. Der Spruch »Lost in Translation« (Beim Übersetzen verloren gegangen), erfährt eine ganz neue Bedeutung. Jedenfalls ist es unterhaltsam. Als unser Essen serviert wird, sind wir überrascht, dass wir etwas ganz anderes bekommen, als wir erwartet haben.

Fedor schreibe ich eine WhatsApp mit den Koordinaten der Bar. Zehn Minuten später kommt er zur Tür herein und bringt noch weitere Pilger aus der Herberge mit – Brian, Christina und Ezekiel aus Buenos Aires.

Ezekiel setzt sich neben mich. Den jungen Pilger sehe ich heute zum ersten Mal. Er ist aufgeschlossen und unkompliziert und unterhält die ganze Runde.

Ein paar Tage nach mir war er in Pamplona gestartet und traf bisher kaum auf andere Pilger. In den Herbergen übernachtete er immer ganz allein. Als er heute in den vollen Schlafsaal kam, war er überrascht, so viele Pilger vorzufinden.

»Ich fühlte ich mich wie ein Kind, am ersten Tag nach den Ferien, dass in die Schule kommt und endlich seine Freunde wiedersieht!«

Sechs Pilger aus aller Welt – aus Korea, Spanien, Niederlanden, Deutschland, USA und Argentinien – sitzen vergnügt bei

Speis und Trank und haben einen lustigen Abend. Und Ezekiel, unser Jüngster, hat eine neue Clique gefunden.

TAG 15: DIE ANTWORTEN KOMMEN ERST ZU HAUSE

Sonntag, der 8.12.2019

Carrión de los Condes–Moratinos

Morgens verlassen Fedor und ich zusammen die Herberge. Aus der Bar an der nächsten Kreuzung dringt Licht. Prima, sie ist offen, obwohl heute Sonntag ist. Drinnen treffen wir Ezekiel sowie Antonio und Gerard, die beiden Cousins. Es ist warm und gemütlich hier und es duftet nach frisch gemahlenem Kaffee. In Spanien scheint es weit verbreitet zu sein, außer Haus zu frühstücken, denn es gibt, zumindest in den Städten, an jeder Ecke Bars, die immer gut besucht sind.

Wir bestellen Milchkaffee, Orangensaft und Toast mit Olivenöl. Jetzt kann der Pilgertag beginnen, komme, was wolle! Gestärkt gehen wir los und durchqueren die gesamte Stadt, um zum Ortsausgang zu gelangen. Kaum liegt Carrión hinter uns, fängt es an zu regnen.

Fedor ist seit drei Monaten auf Pilgerschaft. An seiner Haustür, in einem kleinen Ort bei Maastricht, in den Niederlanden, war er gestartet und hatte im Herbst Belgien und Frankreich durchquert. Die meisten Herbergen waren bereits geschlossen. Oftmals halfen ihm freundliche Franzosen bei der Quartiersuche, fuhren ihn sogar mit dem Auto zu Pensionen. Sicherlich hat ihm dabei genützt, dass er sehr gut Französisch kann.

Wie viele Holländer beherrscht Fedor mehrere Fremdsprachen. Als ich ihn in Nájera kennenlernte, dachte ich sogar, er sei Deutscher. Erst Tage später realisierte ich, dass er aus den Niederlanden kommt. Fedor hatte die Sprache allein durch das Schauen deutscher Fernsehsender gelernt. Erstaunlich –

er muss eine Menge Sprachtalent haben. Englisch spricht er fließend.

Obwohl in Frankreich aufgrund der Jahreszeit die meisten Herbergen geschlossen waren, pilgerte er weiter. Ich weiß nicht, ob ich das durchgehalten hätte, so ganz ohne Weggefährten, wochenlang allein. Eines Tages kam er durch ein Jagdgebiet. Die Gewehrkugeln flogen ihm nur so um die Ohren. Mitsamt seinem schweren Rucksack musste er die Beine unter den Arm nehmen, um sich in Sicherheit zu bringen.

Dann wurde er auch noch krank. Er bekam eine Lungenentzündung, musste pausieren und Antibiotika nehmen. Schließlich wurde es so schwierig für ihn, Unterkünfte zu finden, dass er sich entschloss, das letzte Stück bis nach Saint-Jean-Pied-de-Port mit dem Zug zu fahren. Von hier aus überquerte er, zwei Tage vor mir, die Pyrenäen im Schneesturm, während Ströme von Regenwasser den Camino überspülten.

In Pamplona lernte er Gosia und Miguel kennen. Sie verstanden sich auf Anhieb und waren seitdem unzertrennlich. Seit vorgestern eilen ihm die beiden voraus, weil sie León erreichen müssen, um heimzufahren. Ich habe den Eindruck, seine Gefährten fehlen ihm sehr. Tagelange Weggemeinschaft, das Bewältigen von körperlichen Strapazen und nicht zuletzt die vielen intensiven Gespräche, führen zu einer engen Bindung. Jetzt schreiben sich die drei ständig WhatsApp-Nachrichten.

Fedor ist mit 47 Jahren etwas jünger als ich. Seine Oma stammt aus der Ukraine und war als junges Mädchen während des Zweiten Weltkriegs als Zwangsarbeiterin nach Holland verschleppt worden. Fedor zeigte mir auf seinem Handy ein Foto der alten Dame, die jedoch nicht mehr lebt. Sie muss eine bildschöne Frau gewesen sein.

Während des Krieges lernte sie einen niederländischen Mann kennen. Die beiden flohen nach Paris und heirateten dort. Den ukrainischen Namen »Fedor« hat er seiner Oma zu verdanken.

Fedor betreibt in seinem Heimatort mit viel Engagement ein Imbissrestaurant. Das Kochen ist Fedors Leidenschaft. Seine Spezialitäten sind frische Blattsalate sowie Pommes. Diese kommen nicht einfach aus der Fritteuse, sondern er hat seine ganz eigene Zubereitungsart. Er meint, mit seinen Fritten könne er sogar mich begeistern, die eigentlich keine Pommes mag. Fedors Familie hatte immer schon mit Gastronomie zu tun. Während er auf dem Camino unterwegs ist, führen seine Schwester und sein Schwager das Lokal weiter.

Natürlich frage ich ihn, was seine Beweggründe für die lange Pilgerreise sind. Das ist übrigens eine Frage, die man jedem Mitpilger recht unverblümt stellt. Auf dem Camino kommt man bei Gesprächen relativ schnell auf den Punkt. Selbst mit fremden Pilgern redet man über ganz persönliche, existenzielle Dinge.

Seine Antwort ähnelt dem, was ich von vielen anderen Pilgern schon hörte und was auch auf mich zutrifft. Er möchte zu sich selbst finden, sich erden und über seine Zukunft nachdenken.

»Fedor, du hast doch bestimmt auch eine Menge Fragen im Hinterkopf, auf die du Antworten suchst. Du bist schon so lange unterwegs. Hast du bereits über alles nachgedacht?«

»Nein, ich bin noch lange nicht fertig.«

»Ich bin jetzt zwei Wochen unterwegs und habe noch nicht einmal angefangen, über die Punkte meiner To-do-Liste nachzudenken, die ich während meiner Anreise aufschrieb. Ein Punkt davon ist meine berufliche Zukunft. Ehrlich gesagt, habe ich gar keine Lust, darüber nachzudenken. Ich will lieber im Hier und Jetzt sein und unbeschwert laufen. Ich habe ja noch genug Zeit, um über alles nachzudenken.«

Fedor versteht, was ich meine: »Es ist ganz normal, dass man nicht am Stück über ein bestimmtes Thema nachdenkt. Am besten, du lässt deinen Gedanken freien Lauf, sie suchen sich schon ihren Weg. Lass sie einfach hin- und herspringen, mal hierhin, mal dorthin, immer in kleinen Bruchstücken. Ohne, dass es dir bewusst ist, werden so alle Fragen berührt, die für dich wichtig sind. Die vielen Gedankensplitter werden sich schließlich zu einem Puzzle zusammensetzen. Vergiss deine To-do-Liste! Die Antworten kommen sowieso erst zu Hause.«

»Wie meinst du das – die Antworten kommen erst zu Hause?«, frage ich erstaunt.

»Erst, wenn du zu Hause bist, werden sich die Antworten finden. Es ist tatsächlich so. Manche Probleme lösen sich sogar von selbst, wenn du zurück bist. Hier auf dem Camino geht dir so vieles durch den Kopf, das muss sich erstmal setzen. Ich kann dir das auch nicht genau erklären, aber Fakt ist – die Antworten kommen erst zu Hause.«

Eine interessante Sichtweise. Wenn Fedor das sagt, mit seinen drei Monaten Pilgererfahrung, wird schon was dran sein. Beruhigend zu wissen, dass selbst er noch nicht mit Nachdenken fertig ist. Ich nehme mir vor, ab sofort Fedors Rat zu folgen und mir keinen Stress mehr mit meinem »Fragenkatalog« zu machen. Ich werde mich von meinen Gedanken treiben lassen, wohin sie mich auch führen. Einfach laufen lassen, nichts erzwingen. Meine To-do-Liste, die ich während der Zugfahrt nach Saint-Jean-Pied-de-Port aufgeschrieben hatte, ist überflüssig geworden. Was für eine Erleichterung!

Die Antworten kommen erst zu Hause – dieser Hinweis veränderte meine Pilgerreise. Endlich stehe ich nicht mehr unter meinem eigenen Leistungs- und Erfolgsdruck! Ab jetzt gelingt es mir besser, meine Anspannung fallen zu lassen.

»Erwarte nichts und erzwinge nichts! Die Antworten kommen von alleine«, erinnere ich mich an den Hospitalero von meinem Anreisetag. Nichts anderes bedeutet Fedors Aussage.

Am Nachmittag wird der Camino, der als Feldweg zwischen brachliegenden Feldern verläuft, zunehmend schlammiger. Fedor und ich holen einen einsamen Pilger ein. Der rote Regenüberzug seines Rucksacks leuchtet uns von Weitem entgegen, während der Abstand allmählich kleiner wird. Es ist Kim. Er macht einen erschöpften Eindruck. Wir trotten gemeinsam weiter. Nach vielen Kilometern tauchen die ersten Häuser von Terradillos de los Templarios auf. So ein langer, spannender Name für ein kleines Dorf! Der Templerorden hatte hier in längst vergangenen Zeiten einen Stützpunkt.

Hier soll eine Herberge sein? Der Wirt in der Gaststätte, in der wir vor ein paar Stunden Mittagspause gemacht hatten, behauptete das jedenfalls. Wir fragen einen Einheimischen nach der Richtung und kommen, nach einem längeren Umweg, an einem verschlossenen Tor an. Die Herberge ist dicht.

Meine erschöpften Begleiter sind enttäuscht, ihre Stimmung im Keller. Im Moment ist es noch hell, aber in knapp einer Stunde wird die Dämmerung einsetzen. Die nächste offene Herberge im Dorf Moratinos, ist noch fünf Kilometer entfernt.

Fedor bemerkt eine Gruppe von Wanderern, die gerade im Begriff sind, in einen Reisebus zu steigen. Er fragt, ob sie uns ins nächste Dorf mitnehmen können. Leider nein, sie fahren in die entgegengesetzte Richtung.

»Leute, es ist doch nur noch eine Stunde. Das schaffen wir jetzt auch noch!«, versuche ich, meine Begleiter aufzumuntern.

Hinter dem Dorf schlängelt sich der Camino inmitten abgeernteter Felder, so wie den ganzen Tag schon. Eine Stromleitung quert den Feldweg. Zugvögel versammeln sich hier. Sind das Stare? Oder Schwalben? Jedenfalls machen sie ganz schön Lärm.

Noch fünf Kilometer bis zur Herberge

Fedor ist fasziniert: »Schaut mal, so etwas gibt es bei uns in den Niederlanden überhaupt nicht mehr. Ich habe Ewigkeiten keine Vogelschwärme mehr gesehen. Beate, könntest du bitte für mich ein Foto machen?«

»Ach, ich weiß nicht. Ich glaube, das ergibt kein Bild. Ich kann gar nicht so weit heranzoomen.«

Ich habe keine Kraft mehr für Fotos.

»Bitte, versuch es! Für mich!«, er lässt nicht locker.

Wenn es unbedingt sein muss! Ich nehme die Kamera, schaue

durch den Sucher – aber es passiert nichts – der Akku ist alle. Auch das noch! Nun muss ich auch noch den Rucksack durchwühlen! Fedor und Kim gehen derweil weiter.

Lustlos drücke ich ein paar Mal auf den Auslöser. Die kleinen Vögel auf der Stromleitung kommen ohne Telelinse sowieso nicht zur Geltung. Ich gehe weiter. Mehrere Schwärme stieben vom Feld hoch und umkreisen einen einsamen Mast. Das wird schon eher ein Bild.

Nach einer Weile hole ich die beiden ein. Schweigend setzen wir einen Schritt vor den anderen. Zum Reden fehlt die Kraft. Kim lässt sich immer weiter zurückfallen, während Fedor und ich weitertrotten. An jeder Wegbiegung drehen wir uns nach ihm um und warten auf ihn, aber der Abstand vergrößert sich. Kim bedeutet uns, dass wir nicht auf ihn warten sollen, aber wir lassen ihn nicht aus den Augen. Die Dämmerung beginnt.

Häuser! Das muss Moratinos sein! Laut Navi befindet sich die Herberge gleich am Ortseingang links. Dieses Gebäude dort könnte es sein. An der Tür hängt ein Schild »Abierto«. Wir treten ein und stehen in einem freundlichen Eingangsbereich mit Tischen und Stühlen sowie einem Tresen, wie in einem Restaurant. Der Herbergsleiter kommt aus der Küche und gibt die erlösende Auskunft: »Ihr könnt bleiben, es sind Betten frei.«

Wir atmen erleichtert auf und Fedor lässt für uns gleich ein Bier zapfen. Ich gehe hinaus, um Kim in Empfang zu nehmen. Er torkelt mir entgegen. Geschafft!

Die kleine Herberge wird privat geführt. Man kann sich für das abendliche Pilgermenü anmelden, das der Hospitalero mit seiner Frau selbst kocht. Frühstück gibt es hier ebenfalls.

Der Schlafbereich besteht aus mehreren kleinen Zimmern. Die Räume sind hell und gepflegt, mit Fußbodenheizung. Im Schlafraum, den uns der Herbergsleiter zuweist, stehen zwei

Die Vögel

Doppelstockbetten und ein Einzelbett. Da liegt schon jemand. Rolf!

In völliger Dunkelheit, es ist nach 19 Uhr, treffen überraschend noch zwei weitere Pilger ein, Ezekiel und Patrick, ein junger Mann aus Rumänien. Jetzt sind wir zu fünft.

Nach der heißen Dusche fühle ich mich wie neugeboren. Fedor, Ezekiel und ich füllen gemeinschaftlich Waschmaschine und Trockner. Ezekiel legt freiwillig für alle die Wäsche zusammen.

Den Abend verbringen wir gemeinsam im Gastraum. Essen, Trinken und Lachen. Heute sind wir sagenhafte 31 Kilometer gelaufen, so weit wie noch nie! Die Strapazen der langen Etappe sind inzwischen vergessen. Auch Kim geht es besser. Er redet zwar nicht viel, aber er folgt der Unterhaltung und hält sich an seinem Bier fest.

Besonders bleibt mir vom Abend in Erinnerung, dass Ezekiel erzählte, dass in seinem Land, in Argentinien, die Leute zum Psychologen gehen wie in anderen Ländern zum Zahnarzt.

Das Foto mit den Vögeln habe ich später, zu Hause in Deutschland, im Internet gepostet. Es wirkt düster und erinnert an den bekannten Horrorklassiker von Alfred Hitchcock. Die Aufnahme verdeutlicht gut, wie Kim, Fedor und ich uns zu diesem Zeitpunkt gefühlt haben.

TAG 16: TRAUERUNTERHALTUNG
Montag, der 9.12.2019
Moratinos–Sahagún–Bercianos

Das Frühstücksangebot der Herberge ist ein Traum. Es fällt schwer, sich für eine der Speisen zu entscheiden, denn alle klingen verlockend. Zum ersten Mal überhaupt probiere ich einen Toast, der mit einem Püree aus frischen Tomaten dick bestrichen ist. Darauf wird Olivenöl geträufelt. Sehr lecker! Die Portion Toast mit Rührei und Schinken, die Fedor bestellte, ist so üppig bemessen, dass er sie nicht schafft. Ich esse seinen Rest.

Der Wirt stellt Schüsseln mit Futter vor die Terassentür. Sofort kommen circa fünfzehn junge Katzen herbeigerannt und machen sich darüber her. Ob das alles seine Tiere sind? Oder Streuner aus dem Dorf?

Wir Pilger sind uns einig, diese Herberge ist bislang die beste auf der gesamten Strecke. Obwohl privat geführt, bezahlten wir nicht mehr als in den städtischen Unterkünften. Die Räumlichkeiten sind modern und freundlich gestaltet, die Verpflegung super, vom deftigen Frühstück bis hin zum gezapften Bier am Abend.

Gestärkt und motiviert gehen wir hinaus in die Kälte. Es ist schon hell, aber noch neblig. Außerhalb des Ortes stehen einzelne Bäume auf den Feldern, die ich fotografiere. Damit halte ich mich lange auf. Bald haben mich alle Pilger überholt. Sogar die beiden Cousins Gerard aus Nizza und Antonio aus Sevilla, die heute früh in einem Ort weit hinter uns gestartet waren, ziehen an mir vorbei.

Später kommt die Sonne heraus und löst den Nebel auf, gleich wird es wärmer.

Der Camino führt an einer kaum befahrenen Straße entlang.

Rechts und links erstrecken sich frisch gepflügte Felder. Außer den allgegenwärtigen Strommasten gibt es hier nicht viel zu sehen. Ich bin ganz in Gedanken, als es »Plom, plim, plom« aus meiner Bauchtasche tönt. Eine WhatsApp von Fedor. Er teilt mit, dass er die Stadt Sahagún fast erreicht hat. Dort will er nach einer Bar Ausschau halten und mir dann die Koordinaten schicken. Eine gute Nachricht, denn es ist kurz vor Mittag, eine Verschnaufpause wäre super. Sich hinsetzen, aufwärmen, einen Kaffee trinken, eine Kleinigkeit essen – jetzt habe ich ein Ziel, das mich motiviert. Bis Sahagún brauche ich noch eine Stunde.

Der Camino entfernt sich von der Straße und biegt in ein Wäldchen ab. Wenig später erreiche ich eine Natursteinbrücke, die über einen Bach führt. Hier hole ich Brian aus New York ein. Er humpelt. Das sieht wirklich nicht gut aus! Am Rastplatz bei der Einsiedelei Virgin del Puente treffe ich noch andere Pilger – Kim, Ezekiel und Patrick. Hinter dem Picknickplatz ist eine Art Tor errichtet, durch das der Camino hindurchführt, bestehend aus zwei massiven Sandsteinpfeilern, an denen überlebensgroße Statuen lehnen, ein Mönch und ein Ritter. Ezekiel und ich versuchen, die lateinischen Inschriften zu übersetzen. Wir finden heraus, dass die eckigen Säulen die geografische Mitte zwischen Saint-Jean-Pied-de-Port und Santiago markieren. Die Halbzeit ist erreicht! Mit jedem weiteren Schritt liegt mehr Weg hinter mir als vor mir.

So richtig kann ich mich nicht darüber freuen. Heute ist Tag 16, die Zeit ist viel zu schnell vergangen! Erst jetzt fange ich an, mich zu erholen. An den Caminoalltag habe ich mich inzwischen gewöhnt. Wir Pilger kennen uns untereinander gut, der Umgang ist vertraut und entspannt. Auch mache ich mir kaum noch Sorgen, am Abend eine Herberge zu finden, denn bisher hat das immer geklappt. Endlich bin ich so weit, dass ich unbeschwert laufen und die Tour genießen kann.

Das Tor von Sahagún – die Hälfte der Strecke ab
Saint-Jean-Pied-de-Port ist geschafft

In diesem Moment wird mir bewusst, dass die Pilgerreise irgendwann ein Ende haben wird und das Ziel schon greifbar nah ist. Wie schnell wird die Zeit bis Santiago vergehen? Werde ich es schaffen, bis dahin wieder ganz »ich selbst« zu sein? Wird der Camino zu mir sprechen? Erzwingen kann ich es nicht. Mir bleibt nur, weiterhin das Beste aus jedem Tag zu machen, die Eindrücke aufzusaugen wie ein Schwamm, ganz bewusst alles zu erleben – die Strapazen und die Freuden.

Ezekiel und ich setzen gemeinsam den Weg nach Sahagún fort, zur Stadt, die unmittelbar vor uns liegt.

Mein junger Begleiter hat in Spanien Jura studiert und seinen Studienabschluss frisch in der Tasche. Für ihn als Argentinier ist Spanien sein »Mutterland«. In Buenos Aires wartet bereits seine erste Arbeitsstelle auf ihn. Ab Januar wird er als Assistent an einem Gericht anfangen. Eines Tages möchte er selbst Richter werden, für Strafrecht. Während des Studiums spezialisierte er sich für diese Fachrichtung. Ich frage ihn, ob es nicht belastend sei, ständig mit Gewaltverbrechen zu tun zu haben. Nein, er habe sich daran gewöhnt und auch gelernt, emotionalen Abstand zu wahren. Wenn man sowohl mit Opfern als auch Tätern zu tun hat, kann man nur objektiv sein, wenn man die eigenen Emotionen weitestgehend heraushält. Strafrecht findet er von allen Spezialisierungen am interessantesten, da es in diesem Bereich um das Wichtigste überhaupt geht, das Leben, die Unversehrtheit und die Existenz von Menschen. Wirtschaftsrecht interessiert ihn dagegen weniger, denn hier geht es lediglich um Geld.

Ich bin überrascht. Bisher war Ezekiel für mich der gut gelaunte, junge Mann, der immer einen witzigen Spruch auf Lager hat und damit gerne andere zum Lachen bringt. Jetzt merke ich, dass er keinesfalls oberflächlich ist. Er weiß genau, was er will und setzt seine Ziele mit großer Ernsthaftigkeit um. Er lebte nicht nur in Spanien, sondern studierte auch mehrere Monate in Großbritannien und spricht fließend Englisch.

Ezekiel hat drei Brüder. Er ist das zweitälteste Kind der Familie. Sein Hobby ist Fußballspielen. Natürlich, er ist Argentinier, was käme anderes in Frage? Am 21. Dezember will er in Santiago ankommen, da er bereits einen Flug von dort nach Barcelona gebucht hat, wo er mit Freunden Weihnachten feiern will. Das setzt voraus, dass er in den nächsten Tagen jeweils 30 bis 35 Kilometer Wegstrecke schaffen muss. Ein straffes Programm!

Sahagún ist eine sehenswerte Stadt mit historischen Gebäuden, Kirchen und alten Stadtbefestigungen. Direkt am Camino befindet sich die Eckkneipe, in der Fedor auf uns wartet. Christina, Brian und Kim treffen nach uns ein.

Ezekiel möchte sich Sahagún genauer ansehen. Fedor und ich haben heute keine Lust dazu. Vielleicht liegt es daran, dass mein Fuß schmerzt? In der Bar hatte ich deshalb meine Schuhe gewechselt. Ich trage jetzt wieder die Laufschuhe.

Am Anfang der Tour, in Estella, unterhielt ich mich am Busbahnhof längere Zeit mit einem der Paderborner Pilger, der bereits mehrmals auf dem Camino war. Er stellte mir in Aussicht, dass ab Tag 10 der Tour alles besser wird, die Füße würden nicht mehr schmerzen und der Rucksack wäre nicht mehr spürbar. Schon lange bin ich über diesen Tag hinaus, aber beides ist bei mir nicht eingetreten. Die Füße sind immer noch nicht beschwerdefrei und mein Gepäck wird auch nicht leichter. Dennoch merke ich, dass sich meine Fitness und meine Ausdauer verbessert haben. Nur ein Beispiel: Inzwischen bin ich in der Lage, mich mitsamt Rucksack auf den Boden zu hocken und problemlos wieder aufzustehen. Am Anfang der Tour hatte ich, selbst ohne Ballast auf dem Rücken, damit meine Probleme.

Kilometer für Kilometer bringen Fedor und ich hinter uns. Die Sonne ist verschwunden und es wird ungemütlich kalt. Am späten Nachmittag wollen wir nur eines – unser Tagesziel erreichen. In dem Dorf Bercianos soll es laut offizieller Pilgerwebseite eine offene Herberge geben. Ich gebe die Adresse bei Google Maps auf dem Handy ein. Die Navigation ist ungenau. Wir laufen im Zickzack durch das Dorf, bis wir endlich an einem verwitterten

Brettertor ankommen, dem Grundstückseingang zur Herberge. Wir durchqueren den unaufgeräumten Innenhof und öffnen eine Glastür, auf der »Aperto« steht. In der einfachen Bar sitzen Einheimische beim Bier. Ein Bollerofen verbreitet Wärme im kleinen Raum. Rucksack absetzen, Mütze, Handschuhe, Jacke ausziehen und Platz nehmen sind eins. Fedor geht an den Tresen und holt uns einen Kaffee. Es sind noch Schlafplätze frei. Ein Restaurant gibt es ebenfalls im Ort, ein paar Häuser weiter. Na bitte, wir haben ausgesorgt! Erleichtert checken wir ein.

Der Hospitalero führt uns über den Hof zu einem Seitengebäude, das an einen Schuppen erinnert. Mit wenigen Schritten durchqueren wir den ungeheizten Flur. Noch eine Tür weiter, und wir stehen in einem kellerartigen Schlafraum. Die Wände sind bis zur Decke gefliest, Baumarktfliesen auf dem Fußboden, ein Garagenfenster. In den zwei kleinen miteinander verbundenen Zimmern stehen insgesamt fünf Doppelstockbetten. Kalt ist es.

Die beiden Cousins Gerard und Antonio sowie Christina, Kim und Rolf sind bereits hier. Fedor und ich nehmen das letzte Etagenbett in Beschlag, er unten und ich oben. Ein Plastikhocker ist die einzige Sitzmöglichkeit. Es gibt ein kleines Bad für alle – es ist zum Glück abschließbar. Der Gemeinschaftsraum ist so kalt, dass man sich dort nicht aufhalten mag.

Konsterniert nehme ich auf dem Hocker Platz. Mir fehlen der Antrieb und die Kraft, meine Schlafstatt vorzubereiten und duschen zu gehen. Jeder von uns hat zehn Euro bezahlt. Wir sind sieben Leute. 70 Euro für die Vermietung einer kaum beheizten Garage?

Mit einsetzender Dämmerung treffen Ezekiel und Brian ein. Sie schauen sich nur kurz um und entscheiden, zur nächsten Herberge weiterzugehen, die noch sieben Kilometer entfernt ist. Sie werden dafür zwei Stunden benötigen und in vollständige Dunkelheit geraten. Wir versuchen, sie zum Bleiben zu bewegen, besonders, weil Brian Probleme mit seinen Füßen hat und kaum noch laufen kann, aber sie lassen sich nicht abbringen.

In welch angenehmer Umgebung hatten wir gestern übernachtet! Und heute? Meine Laune ist im Keller.

Fedor versucht, mich aufzumuntern: »Du brauchst, äh, wie heißt das, was die bei einer Trauerfeier machen? Mir fällt das Wort nicht auf Deutsch ein. Da gibt es ein Wort dafür. Wie sagt man das?«

»Keine Ahnung was du meinst. Sag's mal auf Englisch!«

»Warte, ich schau mal ins Übersetzungsprogramm.«

Fedor greift nach seinem Handy.

»Trauerunterhaltung! Kennst du das Wort? Ist das richtig?«

»Trauerunterhaltung? Ehrlich, dieses Wort habe ich noch nie gehört«, und muss nun doch wieder lachen.

»Trauerunterhaltung kennst du nicht? Gibt es das nicht in Deutschland? In Holland gibt es das. Da werden die Leute bei der Trauerfeier aufgeheitert.«

Entkräftet wie wir sind, hungrig, müde und fröstelnd sind wir jetzt so albern, dass wir uns über den Begriff »Trauerunterhaltung« kaputtlachen. Jedes Mal, wenn Fedor das Wort »Trauerunterhaltung« ausspricht, prusten wir los und lachen, bis die Tränen kommen.

Zum Abendessen gehen Fedor, Rolf und ich in die Dorfkneipe, ein paar Häuser weiter. Durch die Energieaufnahme wird mir endlich wieder warm. Zurück im kalten Quartier krieche ich in den Schlafsack, nicht ohne vorher beide Merinopullover übereinander angezogen zu haben. Als das Licht ausgeschaltet wird, entfliehe ich in die Welt der »Marvelous Mrs. Maisel«, schaue eine weitere Folge der Kultserie. Unglaublich, was das für ein Seelentröster ist.

Nachts um zwei wache ich auf. Mir wird schlagartig heiß und ich ziehe alle Pullover hektisch wieder aus. Rolf höre ich laut schnarchen. Von dem Bett direkt unter mir kommen keine Geräusche. Ist Fedor wach? Scheinbar ja, sonst würde er ebenfalls »sägen«.

»Plom, plim, plom« – eine WhatsApp. Mitten in der Nacht? Ich schaue überrascht aufs Handy.

Es ist Fedor.

»Schläfst du?«

»Nein, ich kann nicht schlafen. Rolf schnarcht so laut«, schreibe ich zurück. Ich muss kichern. Ist das nicht verrückt? Ich schreibe meinem Pilgerbruder, der eine Bettetage unter mir liegt, WhatsApp-Nachrichten!

Fedor hört mich kichern und kichert mit.

»Plom, plim, plom«, wieder eine Nachricht.

»Möchtest du Trauerunterhaltung?«

»Ja!«, antworte ich.

Nun muss ich schon fast ins Kopfkissen beißen, um nicht laut zu lachen. Von unten höre ich es glucksen. Der Lachflash vom Abend hat uns beide wieder voll im Griff.

Es dauert einen Moment, dann rührt sich mein Handy wieder. »Plom, plim, plom.«

Was kommt jetzt?

Fedor schickt ein YouTube-Video. Es zeigt einen betrunkenen, russischen Autofahrer, der bei einer Polizeikontrolle ins Alkoholtestgerät pusten soll. Aber, anstatt zu blasen, setzt er das Messgerät wie eine Schnapsflasche an den Mund. Das ist schreiend komisch. Nun ist es mit meiner Selbstbeherrschung vorbei, ich pruste laut los, und auch Fedor kann nicht mehr an sich halten.

»Plom, plim, plom«.

Diesmal ein längeres Video. Es zeigt einen Mann, der stockhagelvoll über die gesamte Breite eines Gehwegs torkelt, sich aber immer noch geradeso auf den Beinen halten kann, ohne zu stürzen. Ich versuche vergeblich, das Lachen zu unterdrücken – es platzt aus mir heraus. Ich muss das Video anhalten, sonst kann ich mich nicht mehr beherrschen.

Von schräg unten rührt sich Rolf.

»Leute, könnt ihr endlich mal Ruhe geben, mitten in der Nacht?! Wir wollen schlafen!«

Wir sind augenblicklich still. Das war vielleicht doch zu viel.

Irgendwie erinnern mich die Übernachtungen in den Pilgerherbergen an frühere Klassenfahrten. Damals schlief man ebenfalls in Doppelstockbetten. Während der Nachtruhe wurde lange herumgealbert, gekichert und gelacht. Zettelchen wurden geschrieben und im Zimmer umhergeworfen, bis der Lehrer dazwischenging, so wie jetzt Rolf. Statt Briefchen schicken wir uns WhatApps.

Zu Hause würde ich über diese albernen Videos nur müde lächeln. Auf dem Camino ist man irgendwie in einem Ausnahmezustand. Vielleicht wegen der körperlichen Verausgabung? Keine Ahnung. Lange hatte ich nicht mehr so gelacht. Ist es möglich, dass sich beim Pilgern die Emotionen verstärken, vielleicht sogar potenzieren?

TAG 17: KOREANISCHE
UND SÄCHSISCHE SPEZIALITÄTEN
Dienstag, der 10.12.2019

Bercianos–Mansilla

Auch wenn die Nacht ungemütlich war, sind wir heute früh mit der Herberge wieder versöhnt, denn die zugehörige kleine Bar bietet Frühstück an. Fedor und ich bestellen Milchkaffee und Toast. Der Ofen ist bereits angeheizt und so können wir uns nochmal richtig aufwärmen, bevor es hinaus in die Kälte geht.

Mit frischen Kräften stapfen wir als Allererste los. Es ist noch tiefschwarze Nacht. Obwohl ich schlecht geschlafen habe, fühle ich mich fit, nicht zu vergleichen mit meinem erschöpften Zustand vom Vorabend.

Der Camino verläuft auf einer kaum befahrenen Nebenstraße. Hinter uns, im Osten, geht die Sonne auf und taucht den Himmel in rosa Licht. Rechts und links auf den Feldern sind das Gras und die kahlen Bäume mit Raureif überzogen. Die Pfützen sind gefroren. Über den Wiesen schwebt Bodennebel. Die Sonne, die allmählich über den Horizont steigt, taucht die Landschaft in goldenes Licht. Was für eine Stimmung! Ich lasse Fedor weiterziehen und versuche derweil, ein paar Fotos aufzunehmen.

Die Landschaft ist flach wie ein Tisch. Am Vormittag wird in der Ferne, parallel zum Camino, eine schroffe, schneebedeckte Gebirgskette sichtbar. Ungefähr 50 Kilometer entfernt, könnte es sich um die Picos de Europa handeln.

Werden wir ebenfalls Schnee erleben? Vielleicht auf dem O Cebreiro, auf 1.300 Meter Höhe? Schön wäre es! Bis dahin sind es aber immer noch sieben Tagesetappen.

Immer geradeaus

Mittags schickt mir Fedor die Koordinaten einer Bar. Als ich dort ankomme, treffe ich auf weitere Bekannte. Fedor natürlich, der sich gerade sein zweites Bier bestellt. Antonio und Gerard sowie Rolf sind bereits im Aufbruch. Ich ordere eine Linsensuppe. Kurz nach mir kommt Ezequiel an. Wir sind komplett!

Nur wenige Cafés an der Strecke sind geöffnet, deshalb nimmt jeder Pilger die Gelegenheit zur Einkehr wahr, sobald sie sich bietet. So trifft man sich, ohne vorherige Absprache, in den Bars häufig wieder.

Am späten Nachmittag erreichen Fedor und ich unser Tagesziel, Mansilla. Es ist eine kleine Stadt mit historischem Stadtkern, mit arkadenumsäumtem Marktplatz.

In der einzigen Herberge des Ortes haben Antonio und Gerard eingecheckt sowie Kim und Luciano aus Brasilien, einer der beiden Brüder, vor denen Claire auf der Flucht war. Luciano ist allein. Wir fragen ihn, wo sein Begleiter abgeblieben ist. Jetzt stellt sich zu unser aller Überraschung heraus, dass sie gar keine Brüder sind! Die beiden sind lediglich Landsleute, die sich auf dem Camino kennengelernt haben. Der Ältere hatte Probleme mit den Knien und musste einen Ruhetag einlegen, während Luciano weiterpilgerte. Wie sich doch manche Vermutungen über andere Pilger mit der Zeit ändern und revidieren!

Die Herberge ist modern eingerichtet, der Schlafsaal geräumig. Es gibt eine Wohnküche, stylische Sanitärräume mit getrennten Toiletten für Männer und Frauen. Es ist alles, wie man es sich nur wünschen kann. Ich gebe meine Wäsche bei der Herbergsleiterin ab, zusammen mit den Sachen von Fedor. Das kostet sieben Euro für uns beide. Nur eine Stunde später bekommen wir alles sauber und trocken zurück.

Zusammen gehen Kim, Fedor und ich in die Stadt, um uns umzusehen, einzukaufen und zu essen. Kaum ein Mensch ist im Ort zu sehen, obwohl heute ein Arbeitstag ist und früher Abend. Als wir an einem Friseurladen vorbeikommen, geht Fedor kurz entschlossen hinein und lässt seine ohnehin kurzen Haare um wenige Millimeter kürzen. Kim und ich warten draußen, beobachten ihn durch das Schaufernster und kommentieren lachend, was wir sehen. Fedor lacht und winkt zurück. Wir verhalten uns wie Schulkinder!

Schließlich finden wir einen Supermarkt. Kim kommt mit einer prallgefüllten Tragetasche aus dem Geschäft. Er will in der Herberge kochen. Fedor und ich würden lieber essen gehen, aber nirgends ist ein Restaurant auf. Bisher gab es immer irgendwo eine Einkehrmöglichkeit. Aber heute klappt es nicht.

Hungrig kehren wir in die Herberge zurück und setzen uns in die Küche. Ich schreibe in meinem Pilgertagebuch und unterhalte mich mit den anderen. Die ersten Dosenbiere werden geöffnet, die wir unterwegs gekauft haben.

Kim lädt uns ein, mit ihm zu essen, er habe sowieso zu viel eingekauft. Er bereitet Schweinebauch mit Reis zu. Die Bauchscheiben schneidet er in mundgerechte Stücke und brät sie in der Pfanne. Es kommt nur Salz und Pfeffer dran und schon ist das Essen fertig. Auf das fettige Fleisch, das wir zusammen mit ungewürztem Reis essen, träufeln wir eine scharfe, asiatische Würzsoße, die Fedor auf den Tisch stellt.

»Sag bloß, du schleppst seit drei Monaten diese Flasche in deinem Gepäck!«

»Ja, stimmt! Ich esse gerne scharf, deshalb habe ich sie mit!«

»Fedor, ich hatte mich schon die ganze Zeit gefragt, weshalb dein Rucksack 20 Kilogramm wiegt. Jetzt ist mir alles klar. Kein Wunder, wenn du dein Gewürzregal von zu Hause mit auf Tour genommen hast!«

Währenddessen packen Antonio und Gerard den Einkauf für ihr Abendessen aus. Es gibt frisches Baguette und dazu Blattsalat. An der Frischetheke des Supermarkts kauften sie ein Stück Kasslerkotelett, das sie kalt und unzubereitet essen. Sie nehmen es einfach nur aus dem Papier. Sie fragen mich, ob ich diese Art Fleisch kenne, ob das nicht eine deutsche Spezialität sei, denn in Spanien wäre es unter der Bezeichnung »Sächsischer Schinken« bekannt. Sachsen müsse irgendwo in Deutschland sein, ob mir das etwas sage?

Und ob mir das etwas sagt! Das ist genau die Region, wo ich herkomme, erkläre ich den beiden.

»Sächsischer Schinken« in Spanien. Ich bin überrascht. Diesen Begriff habe ich im Leben noch nie gehört. Auch ist Kasslerkotelett nicht unbedingt typisch für Sachsen. Wie die Bezeichnung zustande kommt, ist mir ein Rätsel. Wann sollte es Spanier nach Sachsen verschlagen haben oder umgekehrt? Bei welcher Gelegenheit mögen sie diese Spezialität, geräuchertes Schweinekotelett, kennengelernt haben? Erst später erfuhr ich, dass Napoleon mit Hilfe verbündeter sächsischer Truppen halb Spanien erobert hatte.

Die beiden Cousins Gerard aus Nizza und Antonio aus Sevilla sind ausgesprochen angenehme und sympathische Weggefährten. Gerard ist bereits im Ruhestand, Antonio arbeitet bei einem lokalen Fernsehsender im technischen Bereich. Ich erzähle, dass ich Spanien erst jetzt, auf der Pilgerreise, kennenlerne. Ich war in meinem Leben erst einmal in Spanien, im Jahr 1991, zum Badeurlaub an der Costa Brava. Damals hatte ich beim Friseur eine einwöchige Busreise gewonnen. Die Friseurkette hatte anlässlich einer Filialeröffnung ein Preisausschreiben ausgelobt.

»Du warst noch nicht einmal auf Mallorca?«, fragen sie ungläubig.

»Nein, dort war ich noch nie«, bestätige ich.

»Das gibt's doch nicht! Da scheinst du die einzige Deutsche zu sein, die noch nie auf Mallorca war!«

»Plom, plim, plom«, eine WhatsApp von Cyrille. Vor sechs Tagen sah ich ihn das letzte Mal. Inzwischen ist er vor mir auf der Strecke. Er schreibt, dass er heute in León angekommen ist. Es wäre schwierig gewesen, eine Herberge zu finden und die wäre nicht besonders toll. Es gäbe nur eine einzige Toilette für alle Pilger. Alle schliefen in einem einzigen, großen Saal.

Auch Rolf hatte schon vor Tagen erwähnt, dass in León, dem

Tagesziel von morgen, die Herbergen nicht gut seien. Er hatte deshalb ein Hotelzimmer gebucht.

Die Aussicht auf eine miserable Unterbringung, wie gestern in der »Garage«, finde ich nicht erfreulich. Darauf habe ich keine Lust. Nicht schon wieder.

Ich schaue spaßeshalber mit meinem Handy im Internet, was eine Hotelübernachtung in Leóns Altstadt kosten würde. Tatsächlich, es gibt einige Angebote. Ein Doppelzimmer im Dreisternehotel für 47 Euro.

»Fedor, wollen wir uns morgen in León ein Zimmer teilen? Das wären pro Person 23,50 Euro und damit nicht viel mehr als eine Pilgerherberge. Was meinst du?«

»Ja, wenn du willst? Das können wir machen.«

Auf der Stelle buche ich das Zimmer mit zwei getrennt stehenden Betten. Mittlerweile bin ich so daran gewöhnt, dass Männer und Frauen in ein und demselben Raum schlafen und dasselbe Bad benutzen, dass ich nichts Besonderes dabei finde.

TAG 18: PILGERBRUDER UND PILGERSCHWESTER

Mittwoch, der 11.12.2019

Mansilla–León

Heute geht es nach León. Nach Pamplona und Burgos ist es die dritte Großstadt auf dem Weg nach Santiago. León ist ein kultureller Höhepunkt auf der Pilgerstrecke. Das historische Stadtzentrum mit der Kathedrale ist absolut sehenswert. Das Hotel »Hospedería Monástica Pax«, das ich gestern buchte, befindet sich in der Fußgängerzone der Altstadt, direkt neben einem Kloster. Ein ungewohntes Gefühl, morgens bereits zu wissen, wo ich abends schlafen werde. Ich brauche mich heute um nichts weiter zu kümmern, außer laufen.

Fedor und ich machen uns gemeinsam auf den Weg. Bis León ist es nicht sehr weit, nur knapp 20 Kilometer. Der Camino verläuft auch heute direkt neben einer Straße. Der Verkehr nimmt zu. Viel Spaß macht die Strecke nicht, der Autolärm nervt. Das Wetter spielt jedenfalls mit, es bleibt trocken und die Sonne scheint. Am frühen Nachmittag erreichen wir den Stadtrand. Werden wir, wie in Burgos, zwei Stunden brauchen, um ins Stadtzentrum zu gelangen? Der Weg zieht sich jedenfalls in die Länge. Sobald wir über die harten Gehwegplatten der Bürgersteige laufen, fangen meine Füße an zu schmerzen.

Während der heutigen Wegstrecke geht mir ein Gedanke nicht aus dem Kopf, und zwar, dass ich heute mit Fedor zusammen in einem Doppelzimmer übernachten werde. Mir kommen Zweifel, ob das eine gute Idee war. Ich hatte es selbst vorgeschlagen, ganz spontan.

Hoffentlich hat er mich nicht falsch verstanden, grüble ich. Nicht, dass er am Ende meinen Vorschlag als Annäherungs-

Wir nähern uns León

versuch missversteht? Das muss ich auf jeden Fall noch vorher klarstellen. Wie spreche ich das bloß an, ohne dass es peinlich wird? Außerdem kenne ich ihn doch erst seit Kurzem. Begebe ich mich vielleicht in Gefahr? Was, wenn er die Gelegenheit ausnutzt und mich überfällt? Er ist viel stärker als ich und könnte mich leicht überwältigen.

Während ich darüber nachdenke, was alles passieren könnte, fallen mir Geschichten aus meiner frühen Jugend ein. Unglaublich, wie sorglos und naiv ich damals war, mit Anfang 20.

Ende der 1980er Jahre war ich mit zwei Studienfreundinnen auf Tramp-Urlaub in Bulgarien. Wandern im Gebirge und dann per Anhalter ans Schwarze Meer. Zu dritt fühlten wir uns sicher. Auf der Rückfahrt mit dem Zug machten wir zwei Tage in Budapest Station. Weil wir die wenigen Forints, die wir als DDR-Bürger hatten, nicht für den teuren Zeltplatz ausgeben wollten, beschlossen wir, heimlich auf dem Bahnhof zu übernachten. Am späten Abend suchten wir uns einen leer stehenden Zug, der außerhalb der Bahnsteige bereitstand und der erst am nächsten Tag abfahren sollte. Die Türen der Waggons waren unverschlossen, und so stiegen wir ein. Meine beiden Freundinnen belegten zusammen ein Achterabteil. Ich ließ meinen Rucksack bei ihnen in der Gepäckablage und ging mit meinem Schlafsack ins Nebenabteil, um mich dort hinzulegen.

Mitten in der Nacht wache ich auf und sehe neben mir einen fremden Mann stehen, der gerade im Begriff ist, seine Hose zu öffnen. Blitzschnell springe ich hoch und flüchte zu meinen Freundinnen ins Nachbarabteil, das ich von innen verriegele. Die Vorhänge zum Gang ziehe ich zu. Der Typ rüttelt außen an der Tür, kann aber nicht rein. Ich höre ihn noch einige Zeit draußen auf dem Gang herumlaufen, während meine Begleiterinnen seelenruhig schlafen. Am Morgen verlassen wir das Abteil erst, als wir sicher sind, dass er verschwunden ist.

War das knapp! Ich muss einen Schutzengel gehabt haben, dass ich im letzten Moment aufgewacht bin. Mir wird jetzt noch schlecht, wenn ich daran denke.

Es nützt nichts, ich spreche Fedor an: »Du, wegen dem Hotelzimmer heute Nacht. Ich habe das so spontan vorgeschlagen, weil wir ja sonst auch zusammen in einem Zimmer übernachten. Nicht, dass du das eventuell falsch verstehst. Wir teilen uns das Quartier einfach nur als Pilgerbruder und Pilgerschwester, okay?«

»Natürlich, das habe ich schon so verstanden, kein Problem.«
Ganz sorgenfrei bin ich immer noch nicht. Wie gesagt, so
lange kennen wir uns noch nicht. Aber, jetzt hergehen und ge-
trennte Zimmer verlangen, wäre mir ebenfalls peinlich. Jedenfalls lasse ich in unsere heutige Unterhaltung immer mal wieder,
scheinbar zufällig, einfließen, dass wir »Pilgerbruder und Pilgerschwester« sind.

Nun ist die Innenstadt von León erreicht und das Hotel
gefunden. Die Dame an der Rezeption nimmt unsere Anmeldung mit aller Selbstverständlichkeit entgegen. Es scheint normal zu sein, dass Pilger hier einchecken. Dass wir beide, Fedor
aus den Niederlanden und ich aus Deutschland, kein Ehepaar
sein können, ergibt sich aus den Anmeldeinformationen. Aber
kein Stirnrunzeln, keine Nachfrage, nichts Außergewöhnli-
ches.

Mit dem Fahrstuhl fahren wir in die fünfte Etage, halten die
Schlüsselkarte an das Schloss und Voilà! Wir stehen in einem
geräumigen, modern eingerichteten Zimmer mit bodentiefen
Fenstern und Blick auf die Kastanien des Hotelvorplatzes. Die
schwarzen Marmorplatten an den Wänden und auf dem Fußboden des schicken Badezimmers wirken edel. Flauschige Hand-
tücher hängen auf den Haltern. Die bequemen Betten sind mit
strahlend weißer Bettwäsche bezogen. Wie wunderbar glatt und
frisch fühlt sie sich an! Es ist wie in einer anderen Welt. Als
würden wir aus dem Urwald kommen und wären zurück in der
Zivilisation. Normalerweise würde mich dieses Zimmer nicht
so stark beeindrucken, aber jetzt kommt es mir vor wie der pure
Luxus.

Ich gehe gleich als Erste ins Bad und nehme eine ausgiebige
Dusche. Das Abtrocknen mit den großen, weichen Handtü-
chern ist ein Erlebnis. Es ist alles da: Fön, Seife, Haarwaschmit-
tel, Körperlotion, Q-Tipps. Unglaublich, wie sehr man, nach

zwei Wochen asketischer Pilgerschaft, die Annehmlichkeiten der modernen Gesellschaft wieder zu schätzen weiß.

Während Fedor anschließend ins Bad geht, schiebe ich die beiden, dicht nebeneinanderstehenden Einzelbetten auseinander, so weit, wie es die rechts und links an der Wand festmontierten Nachttische zulassen. Ein halber Meter Abstand ist jetzt dazwischen. Als Fedor aus dem Bad kommt, bemerkt er die kleine Veränderung wahrscheinlich sofort. Bevor er etwas sagen kann, erkläre ich ihm, dass ich besser schlafen kann, wenn etwas mehr Platz um mich herum ist. Stimmt ja auch.

Mit Kim haben wir uns für einen gemeinsamen Stadtbummel verabredet. Er wohnt nebenan in der Pilgerherberge, die gar nicht so schlecht ist, wie wir von ihm erfahren.

Die ganze Innenstadt besteht aus malerischen Gassen und Plätzen, fast alles ist Fußgängerzone, außer wenige Hauptstraßen. Restaurants und Bars befinden sich an jeder Ecke, aber im Moment ist alles geschlossen, denn von 17 bis 19 Uhr ist Siesta und die Innenstadt menschenleer. Nach langem Suchen entdecken wir eine offene Bar und treten ein. Dort sitzt Brian! Brian aus New York! Wir umarmen uns. Er befindet sich in Gesellschaft eines jungen Pilgers aus Belgien.

»Brian, was machst du denn hier? Wie geht es dir?«, stürmen wir auf ihn ein.

»Leider geht es mir gar nicht gut«, antwortet er und zeigt auf seinen Fuß, der in einem geschienten Verband steckt. Zwei Krücken lehnen neben ihm am Tresen.

»Ihr wisst ja, dass ich vor zwei Tagen, als ich abends mit Ezekiel von eurer Herberge aus noch sieben Kilometer weitergelaufen bin, bereits Schmerzen im Fuß hatte. Am nächsten Tag wurde es noch schlimmer, ich konnte überhaupt nicht mehr auftreten. Ich musste den Zug nach León nehmen und das Krankenhaus aufsuchen. Der Arzt stellte eine Überlastung der Bänder fest. Ich darf frühestens in einer Woche weitergehen. Ich weiß gar nicht, was ich die ganze Zeit in dieser Stadt machen soll!«

So ein Pech! Einen Tag hier in León zu verbringen ist ja ganz nett. Aber eine Woche? Wir können Brian ja nicht einmal zum Stadtbummel mitnehmen mit seinen Krücken. So lassen wir ihn zusammen mit dem belgischen Pilgerbruder in der Kneipe zurück, wünschen ihm eine gute Besserung und ziehen weiter.

Spät in der Nacht fallen Fedor und ich in unsere Betten. Es ist ungewohnt, nicht im Schlafsack zu liegen. Ich schlafe unruhig, werde nachts wach, weil mir zu warm ist und reiße das Fenster auf. Fedor höre ich neben mir schnarchen. Irgendwann überkommt mich dann doch die Müdigkeit. Es ist schon hell, als ich aufwache.

Pilgerbruder und Pilgerschwester haben sich geschwisterlich das Zimmer geteilt. Es hat funktioniert, meine Befürchtungen haben sich nicht erfüllt. Mein Vertrauen zu Fedor ist enorm gewachsen und mich überkommt ein bisschen das schlechte Gewissen, weil ich so negativ von ihm gedacht habe.

TAG 19: EIN TROSTLOSER STRECKENABSCHNITT

Donnerstag, der 12.12.2019

León–San Martín del Camino

Obwohl das historische Zentrum durchaus sehenswert ist, bin ich froh, León heute früh wieder verlassen zu können. Nach der eintönigen Landschaft des Caminos während der letzten Tage war der Besuch dieser lebhaften Stadt eine gern genommene Abwechslung, aber der Autoverkehr und das geschäftige Treiben der vielen Menschen auf den Straßen nerven mich. Ich sehne mich nach Ruhe und Natur.

Nach dem gemeinsamen Frühstück in einer stylischen Bar in der Fußgängerzone machen Fedor und ich uns gemeinsam auf den Weg. Die allgegenwärtigen gelben Pfeile weisen uns die Richtung. Die Strecke, entlang einer langen Hauptstraße, zieht sich hin. Die Bürgersteige werden schmaler, sodass wir hintereinander gehen müssen. Eine Stunde nach unserem morgendlichen Aufbruch ist immer noch kein Ende der Stadt zu sehen. Die urbanen Gebiete wirken zunehmend trostlos. Wir passieren kleine Eisenwarenläden, Hundefriseure, Waschsalons, Änderungsschneidereien. Einige Läden stehen leer. Als wir an einer kleinen Bar vorbeikommen, legen wir kurz entschlossen einen Kaffeestopp ein. Meine Füße sind jetzt schon pflastermüde und schmerzen. Ein verblichener Stadtplan hängt an der Wand. Wir sehen darauf, dass es immer noch drei Kilometer bis zum Ende des Siedlungsgebietes sind.

Mit neuer Motivation setzen wir den Weg fort. Nach einer Weile erreichen wir ein ländlich wirkendes Wohngebiet mit Einfamilienhäusern. Die Straße steigt steil an. Das muss der ersehnte Stadtrand sein, denn León liegt in einem Talkessel und hier geht es hinauf auf die Hochebene.

Landschaft ohne Landschaft um León

Fedor gerät außer Puste, er möchte ein langsameres Tempo anschlagen und schlägt mir deshalb vor, dass ich vorausgehe. Ich willige erleichtert ein, denn im Grunde genommen möchte ich lieber allein laufen.

Den ganzen Morgen ist es schon sehr stürmisch und jetzt fängt es auch noch an zu regnen. Kaum habe ich meinen Schirm aufgespannt, klappt ihn ein Windstoß um. Die erste Strebe ist zerbrochen! Eine Ecke hängt schlaff herunter. Beim nächsten Windstoß passiert dasselbe. Die Stabilität des Schirms ist hinüber. Mir bleibt nichts anderes übrig, als das Gestänge permanent von unten festzuhalten, damit es nicht umklappt. Von einem sogenannten Sturmregenschirm hatte ich eigentlich mehr erwartet. Man sieht ziemlich verwahrlost aus, wenn man mit einem kaputten Schirm durch die Gegend läuft. In Deutschland würde ich so nie auf die Straße gehen. Aber, was soll ich machen? Einen anderen Regenschutz habe ich nicht. Hoffentlich hält er bis zum Abend durch!

Hinter einer Kurve verschwindet Fedor aus meinem Blickfeld. In den letzten sechs Tagen, seit Frómista, waren wir permanent zusammen. Besonders nachdem Kim, Fedor und ich gestern den ganzen Nachmittag und Abend gemeinsam in León verbracht hatten, verspüre ich heute ein starkes Bedürfnis, allein zu sein. Als vor wenigen Minuten Fedor anregte, dass ich vorgehen soll, war ich ziemlich froh über den Vorschlag. Nun ist jedenfalls Gelegenheit, Fedor für eine Weile abzuhängen.

Rolf ist in dieser Hinsicht sehr konsequent. Er läuft immer ohne Begleitung, nennt morgens den anderen sein Tagesziel nicht, verabredet sich mit niemand. Er bleibt bewusst unabhängig. Trotzdem begegnet er mir fast jeden Tag. Wir freuen uns, wenn wir uns zufällig sehen, gehen aber getrennt weiter. Abends in der Herberge ist er bei geselligen Runden mit dabei. So ähnlich möchte ich es ebenfalls halten.

Im zügigen Tempo erklimme ich die steile Straße und drehe mich oben um. Fedor ist noch zu sehen. Ich eile weiter. Einige Minuten später blicke ich erneut zurück. Nun folgt mir niemand mehr. Erleichtert verlangsame ich meine Schritte. An einer Wegbiegung schaue ich noch einmal in die Gegenrichtung. Wie geht das?! Ich sehe Fedors rote Rucksackplane leuchten. Ich ziehe mein Tempo erneut an.

Zum Glück geht es nicht weiter bergauf, das Gelände ist jetzt eben. Ich bin ganz schön ins Schwitzen gekommen und verspüre Durst. Im strömenden Regen, mit dem Schirm in der Hand, macht es sich schlecht, den Rucksack abzusetzen, um die Trinkflasche herauszuholen. Außerdem würde ich Zeit verlieren und mein Vorsprung würde sich verringern. Also, ohne Pause weiter!

Nach einer knappen Stunde gelange ich an einen Unterstand, ähnlich einer überdachten Bushaltestelle. Der Abstand zu Fedor sollte groß genug sein. Jetzt mache ich Pause.

Ich platziere meine Sitzunterlage auf den feuchten Planken der Bank und hole die kalte Orangenlimo aus dem Rucksack und beiße in eine Banane. Vor dem Regen geschützt schaue ich einige Minuten gedankenverloren hinaus in die Landschaft. Ein Pilger nähert sich schnellen Schrittes. Ein Pilger mit roter Rucksackplane. Das ist doch nicht …

Ich warte ab.

Kurz darauf geht ein junger, schlanker Mann leichtfüßig an mir vorbei. Ein fremder Pilger! Ebenfalls mit roter Plane und dunkler Kleidung, wie Fedor.

Ist das nicht verrückt? Vor diesem Pilger nahm ich die ganze Zeit Reißaus?!

Gerade als ich aufbrechen will, biegt der richtige Fedor doch noch um die Ecke. Er hat weder eine Jacke noch ein Regencape an. Sein Fleecepullover ist durchnässt.

»Fedor, wieso hast du nicht deinen Poncho übergezogen? Komm, ich helfe dir damit, bevor ich weitergehe.«

»Du weißt doch, dass ich ihn nicht allein überziehen kann! Ich habe versucht, dich einzuholen, aber du warst so schnell. Du hast aber auch ein Tempo vorgelegt!«

So nass, wie er jetzt vor mir steht, tut er mir leid und ich bekomme ein schlechtes Gewissen.

»Fedor, ruh dich erstmal aus. Ich geh derweil weiter. Ich

werde nach einer Bar Ausschau halten, in der wir einen Kaffee trinken können. Wenn ich etwas finde, schicke ich dir per WhatsApp die Koordinaten, okay?«

»Alles klar, bis später.«

Was wird das hier eigentlich?! Ich versuche Fedor abzuhängen und er versucht mich einzuholen? Was ist das für ein Unsinn! Ich möchte alleine laufen und unabhängig sein. Und was will Fedor? Klar, er wünscht sich Gesellschaft. Das kann ich verstehen. Im Herbst war er wochenlang allein unterwegs, und vor ein paar Tagen sind seine engsten Gefährten, die beiden anderen Musketiere, heimgereist.

Ich muss mit Fedor reden. Wie bringe ich ihm schonend bei, dass ich seine Gesellschaft zwar schätze, aber ich nicht ununterbrochen mit ihm zusammen sein möchte?

Was hatte mir der Hospitalero in Saint-Jean-Pied-de-Port, am Tag meiner Anreise, auf den Weg gegeben?

»Mach nur das, was du wirklich willst, denn es ist einzig und allein dein Weg! Höre nur auf dich! Mach dich nicht abhängig von anderen! Auf dem Camino hast du die Chance, du selbst zu sein, ohne auf andere Rücksicht nehmen zu müssen.«

Genau um diesen Punkt geht es jetzt. Wie kann ich meinem Bedürfnis nach Unabhängigkeit nachkommen, ohne Fedor vor den Kopf zu stoßen? Warum fällt es mir so schwer, für meine Bedürfnisse einzutreten? Meine eigenen Wünsche sollten mir doch wichtiger sein als die Anliegen anderer, oder? Deswegen bin ich doch hier auf dem Camino, um meine Bedürfnisse zu spüren und herauszufinden, was ich wirklich will, ohne wieder Kompromisse eingehen zu müssen.

Vielleicht ist diese Situation sogar wieder eine Aufgabe, die mir der Camino stellt? Soll ich lernen meine Harmoniesucht zu überwinden?

Je mehr ich jetzt darüber nachdenke, desto klarer wird mir: Ja, es fällt mir zuweilen schwer, meine eigenen Interessen durchzusetzen. Und die Anforderungen anderer? Kein Problem. Im Job versetzte ich Berge. Ebenso für die Familie, Kinder, Partner und Freunde. Solange sich die eigenen Bedürfnisse mit denen der anderen decken, ist alles okay. Was aber, wenn das nicht mehr der Fall ist? Dann entstehen Konflikte und mit der Harmonie ist es vorbei.

Konflikte auszuhalten und für die eigenen Bedürfnisse einzustehen, ist nicht einfach. Das ist etwas, was man gegebenenfalls lernen und trainieren muss. Stellt man immer die eigenen Wünsche hintenan, wird man nie mit sich und der Welt zufrieden sein.

Mir fällt eine Begebenheit aus meiner Kindheit ein. Ich ging noch nicht zur Schule und war im Sommer bei meinen Großeltern zu Besuch. Mein Opa fragte mich, ob ich mit ihm in die Stadt gehen möchte. Ich hatte keine Lust und antwortete: »Nein.«

Daraufhin wurde mein Opa sehr ärgerlich.

»Du bist ein richtiges Nein-Kind! Es ist nicht gut, wenn du immer »Nein« sagst, denn dann mag dich irgendwann überhaupt niemand mehr.«

Von seiner heftigen Reaktion war ich völlig überrascht, denn ich war mir nicht bewusst, etwas falsch gemacht zu haben. Ich hatte doch seine Frage einfach nur aufrichtig beantwortet! Hätte ich vielleicht lügen sollen?! Und warum fragt er mich überhaupt, wenn ich sowieso keine Wahl habe?

Was ist das für ein Widerspruch! Als Kind wird einem von Familie, Schule und Gesellschaft abgewöhnt, »Nein« zu sagen, sonst wäre man ja »ungezogen« oder sogar »rebellisch«. Und später, als Erwachsener, muss man es wieder mühsam lernen.

Als ich vor ein paar Monaten in Berlin war, las ich folgenden

Spruch, der in einen Biertisch reingekratzt war: »Freiheit bedeutet nicht, tun zu dürfen, was man will, sondern nicht tun zu müssen, was man nicht will«.

Freiheit bedeutet »Nein« sagen zu dürfen. Ich glaube, nur wenigen Leuten ist das bewusst.

Ich gelange an ein Gewerbegebiet mit Tankstelle und Raststätte. Trucks stehen auf dem Parkplatz, auf dem sich große Pfützen ausbreiten. Das Schnellrestaurant ist geöffnet. Ich schicke Fedor die Koordinaten. Wenige Minuten später kommt er an.

Als das Essen und das Bier vor uns stehen, spreche ich das heikle Thema an: »Fedor, ich bin gern mit dir unterwegs, aber ich merke auch, dass ich derzeit wieder allein laufen will. Wenn wir uns zufällig abends in der Herberge begegnen oder unterwegs zu den Pausen, dann freue ich mich. Aber, tagsüber möchte ich lieber ohne Begleitung sein.«

Fedor schaut mich erstaunt an.

»Warum sagst du das erst jetzt?«

»Bisher war alles okay. Nur gestern in León wurde es mir einfach zu viel«, versuche ich zu erklären.

»Wollen wir trotzdem noch zusammen in die nächste Herberge nach San Martín gehen?«

»Ja, klar. Ich habe kein Problem damit, wenn wir in denselben Quartiere gehen. Aber es kann ja jeder für sich laufen und wir müssen ja auch die Etappen nicht immer alle gemeinsam planen.«

Am Nachmittag lässt der Regen nach, aber die Windböen sind immer noch stark. Inzwischen sind noch mehr Streben zerbrochen, sodass zwei Drittel des Schirms schlaff herunterhängen und der Rest kaum noch Schutz bietet. Eine heftige Böe reißt mir den Schirm ganz aus der Hand. Er trudelt einige Meter den

Weg zurück und landet kopfüber in einem Entwässerungsgraben neben dem Maisfeld. Die kaputten Speichen staksen nach oben. Der Schirm ist hinüber. Ich wende mich ab, gehe weiter und lasse ihn liegen, wo er ist, ohne mich noch einmal umzudrehen.

Vor mir am Horizont sehe ich den Ort San Martín. Es nieselt nur noch wenig. Im Moment geht es ja, aber wo bekomme ich einen neuen Regenschutz her?

Abends, in der Herberge, sitzen alle Pilger an einem großen Tisch beim Pilgermenü. Es ist wie bei »Muttern«. Die beiden Frauen, die die Unterkunft betreiben, haben gekocht. Es gibt leckere Hausmannskost.

Rolf ist ebenfalls hier. Er erzählt, dass er in Astorga, der nächsten Stadt, in ein schickes Hotel, mit Schwimmbad und Sauna, einchecken wird. Ich schaue im Internet, welche Unterkunft das sein könnte. Es gibt dort sogar zwei Wellness-Hotels, und sie sind gar nicht mal so teuer. Die Bilder des ersten Treffers sehen verlockend aus. Nicht nur die Zimmer sind hell und modern eingerichtet. Die Fotos zeigen ein Luxusschwimmbad mit türkis fluoreszierendem Becken und mit Palmen am Rand. Schwimmbekleidung ist mitzubringen. Badelatschen habe ich ja, aber einen Badeanzug müsste ich noch besorgen. Bei Google Maps sehe ich, dass es in Astorga ein Sportgeschäft gibt. Es befindet sich in der Nähe des Wellness-Hotels, direkt im Stadtzentrum. Ich überlege …

»Fedor, was hältst du davon? Das Hotel mit dem Schwimmbad bietet ein Sparpaket an: das Zimmer inclusive Spa-Benutzung für 48 Euro. Klingt doch gut. Hättest du Lust mitzukommen?«

Fedor hatte schon mehrmals erwähnt, dass er gerne schwimmen gehen würde – als Ausgleich zum monatelangen Wandern. Jetzt wäre die Gelegenheit dazu.

»Aber, du wolltest doch alleine sein!«

»Ja, schon. Ich dachte, tagsüber könnten wir getrennt laufen und nachmittags treffen wir uns im Hotel.«

»Aber nicht, dass du dich wieder beschwerst!«

»Nein, wenn ich alleine wandern kann, ist alles gut. Ich habe kein Problem damit, wenn wir uns abends sehen, im Gegenteil, dann freu ich mich.«

»Okay. Wenn das so ist, komme ich mit.«

Die Buchung schicke ich gleich ab. Nun ist auch die Unterkunft für morgen gesichert.

Die Herberge hat einen kleinen Souvenirverkauf. In einer Glasvitrine entdeckt Fedor einen Regenponcho. Ich bin froh, dass ich einen neuen Regenschutz erwerben kann. Jetzt kann es von mir aus regnen so viel es will, ich bin gewappnet.

Was war das heute für ein Tag! Höhen und Tiefen, was das Gelände, das Wetter und meine Gedanken anging. Jedenfalls endet der Tag mit einem Stimmungshoch. Morgen warten auf uns Schwimmbad und Sauna, was für eine Vorfreude!

Wir Pilger sitzen in geselliger Runde beisammen. Fedor und ich geben uns gegenseitig ein Bier aus und sind vergnügt.

TAG 20: URLAUB VOM URLAUB
Freitag, der 13.12.2019

San Martín del Camino-Astorga

Ein üppiges Frühstück! Thermoskannen mit Filterkaffee stehen auf dem Buffet sowie Brot, Butter, Marmelade, Käse, Wurst, Cerealien, Obst, Kuchen. In dieser Herberge fühlten wir uns wie zu Hause, so liebevoll wurden wir bekocht und umsorgt. Zum Abschied umarmt die Wirtin jeden von uns und wünscht einen »Buen Camino«. Nach und nach verlassen wir einzeln die Herberge. Wir treten hinaus in die Kälte des Morgens. Der leichte Sprühregen hört bald auf, die Wärme im Herzen hält noch lange an. Es sind diese kleinen Begebenheiten, die uns Pilger unterwegs beflügeln und Kraft geben.

Heute laufe ich das erste Mal seit Langem wieder allein. Fedor werde ich erst am Nachmittag im Hotel treffen. Ich fühle mich unbelastet und frei, unabhängig wie nie zuvor. Niemand versucht, mich einzuholen. Sogar die Unterkunft ist gesichert.

Die Strecke ist landschaftlich unspektakulär. Lediglich der Ort Hospital de Orbigo mit der längsten mittelalterlichen Brücke Spaniens, ist sehenswert.

Am frühen Nachmittag erreiche ich einen Aussichtspunkt, an dem sich das Cruceiro de Santo Toribio befindet, ein Kreuz aus Sandstein, mehr als fünf Meter hoch. Von hier erblickt man die Stadt Astorga, die nur wenige Kilometer entfernt ist.

Während ich in der Sonne sitze und an meiner Dosenlimonade nippe, nähert sich ein Pilger. Es ist Fedor. Er geht geradewegs auf das Kreuz zu, kniet davor nieder und verweilt in dieser Haltung. Beim Aufstehen bekreuzigt er sich. Ich bin überrascht, denn ich wusste nicht, dass Fedor religiös, oder gar katholisch

Die Brücke von Hospital de Orbigo

ist. Hier in Spanien hatte er, soweit ich weiß, nie eine Kirche oder ein Kloster besucht.

»Hey, Fedor, wie geht es dir? Bist du gut gelaufen?«

»Ich weiß nicht. Ich habe heute fünf Mal geweint.«

Was?! Gestandene Männer weinen auf dem Camino? Fedor war bisher immer witzig, laut und gut gelaunt, nachdenklich oder traurig nie.

»Ich hoffe, das hat nichts mit mir zu tun, weil ich ohne dich laufen wollte.«

»Nein, es ist nicht wegen dir. Ich habe heute viel nachgedacht, über meine Familie, meine Mutter und meine Schwester. Mir ist klar geworden, wie viel ich ihnen verdanke. Ich war lange krank und musste oft ins Krankenhaus. In dieser schwierigen Zeit haben meine Angehörigen immer zu mir gehalten. Sie haben mich unterstützt, wo sie nur konnten, haben sogar meinen Imbiss ohne mich weitergeführt. Was sie für mich geleistet haben, wurde mir heute erst richtig bewusst. Ich kann das nie wiedergutmachen.«

Während meiner Pilgertour sind mir ebenfalls schon ein paar Tränen gekommen. Ich dachte, es liegt daran, dass ich im Moment etwas angeschlagen bin. Aber offenbar geht es selbst Frohnaturen wie Fedor so.

Wieso ist man auf dem Camino so nah am Wasser gebaut? Hier gibt es keinen Leistungsdruck seitens des Jobs, keinen Erwartungsdruck aus dem privaten Bereich. Wir Pilger befinden uns in völliger Freiheit und Sicherheit vor der heimischen Lebenswelt. Wozu brauchen wir da noch einen mentalen Schutzpanzer? Den Schutzschild, den wir sonst im Alltag wie eine Ritterrüstung tragen, damit die Angriffe aus der Umgebung abprallen. Liegt die Seele hier ein Stück weit blank, befreit vom Ballast des zu Hause zurückgelassenen Alltags? Jedenfalls liegen die Emotionen dichter an der Oberfläche und werden intensiver wahrgenommen. Die ungewohnten körperlichen Anstrengungen, Hunger, Durst, Kälte und schmerzende Füße, tun ihr Übriges. Wie auch immer, wochenlang auf dem Camino unterwegs zu sein, versetzt den Pilger in einen physischen und psychischen Ausnahmezustand. Die sonst sorgfältig unter Verschluss gehaltenen Gefühle drängen nach oben und brechen sich Bahn. Eigentlich ist das doch ganz gut und sogar befreiend! Ist man denn nicht hier, um sich mal in Ruhe sortieren zu können? Lässt das nicht auch eine Menge Druck aus dem System, wenn man mal

Die Stadt Astorga liegt vor mir

endlich ungestört heulen kann, ohne dass ständig jemand fragt, warum?

Ab dem Cruceiro de Santo führt der Pilgerweg steil ins Tal hinab. Kaum bin ich unten angelangt und habe die ersten Häuser von Astorga erreicht, muss ich erkennen, dass mir ein letzter steiler Anstieg bevorsteht. Das Wellness-Hotel befindet sich in der Altstadt auf einem hohen Bergrücken. Auch diese Anstrengung ist schließlich geschafft, und ich lasse mich zum Verschnaufen auf eine Bank fallen.

Es ist Nachmittag. Ich halte mein Gesicht in die Sonne und warte darauf, dass Fedor kommt, damit wir zusammen einchecken können. Zwei alte Bekannte schlendern auf mich zu. Es sind die Cousins Gerard und Antonio. Heute ist ihr letzter Pilgertag. Morgen müssen sie nach Hause abreisen, denn sie hatten nur eine Woche Zeit.

»Hast du schon eine Herberge gefunden?«, sprechen sie mich an. Ich zeige auf das große Hotel hinter mir und schmunzle.

»Ach, du bist unter die Luxus-Pilger gegangen? Du machst Urlaub vom Urlaub?«

Ich nicke lachend und versuche erst gar nicht zu widersprechen. Wir plaudern ein bisschen und umarmen uns zum Abschied, denn ich werde sie wahrscheinlich nicht wiedersehen. Schade, ich mochte die beiden.

»Plom, plim, plom«, eine WhatsApp-Nachricht. Von Fedor? Nein, Überraschung, es ist Cyrille! Tagelang hatte ich nichts mehr von ihm gehört.

Er schreibt, dass er soeben in Astorga, in der Herberge, angekommen ist. Sogleich verabreden wir uns für den Abend, um gemeinsam essen zu gehen.

Bald darauf hat sich auch Fedor den Berg hochgekämpft. Wir checken im Hotel ein.

Für den Wellness-Bereich bekommen wir eine feste Zeit zugewiesen, von 18 bis 19 Uhr. Die Rucksäcke werfen wir im Zimmer ab und gehen sofort zum Sportgeschäft, um die nötigen Badesachen zu kaufen. Der Laden ist nicht weit vom Hotel entfernt, in der Fußgängerzone. Wir rütteln an der Tür. Geschlossen! Wieso?! Wir inspizieren den Aushang mit den Geschäftszeiten. Von 14 Uhr bis 17 Uhr ist Mittagspause – Siesta! Da meckere mal einer über die Ladenöffnungszeiten in Deutschland! In Spanien sind fast alle Geschäfte, selbst in den Innenstädten, mitten am Nachmittag über mehrere Stunden geschlossen.

Was nun? Wir vertreiben uns die Zeit, indem wir Paella essen gehen, durch die menschenleeren Gassen bummeln und die Kirche besichtigen.

In einem Souvenirgeschäft erzählt uns die Inhaberin ihre gesamte Lebensgeschichte. Wir sind die einzigen Kunden im Laden und Fedor hat im Nu einen guten Draht zu ihr. Die Dame war lange mit einem Alkoholiker verheiratet. Mit ihm zusammen hatte sie das Geschäft aufgebaut. Obwohl sie ihn liebte, trennte sie sich schließlich von ihm. Jetzt führt sie den Laden allein weiter. Eine beeindruckend starke Frau. Als wir uns eine Stunde später von ihr verabschieden, umarmt sie uns mit Tränen in den Augen.

Punkt 17 Uhr stehen wir vor dem Sportgeschäft. Erleichterung, es ist geöffnet. Der Inhaber zeigt uns sein Sortiment. In aller Eile probiere ich mehrere Badeanzüge an. Eine halbe Stunde später zahle ich schon. In so einem Tempo habe ich noch nie ein Bekleidungsstück gekauft. Auch Fedor ist fündig geworden. Mehr als diese eine rote Badehose probiert er gar nicht erst an.

Nun eilen wir zum Hotel zurück und schaffen es geradeso. Punkt 18 Uhr sitzen wir in der Sauna.

Herrlich, wie sich die Hitze im Körper ausbreitet! Die strapazierten Muskeln entkrampfen und entspannen sich. Die physischen Anstrengungen der vergangenen Tage fallen gänzlich von uns ab. Die Kälte, die noch in unseren Knochen steckt, weicht wohliger Wärme bis in die letzten Fasern des Körpers.

Nun ab ins Sprudelbecken! Das Blubbern des warmen Wassers massiert Rücken, Beine und Arme. Dann noch den Wasserfall dazuschalten, der kräftig auf die Schultern trommelt. Eine Wohltat nach dem tagelangen Schleppen des Rucksacks.

Die eine Stunde ist viel zu schnell vorbei. Abtrocknen und

hinein in den flauschigen, hoteleigenen Bademantel! Noch nie habe ich den Besuch einer Sauna so genossen!

Abends besuchen Cyrille, Fedor und ich zusammen ein Steakrestaurant. Es ist viel los in der Stadt. Die Lokale sind voll, denn es ist Freitagabend und viele Spanier gehen aus. Selbst die kleinen Kinder spielen spät abends noch in der Dunkelheit auf dem Marktplatz.

Wir drei genießen es, in dieser schönen Stadt zu sein, so, als wären wir tatsächlich im Urlaub. Die Tapas-Bar, die wir besuchen, ist so voll, dass wir keinen Sitzplatz bekommen, inmitten der Spanier stehen und unsere Biergläser auf einem Fenstersims abstellen. Man muss drängeln, um an den Tresen zu gelangen.

Wir sind mitten im Leben, und es fühlt sich gut an! Nach drei Wochen asketischer Pilgertour ist dies heute ein richtiges Kontrastprogramm. Bereits jetzt spüren wir, wie uns neue Kraft und Motivation zuwachsen. Dass wir beides in den nächsten Tagen in bisher nicht gekanntem Maße benötigen werden, wissen wir noch nicht.

TAG 21: DIE HERAUSFORDERUNGEN DES CAMINO
Samstag, der 14.12.2019

Astorga–Rabanal

Die Nacht im komfortablen Hotelzimmer war sehr erholsam. Ich fühle mich gestärkt und motiviert, den nächsten Streckenabschnitt anzugehen. Ich freue mich auf die heutige Etappe, denn ab Astorga wird das tagelange Wandern entlang verkehrsreicher Straßen vorbei sein. Tatsächlich, wenige Kilometer nach Verlassen der Stadt, führt der Camino hinein in Wald und Flur. Herrlich, diese Ruhe! Wie schön es ist, endlich wieder Vögel zu hören anstatt des lauten Aufbrausens der Motoren überholender Trucks. Es weht ein leichter Wind, die Sonne scheint und es bietet sich eine klare Sicht auf schneebedeckte, schroffe Berge, die allmählich näher rücken.

Führt der Camino über diese Berge rüber? Höchstwahrscheinlich ja, denn in vier Tagen steht uns der Aufstieg auf den O Cebreiro bevor, der Berg, auf den mich der amerikanische Pilgerbruder vor über einer Woche aufmerksam machte.

Der O Cebreiro erschreckt mich nicht wirklich, im Gegenteil. Insgeheim hoffe ich, dort endlich Schnee vorzufinden. Weiß bepuderte Kuppen hatte ich schon mehrmals in der Ferne gesehen. Nun möchte ich zu gerne selbst auf einem dieser Berge stehen. Vor der körperlichen Anstrengung fürchte ich mich nicht. Schließlich überquerte ich völlig untrainiert die Pyrenäen. Inzwischen bin ich viel fitter und bei guter Kondition. Was soll schon passieren? Ich bin mit warmer Kleidung und Stiefeln wetterfest ausgerüstet. Solange ich genug Proviant und Wasser dabeihabe, ist alles gut.

Am späten Nachmittag erreiche ich den Ort Rabanal, ein

Die Kirche von Santa Catalina de Somoza zwischen Astorga und Rabanal

Bergdorf an einer steilen Straße. Die Sonne ist bereits hinter dem Horizont verschwunden. Sofort wird es empfindlich kalt. Ich frage Fedor per WhatsApp, wo er sich befindet. Er ist nur eine Viertelstunde hinter mir und so warte ich auf ihn, um mit ihm zusammen die einzige Herberge der Umgebung aufzusuchen. Wir irren im Zickzack durch den Ort, bis wir sie endlich finden.

Im großen Schlafsaal sind mindestens 20 Doppelstockbetten in zwei Reihen aufgestellt, von denen die unteren Etagen fast alle belegt sind. Ungewöhnlich viele Pilger sind hier. Das scheint eine Art Hot Spot zu sein. Viele der anwesenden Koreaner habe ich noch nie gesehen. Fedor ist bis jetzt der Einzige, den ich hier kenne.

Im gemeinschaftlichen Sanitärbereich für Männer und Frauen gibt es nur ein Waschbecken, ein einziges WC und zwei Duschkabinen. Was mag sich hier im Sommer abspielen, wenn die Herberge voll belegt ist? Am Anfang der Pilgertour hatte ich mich über solche Verhältnisse noch aufgeregt, jetzt nehme ich sie gelassen hin. Gute und schlechte Quartiere wechseln sich halt ab. Letzte Nacht, im Hotel, war es super, heute ist es wieder weniger komfortabel, was soll's? Im Moment sind die Duschen frei, und so nutze ich sofort die Gelegenheit.

Ich bekomme Hunger.

»Fedor, was meinst du, wollen wir im Dorf nach einer Bar Ausschau halten? Vielleicht bekommen wir irgendwo ein Bier und können was essen.«

»Ja, lass uns gehen!«

In der Nähe der Kirche befindet sich der Dorfgasthof. Ein paar Einheimische sitzen am Tresen, ansonsten ist niemand weiter hier. Kein Wunder, es ist noch früh am Abend.

Die Bestellung fürs Pilgermenü wird erst ab 19 Uhr entgegengenommen.

Erst jetzt merke ich, wie erschöpft ich bin. Ich zittere vor Kälte, obwohl es im Gastraum warm ist. Alle meine Pullover habe ich übereinander angezogen. Ich friere trotzdem.

»Fedor, tut mir leid, ich kann mich nicht mit dir unterhalten. Ich bin zu schwach, um zu reden. Keine Ahnung, weshalb ich so erschöpft bin. Das Bier kann ich auch nicht trinken, es ist mir zu kalt. Möchtest du es haben?«

Die Tür geht auf. Rolf! Endlich jemand Bekanntes! Er kommt an unseren Tisch. Wenigstens hat Fedor jetzt einen Gesprächspartner. Ich sitze teilnahmslos daneben, klappere vor Kälte und halte mich an meinem Milchkaffee fest. Was ist nur mit mir los? So einen Durchhänger hatte ich auf der gesamten Tour nicht!

Endlich dürfen wir das Pilgermenü bestellen. Mit dem Essen kehren schlagartig meine Lebensgeister zurück. Mir wird wieder warm und die Erschöpfung lässt ebenfalls nach. Unglaublich, was Nahrungsaufnahme bewirken kann!

Einer der Einheimischen am Tresen stammt aus Belgien. Fedor freut sich, denn für ihn als Holländer ist ein Belgier fast ein Landsmann. Der ältere Herr kam vor über 20 Jahren als Pilger nach Spanien und lebt seitdem hier. Mit der Geschichte des Caminos beschäftigte er sich intensiv.

»Morgen kommt ihr an das Cruz de Ferro. Es ist nicht weit von hier, vielleicht zwei Stunden. Habt ihr denn einen Stein von zu Hause mitgebracht?«

Cruz de Ferro? Stein? Morgen? Das hatte ich, ehrlich gesagt, nicht auf dem Schirm! Heute bin ich nur den gelben Pfeilen gefolgt, ohne im Pilgerführer nachzulesen, was mich in den nächsten Tagen erwartet. Das berühmte Cruz de Ferro erreichen wir schon morgen? Bloß gut, dass uns der Herr darauf aufmerksam macht!

»Irgendetwas Besonderes war doch mit dem Cruz de Ferro. Worum genau ging es denn da?«

Der Belgier, der fließend englisch spricht, holt zu einer längeren Erklärung aus.

»Der Camino ist ursprünglich ein keltischer Pilgerweg aus vorchristlichen Zeiten. Die Kelten siedelten im nördlichen Spanien. Die jungen Burschen wurden auf den Weg geschickt, um sich zu bewähren. Sie überstiegen die Pyrenäen und durchquerten die iberische Halbinsel bis zum Atlantik nach Finisterre, zum Ende der damals bekannten Welt. Dieser Streckenverlauf wurde später von der christlichen Kirche als Pilgerroute übernommen.

Der Weg war den Kelten heilig und hatte für sie eine große mystische Bedeutung. Für sie bestand die Strecke aus drei Abschnitten, die jeweils bestimmte Herausforderungen boten.

Der erste Teil des Wegs, von Saint-Jean-Pied-de-Port nach Burgos, ist der Abschnitt für die physische Bewährung. Das hohe, unwegsame Gebirge der Pyrenäen ist zu überwinden. Der Körper muss Kraft und Kondition aufbauen und sich an das stundenlange Gehen und das Tragen des Gepäcks gewöhnen.

Der zweite Abschnitt, von Burgos über León nach Astorga, beinhaltet die mentale Prüfung. Hier werden Willensstärke und Durchhaltevermögen des Pilgers auf die Probe gestellt. Die eintönige Landschaft sowie Kälte und Stürme während des Winters verlangen dem Wanderer nicht nur physisch, sondern auch psychisch viel ab. Die Durchquerung der Meseta, im Sommer bei sengender Hitze und im Winter bei eisiger Kälte, ist ebenfalls eine Herausforderung für die Willenskraft.

Das letzte Drittel, von Astorga über Santiago nach Finisterre, ist der spirituelle Teilabschnitt, nachdem man physisch und psychisch gewachsen ist. In diesem Abschnitt befindet sich das Cruz de Ferro. Am Fuß des Kreuzes legt der Pilger einen kleinen Stein ab, den er von zu Hause mitgebracht hat. Man kann stattdessen auch einen Stein vom Weg aufheben, der einen anspricht. Mit dem Ablegen des Steins lässt man den Schmerz der Pilgerreise und seines bisherigen Lebens hinter sich. Deshalb ist das Cruz de Ferro der bedeutsamste Ort der gesamten Strecke. Anschließend setzt der Pilger seinen Weg nach Santiago fort und hat den Kopf frei für Erleuchtung und Spiritualität.«

Das ist alles neu für mich. Diese Informationen stehen auch nicht in meinem Pilgerführer. Aber, es macht Sinn! Die physischen und mentalen Abschnitte liegen nun schon hinter uns.

Ganz ähnlich wie der Belgier es beschreibt, hatten wir diese Strecken mit ihren Herausforderungen erlebt. Was wird nun auf dem letzten, dem spirituellen Teil des Caminos passieren? Ich bin gespannt.

Die Antworten kommen selbst dann, wenn man die Fragen nicht stellt, gab mir der Hospitalero in der ersten Herberge mit auf den Weg. Ist das jetzt eben nicht genau wieder passiert? Durch puren Zufall haben Fedor und ich den Belgier kennengelernt, der uns ungefragt die Bedeutung des Cruz de Ferro erklärte.

Oder ist das gar kein Zufall? Ist dieses erkenntnisreiche Gespräch nicht ein spirituelles Erlebnis an sich?

Viele meiner Erlebnisse lassen sich tatsächlich den Abschnitten des Caminos zuordnen. Beispielsweise mein Schreckerlebnis hinter Burgos, das Déjà-vu mit meiner Ex-Kollegin. War das nicht eine psychische Herausforderung vom Feinsten? Der zweite, mentale Abschnitt hatte dort gerade begonnen.

TAG 22: DAS CRUZ DE FERRO
Sonntag, der 15.12.2019
Rabanal-Ponferrada

Die Nacht war furchtbar. Gegen zwei Uhr wurde ich wach. Mir war viel zu warm. Dazu noch die stickige Luft im Saal. Ich konnte nicht wieder einschlafen. Ich nahm mein Handy und checkte und schrieb ein paar E-Mails. Irgendwann fielen mir die Augen wieder zu.

Gegen fünf Uhr werde ich erneut munter. Immer noch herrscht Stille im Schlafraum, nur unterbrochen von ein paar Schnarchern. Wenigstens ist die Nacht so gut wie vorbei. Ich schleiche in den Waschraum, um mich ungestört für den Tag fertig zu machen. Anschließend lege ich mich wieder ins Bett, um darauf zu warten, dass es sechs Uhr wird. Mit der Stirnlampe auf dem Kopf fange ich an, möglichst geräuscharm meine Sachen zu packen. Das Rotlicht liefert nur im engen Umkreis einen schwachen Lichtschein, dadurch werden die Schläfer um mich herum nicht gestört. Nach und nach fangen die anderen an, sich zu räkeln und die Ersten tapsen in Richtung Waschraum. Nun ist es sieben Uhr. Ich schalte im Schlafsaal beherzt das Deckenlicht ein. Jetzt werden auch die Langschläfer wach. Nur noch ein paar Handgriffe, die Papierbettwäsche abziehen, das Kopfkissen platzieren und die zum Bett gehörende Decke ordentlich falten, und schon schnappe ich mir meinen Rucksack und verlasse den Saal. Fedor hat ebenfalls in Windeseile zusammengepackt, und so gehen wir zusammen in den Vorraum, wo in einem Regal alle Schuhe der Pilger aufgereiht sind. Wieder hinein in die dreckigen Stiefel. Sie sind heute sogar halbwegs trocken. Mütze auf, Schal hoch ins Gesicht ziehen, Handschuhe an und schon treten wir hinaus in die Dunkelheit.

Wir sind im Gebirge, es ist eiskalt, unter null Grad. Ob wir in den Gasthof, in dem wir gestern waren, Frühstück bekommen? Wir stapfen die spärlich beleuchtete Dorfstraße in Richtung Ortsmitte. Erleichterung! Es dringt Licht aus den Fenstern der Kneipe. Derselbe Wirt steht auch heute wieder hinter dem Tresen. Wir bestellen café con leche, frischen Orangensaft und lassen uns jeder ein Stück Schwammkuchen geben. Wir schlürfen zufrieden den heißen Kaffee, der nicht nur munter macht, sondern durch den hohen Anteil an geschäumter Milch auch nahrhaft ist. Wie wichtig beim Pilgern die Aufnahme energiereicher Nahrung ist, habe ich inzwischen gelernt.

Als wir uns gestärkt auf den Weg machen, ist es immer noch dunkel. Hinter uns, im Osten, entwickelt sich ein blutroter Sonnenaufgang. Die dunkle Silhouette des Kirchturms hebt sich wie ein Scherenschnitt vom Himmel ab. Die Straße führt steil in die Berge hinauf. Ich bleibe immer wieder stehen, um einen Blick zurück auf das glühende Schauspiel zu werfen.

Fedor strengt das Bergauflaufen sehr an, er bekommt nicht genug Luft.

»Beate, geh du schon mal vor, ich muss langsamer laufen. Ich hol dich später wieder ein.«

»Okay, Fedor, wir wollten ja sowieso getrennt gehen. Wir bleiben per WhatsApp in Kontakt. Melde dich auf jeden Fall, wenn etwas ist, wenn es dir schlechter geht oder wenn du Hilfe brauchst. Wir sehen uns spätestens am Kreuz.«

Zum Cruz de Ferro ist es nicht mehr allzu weit, in zwei Stunden sollten wir dort sein. Das Kreuz befindet sich auf 1.505 Meter Höhe und ist damit der höchste Punkt des gesamten Caminos, noch höher als der Pyrenäenkamm und der O Cebreiro.

Es fängt an zu regnen. Ich werfe den dunkelblauen Regenponcho über, den ich vor drei Tagen in der Herberge kaufte. Ich brauche jemanden, der mir hilft, ihn über den Rucksack zu ziehen. Ich bitte das koreanische Ehepaar um Hilfe, das mich gerade überholt.

Die Regenplane flattert im Wind. Der schmale Augenschirm der Kapuze rutscht mir ständig ins Gesicht, selbst wenn ich ihn nach oben klappe. Die nasse, schwere Gummihaut direkt auf meinem Körper fühlt sich unangenehm kalt an.

Ich muss noch einen Stein suchen, den ich unter dem Kreuz ablegen kann, denn von zu Hause habe ich keinen mitgebracht. Interessante Steine sehe ich hier nirgends, nur graue, langweilige Kiesel. Schließlich finde ich einen hellen, unregelmäßig gezackten Quarz, der genau in meine Faust passt. Ich presse ihn in meiner Hand und versuche, mich ganz auf ihn zu konzentrieren. Langsam nimmt er meine Körperwärme an. Meine Gedanken versuche ich von meinem Kopf über den Arm und meine Hand in ihn hineinzuleiten, wie über ein Kabel.

Ob ich daran glaube, was uns gestern Abend der Belgier über das Ritual am Cruz de Ferro erzählte? Dass man mit dem Ablegen eines Steins alle Schmerzen seines bisherigen Lebens zurücklassen kann? Ich weiß es nicht. Aber, ich könnte es doch mal probieren, oder?

Ich überlege, was mir in meinem Leben Schmerz und Leid bereitet hat. Meine Kindheit liegt weit zurück und fühlt sich fern an. Die Erlebnisse aus dieser Zeit habe ich bereits hinter mir gelassen, verarbeitet und abgehakt. Trotzdem übertrage ich ein paar Erinnerungen gedanklich in den Stein. Was war noch schmerzhaft? Meine Ehescheidung vor elf Jahren. Jeder kann sich vorstellen, dass das keine leichte Zeit war, für niemanden unserer vierköpfigen Familie.

Mittlerweile geht es allen wieder gut. Meine Kinder haben ihren Platz im Leben gefunden. Mein Exmann heiratete noch einmal. Ich selbst fühle mich frei und unabhängig und lebe mit einem Partner zusammen, der mir genug Luft zum Atmen lässt.

Ich habe bei der Trennung auf das gemeinsam gebaute Einfamilienhaus auf dem Land verzichtet und wohne jetzt in einer kleinen Stadtwohnung, genieße die Vorteile des urbanen Lebens.

Während ich so nachdenke, bin ich irgendwie erstaunt. Im Grunde genommen geht es mir gut! Ich habe es in meinem Leben immer wieder geschafft, schwierige Situationen zu überwinden, aus eigener Kraft oder mit Unterstützung anderer. Der Faktor Zeit bewirkt außerdem, dass viele unerfreuliche Erlebnisse in den Hintergrund rücken. In meinem Leben hatte ich oft Glück und manche Dinge fügten sich von selbst zum Guten. So viel bleibt gar nicht mehr zum Ablegen am Kreuz übrig! Gut, das jüngste Ereignis, der Rauswurf aus meiner Firma, ist noch frisch. Aber sonst?

Die Steigung des Wegs flacht ab. Der Camino verläuft jetzt direkt neben einer Straße. Nicht ein einziges Auto fährt vorbei. Kein anderer Pilger ist weit und breit zu sehen.

Da vorn, das muss das Kreuz sein!

Auf dem Scheitelpunkt eines unscheinbaren Geröllhaufens steht ein Holzpfahl, etwas breiter als ein Telegrafenmast, vielleicht zehn Meter hoch. An der Spitze ist ein verhältnismäßig kleines Kreuz aus Eisen befestigt. Das ist es also – das berühmte Cruz de Ferro.

Es regnet immer noch, es ist neblig und kalt. Ich setze meinen Rucksack in einem Unterstand ab und erklimme den Geröllhaufen. Meinen Stein halte ich fest in der Hand.

Ich lehne mich an den Holzpfahl und umarme ihn, wie man einen Baum umarmt, berühre ihn mit meiner Stirn. Das Holz ist nass und kalt. Wie viele Pilger mögen das Kreuz vor mir berührt haben? Tausende? Millionen? Wie viele Tränen haben es benetzt? Ich stehe lange reglos da und spüre der Berührung nach. Das Holz nimmt meine Körperwärme an.

»Danke, dass ich hier sein darf! Danke, dass es mir gut geht! Hiermit lege ich allen Schmerz meines Lebens bei dir ab, alles Leid, alle Last.«

Tränen steigen in meine Augen und lassen den Boden zu meinen Füßen verschwimmen. Bloß gut, dass mich jetzt niemand sieht!

Ich presse den Quarz in meiner Faust, drücke ihn gegen meine Brust und spüre das Pulsieren meines Herzschlags. Langsam lege ich den Stein unten nieder.

Ich mustere den Geröllhaufen. Hier liegen Tausende Steine, ein buntes Sammelsurium. Jeder wurde von einem Pilger mit Bedacht ausgewählt, viele von zu Hause mitgebracht, manche mit einer Inschrift versehen. Welche Wünsche, Hoffnungen, Schmerzen mögen hier von den Menschen zurückgelassen worden sein? Jeder einzelne Stein verkörpert ein persönliches Schicksal.

Bis Santiago ist es nicht mehr weit, von hier aus sind es nur noch neun Tagesetappen, weniger als ein Drittel der Gesamtstrecke. Wie wird sich der Weg jetzt für mich anfühlen? Werde ich spüren, dass ich mich einer Last entledigt habe? Im Moment merke ich noch nichts.

Während ich im Unterstand nach meinem Proviant krame, nähert sich ein Pilger. Es ist Rolf. Er erzählt mir, dass Fedor im letzten Bergdorf, in Foncebadon, ein Großraumtaxi gerufen hat, das ihn und mehrere Koreaner zum Cruz de Ferro bringen soll. Sie wollen kurz am Kreuz halten und anschließend zur nächsten Stadt, nach Ponferrada, weiterfahren. Im Taxi wäre noch Platz. Wenn ich wolle, könne ich mitfahren.

Rolf will seinen Rucksack dem Taxi mitgeben und die 21 Kilometer nach Ponferrada ohne Gepäck laufen. Da es bereits mittags ist, wird er vermutlich erst spätabends den Zielort erreichen, denn für die Strecke wird er mindestens sechs Stunden benötigen.

Das Cruz de Ferro – auf einem unscheinbaren Geröllhaufen
neben der Straße

Das Taxi fährt vor. Fedor und die Koreaner springen vergnügt aus dem Fahrzeug und fotografieren sich gegenseitig vor
dem Kreuz.

Immer noch regnet es in Strömen, kein Ende ist abzusehen.
Meine Beine sind bereits nass, denn das Regenwasser läuft außen am Cape herunter und tropft auf die Schuhe und die Hosen. Auch darunter bin ich feucht. Ist das alles Kondenswasser?
Ich habe doch gar nicht so geschwitzt!

Da der Umhang direkt auf dem Körper aufliegt, spürt man das Prasseln des Regens ganz unmittelbar. Der Wind zaust ständig an der Plane und weht sie hoch. Die unbedeckten Stellen werden sofort nass. Es nervt, dass die Kapuze ständig über die Augen rutscht. Ich habe keine Lust, viele Stunden so zu laufen. Wenn ich nur einen Schirm hätte! Dann würde ich mir die Strecke zu Fuß nach Ponferrada zutrauen, aber nicht mit Poncho.

»Fedor, weißt du was, ich habe es mir überlegt. Ich komme mit euch mit.«

Hör auf deinen Körper! Du musst niemandem etwas beweisen! War es nicht so?

Im Taxi ist es warm und die Lüftung, die mir auf dem Beifahrersitz entgegenbläst, lässt meine Hose schnell trocknen. Die Straße führt in spitzen Serpentinen durchs Gebirge. Es geht bergauf und bergab. Wir passieren mehrere Dörfer, rechts und links steile Hänge. Die Strecke nach Ponferrada ist nicht nur weit, sondern auch anspruchsvoll. Ich frage mich, wie Rolf diese schwere Etappe überhaupt schaffen will und bin froh, dass ich mich für das Taxi entschieden habe. Im Sommer ist das bestimmt eine der schönsten Wegstrecken des Camino überhaupt, aber bei Kälte, Regen und Sturm einfach nur grauslich.

Nach ungefähr 45 Minuten Fahrt erreichen wir Ponferrada, eine größere Stadt. Wir lassen uns an der einzigen offenen Herberge absetzen. Es kostet Überwindung, bei diesem Wetter aus dem warmen Taxi zu steigen.

Die Herberge befindet sich in einem modernen Gebäude mit Windfang und vollverglastem Eingangsbereich, alles sieht modern und einladend aus. Laut Schild am Eingang öffnet sie erst 16 Uhr. Bis dahin sind noch drei Stunden Zeit. Wenn wir wenigstens unsere Rucksäcke abstellen könnten! Wir klingeln. Es dauert eine Weile, bis zwei mürrische, ältere Herren an die

Tür kommen. Sie verweisen auf die Öffnungszeit und erlauben uns weder einzuchecken noch die Rucksäcke bei ihnen unterzustellen.

Was nun? Wir haben ja nicht nur unser eigenes Gepäck, sondern auch noch Rolfs Rucksack. Die Koreaner googeln sofort und finden bei Booking.com ein preisgünstiges Hotel in der Innenstadt. Wir alle reservieren dort mit dem Handy unsere Übernachtungen und buchen auch ein Zimmer für Rolf. Anschließend gehen wir zum Hotel und beziehen unsere Zimmer.

Es ist erst kurz nach Mittag. Was machen wir mit der gewonnenen Zeit?

Fedor und ich gehen zuerst essen, zu einem Italiener direkt am Markt. Die Lasagne, die ich bestellt habe, ist superlecker. Auch Fedors Blattsalat mit Paprika und Tomaten sieht gut aus. Anschließend kaufe ich in einem Souvenirladen einen großen schwarzen Regenschirm. Damit ist mein wichtigstes Anliegen erfüllt.

»Fedor, wollen wir zu der großen Templerburg gehen? Die ist hier in der Nähe. Sie ist soll sehenswert sein!«

»Klar, wenn du weißt, wie wir dorthin kommen?«

Als wir über die Zugbrücke zur Burg gehen, leuchtet uns von der Eingangstür ein Schild entgegen:

»Geöffnet ab 16 Uhr«.

Oh nein! Die Öffnungszeiten in Spanien! Wie kriegen wir bis dahin die Zeit herum? Es ist noch eine Stunde – und es regnet immer noch!

Auf der anderen Straßenseite entdecken wir ein Café. Das kleine Lokal ist rappelvoll. An einem Bistrotisch finden wir Platz. Kinder rennen und springen zwischen den Stühlen herum, fröhlich lachend und kreischend. Die zugehörigen jungen Eltern sitzen mit Freunden bei Kaffee und Kuchen und sind

Blick von der Templerburg auf die Stadt Ponferrada

ganz entspannt. Die fröhliche Atmosphäre lässt uns den Dauerregen draußen vergessen.

An der Kasse der Templerburg bekommen wir einen besonders großen und dekorativen Stempel in unsere Credential
gedrückt. Die Burg thront auf einem Bergrücken oberhalb des
Flusses, der Ponferrada durchzieht. Von hier aus hat man einen
grandiosen Blick über die gesamte Stadt. Ich staune, wie groß sie
ist. Vom Taxi aus hatte ich das gar nicht so gemerkt.

»Beate, mir geht's nicht gut. Ich glaube, ich habe Fieber. Mir wird abwechselnd heiß und kalt und ich fühle mich schwach. Ich werde lieber ins Hotel zurückgehen und mich hinlegen. Bleib du ruhig noch hier!«

»Fedor, was machst du denn?! Findest du allein zum Hotel zurück? Sicher? Okay, dann schau ich mir noch die Stadt weiter an. Falls etwas ist und es dir schlechter geht, ruf mich bitte an!«

Als ich im Dunkeln zum Hotel zurückkehre, ist Rolf gerade angekommen. Fedor schlief bis jetzt. Jetzt geht es ihm besser. Zu dritt ziehen wir nun los, um in der Stadt essen zu gehen. Nicht weit vom Hotel entdecken wir eine Bar in einem urigen Kellergewölbe. Es ist warm hier, gemütlich und gut besucht. Mit Glück ergattern wir an einem Tisch drei Plätze. Es herrscht fröhliche, ausgelassene Stimmung.

»Die Spanier müssen doch morgen früh, am Montag, wieder auf Arbeit?«, wundere ich mich.

Das scheint offenbar keine Rolle zu spielen. Sie genießen das Wochenende bis zur letzten Minute.

Wir bestellen Muscheln, die in einer Schalenhälfte mit reichlich Paprikasoße angerichtet sind. Dazu gibt es frittierte Tintenfischringe und Kartoffelecken. Es schmeckt fantastisch! Dieses Essen toppt noch einmal alle anderen kulinarischen Highlights, die wir zuvor genießen durften. Das spanische Bier passt perfekt dazu.

Essen und Trinken halten Leib und Seele zusammen. Wie wunderbar zufrieden fühle ich mich an diesem Abend in der Gesellschaft meiner beiden Pilgerbrüder. Wir lachen und albern ausgelassen herum, und Rolf berichtet von seinen Meditationserlebnissen in Indien.

TAG 23: FEDOR IST KRANK
Montag, der 16.12.2019
Ponferrada-Villafranca del Bierzo

Fedor wacht mit Halsschmerzen und Husten auf und er fühlt sich schwach. Besorgniserregend ist, dass sein Brustkorb schmerzt. Vor ein paar Wochen, als er durch Frankreich zog, war er schon einmal krank. Es ging ihm damals ähnlich schlecht.

»Was mache ich bloß, wenn ich wieder eine Lungenentzündung habe? Dann kann ich nicht weiterpilgern! Ich könnte heulen, dass mir das schon wieder passiert! Ich weiß gar nicht, wo ich hier einen Arzt finden soll und wie das alles funktioniert!«

»Fedor, warte erst einmal ab! Ich bringe dich zum Doktor und dann sehen wir weiter. Im Grunde genommen können wir froh sein, dass wir in einer größeren Stadt sind, dass Montag ist und die Praxen geöffnet haben.«

Rolf und ich googeln auf unseren Handys nach Arztpraxen. Nicht weit von hier befindet sich ein Gesundheitszentrum, das um acht Uhr öffnet.

Ohne Frühstück gehen Fedor und ich los, hinaus in die morgendliche Dunkelheit. Die ersten Passanten eilen zur Arbeit. Die Poliklinik liegt an einer geschäftigen Hauptstraße, wir finden sie ohne Problem. Die Schwester in der Anmeldung versteht zum Glück, was Fedor auf Englisch sagt und bringt uns mit dem Aufzug in die dritte Etage, wo wir auf dem Gang Platz nehmen. Die Ärztin, die über den Gang eilt und im Behandlungszimmer verschwindet, ist jung. Sie wird mit Sicherheit Englisch sprechen. Wenn die Verständigung klappt, kann ja eigentlich nichts mehr schiefgehen. Schweigend warten wir darauf, dass Fedor aufgerufen wird.

»Beate, du brauchst nicht länger hier zu warten. Den Rest

schaffe ich jetzt auch allein. Mach du dich lieber auf den Weg, schließlich hast du heute noch eine weite Strecke vor dir.«

»Okay, Fedor, schreib mir bitte per WhatsApp, was die Ärztin gesagt hat. Und bleibe auf jeden Fall so lange im Hotel, bis du wieder in der Lage bist weiterzupilgern. Wir bleiben in Kontakt.«

Ich umarme ihn und gehe zum Hotel zurück, um meinen Rucksack zu holen. Kaum habe ich dort ausgecheckt, erreicht mich eine WhatsApp.

»Bin grade bei der Ärztin raus. Kommst du her frühstücken? Gegenüber vom Ärztehaus ist eine Bar.«

»Okay, bin gleich da!«

Fedor sitzt an einem Bistrotisch und hat einen Kaffee vor sich stehen.

»Es ist keine Lungenentzündung, sondern ein Infekt. Gegen die Halsschmerzen habe ich ein Antibiotikum bekommen. Die Ärztin wollte wissen, wo ich untergebracht bin. In den Herbergen darf ich nicht übernachten, wenn ich krank bin. Ich soll auf jeden Fall im Hotel bleiben, bis das Fieber vorbei ist und dann erst weiterpilgern. Heute werde ich mich den ganzen Tag ins Bett legen und morgen entscheiden, was ich mache. Vielleicht nehme ich den Bus.«

Nun frühstücken wir erst einmal. Die Welt sieht schon wieder ganz anders aus, denn die Sorge, dass Feodor eine Lungenentzündung hat, ist vom Tisch.

»Fedor, ich mach mich jetzt auf den Weg. Pass gut auf dich auf und gute Besserung! Bestimmt wirst du mich in ein paar Tagen einholen. Es ist wahrscheinlich wirklich das Beste, du nimmst den Bus. Im Hotel können sie dir bestimmt erklären, wo der Busbahnhof ist. Auf jeden Fall bleiben wir in Kontakt. Wenn irgendetwas sein sollte, meldest du dich, okay?«

Wir drücken uns zum Abschied.

»Schade, dass ich zurückbleiben muss! Ich würde viel lieber mit dir mitkommen, aber es geht nicht. Ich werde dich und Rolf vermissen.«

Fedor hat Tränen in den Augen. Ich wende mich schnell der Tür zu, damit er nicht sieht, dass es mir genauso geht.

Rolf war heute früh gestartet, als ich mit Fedor zum Arzt ging. Inzwischen hat er mehrere Stunden Vorsprung. Ich weiß nicht, wie weit er heute laufen will. Die jungen Koreaner, die gestern mit im Taxi waren, wollen einen Ruhetag einlegen. Ich werde also ganz allein auf dem Camino sein.

Kaum habe ich die Bar verlassen, fängt es an zu regnen. Ich spanne meinen neuen, großen, schwarzen Straßenschirm auf. Er ist so groß, dass nicht nur ich, sondern auch mein Rucksack darunter passt. Das ist wichtig, weil meine neongelbe Regenschutzplane längst nicht mehr dicht ist. Ich bin froh, als ich nach fast einer Stunde die Peripherie der Stadt erreiche und Autoverkehr und Lärm hinter mir lasse.

Heute führt der Camino durch die Weinregion Bierzo. Auf beiden Seiten des Wegs breiten sich hügelige Weinfelder aus. Die knorrigen, blattlosen Rebstöcke bilden endlos lange Reihen, die nur von kleinen Baumgruppen und den allgegenwärtigen Strommasten unterbrochen werden. Der Feldweg zwischen den Hügeln wird immer matschiger. Der Schlamm schmatzt unter meinen Füßen. Trotz Dauerregens versuche ich, die Melancholie der Landschaft mit der Kamera einzufangen.

Währenddessen nähern sich zwei Pilger. Es ist das ältere koreanische Ehepaar, das mir gestern, auf dem Weg zum Cruz de Ferro, beim Anziehen des Regenponchos half. Hut ab, sie sind die Strecke, die ich gestern mit dem Taxi übersprang, zu Fuß gelaufen und nun überholen sie mich sogar. Sie werden

Die Region Bierzo – der Camino führt mitten durch die Weinberge

die einzigen Pilger bleiben, die mir auf der heutigen Etappe begegnen.

Im Laufe des Tages geht es immer weiter hinauf in die Berge, hinein in die tiefhängenden Regenwolken, die sich wie schwere Nebel über die Weinfelder legen. Bei schönem Wetter muss das eine herrliche Gegend sein! Jetzt sieht alles traurig aus.

Die Bergdörfer, die ich passiere, sind wie ausgestorben. Kein Café, keine Bar, kein Mensch auf der Straße, keine Möglichkeit, sich aufzuwärmen und einzukehren. Es bleibt mir nichts anderes übrig, als unter dem Schirm stehend meine Coke zu trinken und eine Banane und ein paar Kekse zu essen. Ein heißer Kaffee wäre mir lieber. In den zurückliegenden Tagen konnte ich unterwegs immer eine geöffnete Bar finden, heute leider nicht.

Der Feldweg, auf dem ich laufe, weicht immer mehr auf und führt hinab in eine Senke. Erschrocken halte ich inne. Was ist das? Gurgelnd und schäumend ergießt sich ein reißender Fluss quer über den Camino. Das Niederschlagswasser der letzten Tage hat sich auf den Feldern oberhalb gesammelt und stürzt die steile Böschung hinab ins Tal. Das Wasser ist knietief und reißend. Es gibt keine Steine, die herausragen und nichts zum Festhalten. Hier komme ich nicht weiter. Was nun?

Ich kann nur versuchen, die Gefahrenstelle großräumig zu umgehen. Dafür muss ich ein paar hundert Meter zurücklaufen, dorthin, wo die Böschung flacher ist. Ich klettere vom Hohlweg hinauf auf das angrenzende Gelände. Brombeerranken verhaken sich bei jedem Schritt an meinen Beinen. Die Felder hier oben stehen voll Wasser. Ich versuche, auf möglichst große Pflanzenbüschel zu treten. Trotzdem läuft die kalte Brühe in meine Stiefel und die Hosen werden bis zu den Knien nass. Verdammt, das ist kein Spaß mehr! Ich stakse mit großen Schritten zügig weiter und nehme keine Rücksicht auf das dornige Gesträuch, das an mir klammert. Die Panik, dass die breiten Rinnsale immer tiefer werden, dass ich versinke, treibt mich hektisch voran.

In nicht allzu weiter Entfernung entdecke ich ein Weinfeld, das ein wenig höher liegt. Es ist leicht geneigt, sieht trocken und begehbar aus. Dort muss ich hin!

Geschafft! Endlich habe ich wieder festen Boden unter den Füßen. Inzwischen habe ich mich recht weit vom Camino entfernt. Mit meiner Navigations-App kann ich die Richtung herausfinden, die ich einschlagen muss, um wieder zurück auf Kurs zu kommen.

Im Dauerregen wirken selbst die schönsten Weinberge traurig

Ich laufe querfeldein, das Handy in der Hand, den Blick auf mein Navy gerichtet, bis ich endlich an einen Weg gelange. An einem Baumstamm entdecke ich einen gelben Pfeil. Gott sei Dank, ich bin auf dem Camino zurück! Erleichtert atme ich auf.

Jetzt sind es noch fünf Kilometer bis zum heutigen Etappenziel, Villafranca del Bierzo, eine Kleinstadt. Dort gibt es laut offizieller spanischer Pilgerwebseite nur eine einzige geöffnete Herberge, eine »Öko«-Herberge, was auch immer damit gemeint ist.

Eine Stunde später tauchen rechts und links des Wegs Gehöfte auf. Nebelschwaden liegen in den Talsenken und dampfen langsam nach oben. Der Ort beginnt.

Ein Hinweisschild mit der Aufschrift »Albergue municipal – aperto« macht mich auf ein größeres, freistehendes Gebäude am Abhang neben der Straße aufmerksam. Die städtische Herberge ist also doch auf? Hoffnungsvoll steige ich die vielen Stufen hinab. Niemand ist auf dem Grundstück zu sehen. Ich umrunde das Haus, bis ich vor der Eingangstür stehe. Sie ist verriegelt und verrammelt.

Vor Enttäuschung kommen mir die Tränen. Den ganzen Tag bin ich allein im Regen und im Schlamm gelaufen! Habe nicht einmal einen Kaffee bekommen und konnte mich nirgends aufwärmen! Über nässetriefende Felder bin ich gestapft, weil mir ein Sturzbach den Weg versperrte. Und nun das?!

Langsam erklimme ich die vielen Stufen zurück zum Camino. Der heutige Tag ging an meine Substanz. Kaum einen Menschen unterwegs gesehen zu haben, der Dauerregen, die Kälte und die Angst beim Überqueren der abgesoffenen Felder haben mir zugesetzt.

Einen Kilometer weiter erreiche ich die Ökoherberge, die direkt an der Straße liegt. Zum Glück brauche ich nicht weiter in den Ort hineinzulaufen, denn ich kann nicht mehr. Ich öffne die Tür eines Gebäudes aus dunklen Natursteinen und stehe sogleich im Empfangs- und Aufenthaltsraum der Herberge. Mehrere Biertischgarnituren sind aufgestellt. In einem gusseisernen Ofen prasseln Holzscheite. Wohlige Wärme breitet sich in dem großen Raum aus, der an eine Scheune erinnert.

Zwei finster aussehende Männer in Holzfällerhemden begrüßen mich und bieten mir einen Platz am Feuer an. Sie merken, dass ich ziemlich fertig bin. Wahrscheinlich sehe ich auch etwas verheult aus, so rücksichtsvoll sie mich fragen, ob es mir gut geht. Sie bieten mir heißen Kaffee und Knoblauchsuppe an. Der freundliche Empfang tut gut und meine Kräfte kehren allmählich zurück.

Ich bin bis jetzt der einzige Gast. Im Schlafsaal, der an ein ehemaliges Stallgebäude erinnert, suche ich das Bett aus, dass direkt neben dem einzigen Heizkörper steht. Übermäßig warm ist es hier nicht. Um zu den Sanitärräumen zu gelangen, muss man ins Freie und über den Hof gehen. Der Waschraum, wenigstens gibt es einen separaten für die Damen, ist eiskalt, weil ungeheizt. Das Wasser ist nur lauwarm. Es kostet mich Überwindung, mich hier auszuziehen und zu duschen.

Danach setze ich mich in den Gemeinschaftsraum. Die nassen Stiefel stehen zum Trocknen am Ofen. Draußen wird es dunkel. Die Tür geht auf und ein Pilger in triefendnassem Regenumhang tritt ein. Als er die Kapuze abnimmt erkenne ich ihn. Rolf! Ich bin unendlich froh, ihn zu sehen. Ich bin nicht mehr allein!

»Rolf, wo kommst denn du her! Du hattest doch gewhatsappt, dass du ein Hotel gefunden hast!«

»Ich habe dort nur Pause gemacht und bin dann doch noch weitergegangen. Hast du das Hotel im letzten Dorf nicht gesehen?«

Ich hatte nirgends ein Hotel gesehen. Rolf ist auch irgendwie eine andere Strecke gelaufen, immer auf Asphaltstraßen, während ich durch die Weinberge gegangen bin. Der Sturzbach über dem Camino ist ihm so erspart geblieben.

Kurz danach trifft noch das koreanische Ehepaar ein, das mich heute Mittag überholte.

Die beiden Hospitaleros haben für den Abend ein Pilgermenü gekocht. Es gibt Gemüsesuppe, Schnitzel, Brot und Salat, als Nachspeise Nusskuchen. Dazu trinken wir den lokalen Rotwein. Der achtzigjährige Seniorchef, der die Herberge errichtet und über Jahrzehnte geführt hat, ist beim Essen mit dabei. Wir sitzen gemeinsam an zwei aneinandergestellten Biertischen, vier Pilger, die beiden Hospitaleros und der alte Chef. Alle Anstrengungen des Tages sind bereits vergessen. Vor allem bin ich froh, nicht allein zu sein, Rolfs Gesellschaft zu haben.

Das koreanische Ehepaar, sie mögen Anfang fünfzig sein, redet kaum ein Wort, weder miteinander noch mit den anderen. Beide sprechen kein Englisch, nur die Frau kann ein wenig Spanisch. Sie daddelt immerzu auf ihrem Handy herum und der Ehemann tut, als wäre sie Luft. Mir kommen die beiden vor wie ein Paar kurz vor der Scheidung. Vielleicht wollen sie auf dem Camino herausfinden, ob sie sich zusammenraufen können? Hat sie vielleicht der Eheberater hierhergeschickt? Wenn ich die beiden so beobachte, ist für mich klar – das wird nichts mehr.

»Wisst ihr schon, wie weit ihr morgen laufen wollt?«, fragt uns der Seniorchef.

Ich blättere in meinem Pilgerführer.

»Morgen steht uns die lange Etappe zum O Cebreiro bevor. Auf der Karte sind zwei verschiedene Routen eingezeichnet. Die Hauptstrecke verläuft auf der Straße. Aber es gibt noch eine alternative Wegführung über die Weinberge. Die ist bestimmt schöner.«

»Wenn ihr morgen den Gipfel des O Cebreiero erreichen wollt, müsst ihr die Route entlang der Straße nehmen! Unbedingt! Wenn ihr den Weg über die Berge wählt, schafft ihr die Strecke nicht an einem Tag. Das ist ganz ausgeschlossen. Wo wollt ihr denn in O Cebreiro übernachten?«

Gute Frage. Es gibt dort im Winter keine Herberge, nur ein winziges Hotel. Rolf hatte dort schon vor Tagen reserviert. Das Hotel ist seit Langem ausgebucht. Das koreanische Ehepaar hatte heute Abend seine Übernachtung dort gecancelt, weil sie sich kurzfristig entschlossen, den Bus zu nehmen und den O Cebreiro auszulassen. Das frei gewordene Zimmer konnte ich gerade eben bei booking.com ergattern. Glück gehabt!

Fedor meldet sich. Ihm geht es besser. Er will morgen mit dem Bus nach O Cebreiro fahren. Gegen Mittag wird er dort ankommen.

Da meine Unterkunft gesichert ist, sehe ich dem nächsten Tag erwartungsvoll und freudig entgegen. Es wird eine sehr anstrengende Etappe werden, mit 29 Kilometern Streckenlänge. Es sind 800 Höhenmeter zu erklimmen, bis wir den Berggipfel erreichen, auf dem sich das gleichnamige Dorf befindet.

Mein Stimmungstief vom Nachmittag ist in der geselligen Runde des Abends längst verflogen. Ich freue mich, morgen endlich auf einer der schneebedeckten Bergkuppen zu stehen, die mir in den letzten Tagen vom Horizont entgegenleuchteten.

TAG 24: DER AUFSTIEG AUF DEN O CEBREIRO
Dienstag, der 17.12.2019
Villafranca del Bierzo–O Cebreiro

Heute ist es so weit – der O Cebreiro ruft! Gestern Abend hatte ich den Wecker auf sieben Uhr gestellt. Völlig unnötig, denn um sechs Uhr werde ich von ganz alleine wach. Im Schein meiner Stirnlampe packe ich meine Sachen, das koreanische Ehepaar schläft noch. Rolf ist schon weg. Er hatte sich gegen Aufpreis ein extra Zimmer geben lassen.

Im Aufenthaltsraum der Herberge stehen Kaffee, Toast und gekochte Eier bereit, eine solide Grundlage für den Tag. Angesichts der bevorstehenden schweren Tour inspizierte ich beim Einpacken den Inhalt meines Rucksacks und sortierte alle Gegenstände aus, die ich bis jetzt nicht verwendet habe, beziehungsweise nicht mehr benötigen werde. Ich lege sie auf den Tisch zu den Sachen, die andere Pilger dort bereits zurückgelassen haben und wo sich jeder nehmen kann, was er braucht. Meinen Regenponcho aus Gummi gebe ich gern ab, denn der wiegt allein schon 600 Gramm. Mein kleines Reisestativ lasse ich hier, außerdem noch Kleinkram wie Wäscheklammern, Wäscheleine und eine Campingtasse aus Edelstahl sowie Plastikbesteck.

Es ist noch dunkel, als ich die Herberge verlasse. Kaum 500 Meter weiter entdecke ich eine hell erleuchtete Frühstücksbar. Ich habe zwar gerade Kaffee getrunken, aber wer weiß, wann die nächste Gelegenheit kommt? Gestern hatte ich die Kaffeepausen schmerzlich vermisst.

Als ich eintrete, sehe ich Rolf am Tresen sitzen, der lebhaft mit dem Wirt plaudert.

»Hallo Rolf, einen schönen guten Morgen! Du hast es aber nicht weit geschafft bis zur ersten Pause!«

In der Stadt Villafranca

»Du aber auch nicht!«, lacht er zurück.

»Un café con leche por favor«, wende ich mich an den Wirt. Der dampfende Milchkaffee, frisch aus der Espressomaschine, tut gut. Ist es nicht erstaunlich, dass eine einzige Tasse dieses aromatischen Heißgetränks das Gefühl vermitteln kann, für alle Herausforderungen des Tages gewappnet zu sein, komme was wolle?

Ein paar Minuten später folge ich Rolf munteren Schrittes nach, der sich bereits auf den Weg gemacht hat.

Der Camino führt direkt durch das sehenswerte Stadtzentrum von Villafranca. Inzwischen ist es hell geworden. Zur linken Hand befindet sich eine riesige Kirche, groß wie eine Kathedrale. Ob man dort hineinkommt? Ich umrunde das Bauwerk. Tatsächlich, eine Tür ist angelehnt. Ich schlüpfe hinein. Drinnen ist es finster, denn die Beleuchtung ist ausgeschaltet. Ein Handwerker bessert im Schein einer Baulampe die Fußbodenplatten aus. So ganz ohne Licht wirkt der Innenraum der Kirche irgendwie entzaubert und emotionslos – nicht anders als eine Lagerhalle. Ich gehe gleich wieder hinaus.

Bald überquere ich eine mittelalterliche Brücke, die in imposanter Höhe den Fluss überspannt. Immerzu halte ich nach den gelben Pfeilen Ausschau, die den Verlauf des Caminos anzeigen. Da drüben ist wieder ein Pfeil! Ich muss auf die andere Straßenseite! Anschließend geht es eine schmale Gasse hinauf. So steil?! Jetzt schon?

Ohne mich groß umzuschauen, eile ich über die Straße, denn hier ist kein Verkehr. Ein Auto, das unverhofft aus einer Nebenstraße einbiegt, muss wegen mir heftig bremsen. Reifen quietschen. Erschrocken drehe ich mich um. Der Fahrer lässt die Scheibe herunter und ich erwarte ein Donnerwetter. Aber er ist ganz freundlich und ruft mir auf Englisch zu: »Willst du zum Camino? Das ist nicht der richtige Weg! Dieser Weg geht über die Berge! Du musst die Straße nehmen!«

Oh, das wäre um ein Haar schiefgegangen! Ich war gerade dabei, die alternative Bergroute einzuschlagen, vor der uns gestern der Seniorchef eindringlich gewarnt hatte.

Da vorn, weit oben, am Ende des steilen Weges, entdecke ich Rolf, der gerade im Begriff ist, hinter den Häusern zu verschwinden.

Ich rufe so laut ich kann: »Rolf! Roooolf!!!«

Er dreht sich um. Heftig mit den Armen winkend versuche

ich, ihm klarzumachen, dass er umkehren soll. Er versteht mich und steigt ab.

»Rolf, das ist der falsche Weg! Wir müssen auf der Straße bleiben.«

»Ein Glück, dass du mich noch gesehen hast! Ich mag mir nicht vorstellen, was dieser Umweg über die Berge für mich bedeutet hätte. Danke, Beate! Dafür, dass du mich gerettet hast, gebe ich dir später einen aus!«

Ich werde nachdenklich. Was war das eben wieder für eine unglaubliche Verkettung von Zufällen? Ein sekundengenaues Zusammenspiel von Situationen. Wäre ich nur wenige Augenblicke später über die Straße gegangen, hätte das Autos nicht anhalten müssen und der Fahrer hätte mich nicht auf den richtigen Weg aufmerksam gemacht. Wäre Rolf eine Winzigkeit schneller gewesen, hätte ich ihn nicht mehr gesehen und hätte ihn nicht zurückrufen können.

Geht das alles mit rechten Dingen zu?

Was war das überhaupt gestern Abend, als ich völlig fertig in der Ökoherberge ankam? Bei meiner Ankunft hatte ich Kaffee und heiße Suppe bekommen, meine Schuhe wurden zum Trocknen an den Ofen gestellt, ohne dass ich überhaupt darum gebeten hatte. Immer wenn du Hilfe brauchst, bekommst du Hilfe. Der Camino passt auf dich auf!

Die Hauptroute führt direkt hinter der Leitplanke an der Straße entlang, ein schmaler, asphaltierter Weg, der meinen Füßen überhaupt nicht guttut. Schon nach zwei Stunden schmerzen sie unerträglich, ich muss meine Laufschuhe anziehen. Daraufhin sind die Beschwerden sofort weg.

Ein Glück, dass es heute trocken ist. Sogar die Sonne schaut ab und zu hinter den Wolken hervor. Gut gelaunt schreite ich voran. Erstaunlich, wie das eigene Gemüt vom Wetter, insbesondere vom Sonnenschein, abhängt. Noch nie habe ich das so deutlich gespürt wie auf dem Camino.

Gegen Mittag erhalte ich von Fedor eine WhatsApp. Er ist soeben mit dem Bus in O Cebreiro angekommen und hat bereits in dem kleinen Hotel eingecheckt und das Zimmer bezogen, das ich gestern buchte. Die Fotos, die er schickt, muten an wie aus einer anderen Welt. Sie zeigen hohe Schneehaufen in einem tief verschneiten Dorf. Hier unten im Tal ist von all dem nichts zu erahnen.

Die kaum befahrene Straße wird steiler. Rolf und ich laufen jeder für sich. Nur ab und zu sehe ich ihn in größerem Abstand. Ich bin froh, ihn in der Nähe zu wissen, denn wir beide sind die einzigen Pilger auf dieser langen Etappe. Da unsere Übernachtungen bereits reserviert sind und sogar Fedor auf uns wartet, bin ich entspannt. Am Ende ist es egal, wann wir ankommen, denn das Dach über dem Kopf ist sicher.

Immer steiler windet sich die kaum befahrene Straße das Tal hinauf. Der Gebirgsbach, der unterhalb verläuft und wild sprudelnd ins Tal stürzt, führt ordentlich Hochwasser.

Allmählich bauen sich vor uns, in Richtung des Straßenverlaufs, hohe Bergkuppen auf. Da müssen wir heute also rüber! Laut Wegweiser sind es noch mindestens zwölf Kilometer bis zum Tagesziel, ungefähr drei bis vier Stunden Fußmarsch. Für lange Pausen bleibt keine Zeit, denn es ist bereits Nachmittag.

Nach einem besonders steilen Wegabschnitt setze ich mich zum Verschnaufen auf eine verwitterte Holzbank und ziehe meine Winterstiefel wieder an. Wer weiß, wann die Schneegrenze kommt? Bestimmt ist dort keine Sitzgelegenheit, um die Schuhe zu wechseln.

Ich blinzle in die Sonne und öffne meine letzte Dose Orangenlimo. Mit der offenen Getränkedose in der Hand laufe ich weiter. In meiner Jackentasche finde ich noch drei kleine Bonbons aus dem Hotel von Ponferrada. Langsam lutsche ich eins nach dem anderen.

Nun geht es auf einen steinigen Wanderpfad, der sich in steilen Serpentinen das schmale Tal nach oben schlängelt. Wasserrinnsale bahnen sich den Weg durch das am Boden liegende Laub. Ich sehe Rolfs helle Kleidung ein paar Wegbiegungen höher durch die blattlosen Bäume schimmern. Was für ein Motivationsschub! Es ist, als ziehe er mich den steilen Weg nach oben. Schritt für Schritt schließe ich zu ihm auf. Ich merke, dass Rolf ebenfalls froh ist, mich zu sehen. Da ich ein bisschen schneller bin, gehe ich jetzt voraus, aber Rolf hält den Sichtabstand zu mir aufrecht.

Nun gelangen wir auf einen breiten Hohlweg. Das wird die Römerstraße sein, die in meinem Tourbuch erwähnt ist. So ausgespült das Kopfsteinpflaster aussieht, könnte es durchaus 2.000 Jahre alt sein. Wie beschwerlich muss es gewesen sein, die Ochsen- oder Pferdekarren hier hochzutreiben!

Ein letztes, einsames Bergdorf, und immer noch geht es bergauf.

Schließlich erreichen wir eine weiß bepuderte, baumlose Hochebene. Wir sind oben! Unsere Schritte berühren Schnee! Schnee! Endlich Schnee! Jetzt kann O Cebreiro nicht mehr weit sein! Viel höher geht es nicht mehr!

Es ist kurz nach 17 Uhr – Zeit, eine Nachricht an Fedor abzusetzen.

»Schneegrenze erreicht. Noch eine Stunde.«

Der nunmehr bequeme Wanderweg führt über einen baumlosen, hügeligen Gebirgskamm. Die Fernsicht ist grandios. Am Horizont deutet sich in sanften Rosatönen ein Sonnenuntergang an. Die Farbe verdichtet sich allmählich zu Orangerot. Die Dämmerung setzt ein.

Die Schneegrenze ist erreicht

Gut eine Stunde später erreichen wir das Dorf, das wir, auf einer Bergkuppe liegend, schon eine Weile aus der Ferne sehen. Erleichtert gehe ich die Dorfstraße entlang. Wo ist das Hotel?

Nichts …

Ich gehe weiter und bin bereits wieder am Ende des kleinen Ortes angelangt. Meine Navy zeigt eine graue Fläche an. Kein Empfang, keine Offline-Karte. Ich warte, dass mich Rolf einholt.

»Wo ist denn das Hotel, Rolf? Das muss doch hier irgendwo sein!«

»Wir sind noch nicht am Ziel, Beate. Dieses Dorf ist noch nicht O Cebreiro! Bis dahin sind es noch fast drei Kilometer. Wir müssen auf der Straße weitergehen. Es geht immer noch höher.«

»Ich hab' keine Lust mehr! Ich dachte, wir sind da!«

Es nützt nichts. Schritt für Schritt stapfen wir weiter über den Asphalt. Die Farben des Sonnenuntergangs sind verblasst, es wird zusehends dunkler.

Fedor meldet sich per WhatsApp: »Wo bleibt ihr? Soll ich euch ein Taxi schicken?«

»Nein, alles gut. Wir sind fast da«, schreibe ich zurück.

Etwas Diffuses, Dunkles taucht vor uns auf, die Straße führt genau darauf zu. Was ist das?

Als wir den dichten Tannenwald erreichen, ist es stockfinstere Nacht. Die hohen Nadelbäume sind tief verschneit. Die Äste der Fichten beugen sich unter der schweren Last. Hier liegt bestimmt ein halber Meter Schnee. Wenn ich nicht genau wüsste, dass ich in Spanien bin, würde ich denken, ich befinde mich im winterlichen Thüringer Wald. Es ist faszinierend. Der Schnee schluckt alle Geräusche, die hohen dichten Bäume bringen sogar den Wind zum Schweigen. Der Schnee verbreitet so viel Helligkeit, dass wir ohne Stirnlampe genug erkennen können. Dieser Winterwald ist eine echte Überraschung und für uns beide die Belohnung des Tages!

Als wir eine halbe Stunde später den Wald hinter uns lassen, leuchtet uns der warme Schein von Straßenlaternen entgegen. Das Dorf O Cebreiro!

In der Ortsmitte, in der Nähe der Kirche, finden wir das kleine Hotel. Mehrere Übertragungswagen eines spanischen Fernsehsenders stehen auf dem Hof.

»Ist das vielleicht unser Empfangskomitee? Sind die wegen uns hier?«, frage ich Rolf scherzhaft.

Fedor kommt uns freudestrahlend entgegen. Er wartete bereits vor der Tür auf uns. Endlich geschafft! Es ist nach 19 Uhr.

Später sehen wir in der Gaststube des Hotels auf dem Bildschirm eine Life-Schaltung vom O Cebreiro. Der Wintereinbruch mit Schnee ist im spanischen Fernsehen eine der Top News.

Wir drei sitzen vergnügt beim Pilgermenü und trinken Rotwein und Bier. Alles ist gut. Wir sind erschöpft, aber glücklich. Rolf schaut auf sein Handy: »Wir sind heute 31 Kilometer gelaufen, cool!«

Fedor kommt aus dem Bad als ich aufwache.

»Hast du gut geschlafen?«, fragt er.

»Ja, wie ein Stein. Und du?«

»Nein. Hast du nicht gemerkt, dass ich drei Stunden wach war und immerzu aufs Klo gegangen bin? Ich hatte schon Angst, dass ich dich störe.«

»Nein, davon habe ich nichts mitbekommen«, versichere ich. Fedor bekam in der Nacht Bauchkrämpfe und Durchfall. Entsprechend schwach fühlt er sich jetzt. Woher kommen denn die Beschwerden? Vom Essen kann es nicht sein! Ich hatte gestern Abend genau dasselbe gegessen und bei mir ist nichts!

»Fedor, du nimmst doch dieses Antibiotikum wegen deines Infekts. Vielleicht verträgst du es nicht? Es tötet womöglich alle Bakterien in deinem Körper ab, eventuell auch die Darmbakterien?«

Ich bin mir ziemlich sicher, dass seine Beschwerden mit dem Medikament zu tun haben. Was sonst sollte die Ursache sein? Ich nehme mein Handy und fange an, im Internet nach dem Beipackzettel zu suchen.

»Fedor, hier steht, dass man während der Behandlung keinen Alkohol trinken darf, da die Wirkung des Medikaments beeinträchtigt werden könnte. Zudem bestehe die Gefahr schwerer Leberschädigungen.«

Gestern Abend hatten wir Rotwein getrunken und Bier, Fedor einiges mehr als ich.

»Hm, das hat die Ärztin nicht zu mir gesagt. Okay, dann werde ich erstmal kein Bier mehr trinken, so lange, wie ich die Tabletten nehme.«

Was machen wir jetzt? Fedor fühlt sich zu schwach, um zu wandern.

»Ich glaube, ich werde heute noch mal den Bus nehmen.«

Wir packen unsere Rucksäcke. Als wir zur Haustür rausgehen, ist der gesamte Innenhof eine einzige spiegelglatte, überfrorene Fläche. Es ist kaum möglich, das gegenüberliegende Gebäude, in dem sich die Gaststube befindet, zu erreichen, ohne zu stürzen. Es ist klirrend kalt und neblig, dunkel sowieso.

»Lass uns erstmal frühstücken, Fedor«, schlage ich vor.

Wir fragen die junge Frau, die hinter dem Tresen steht, ob und wann ein Bus von O Cebreiro abfährt, in Richtung der nächsten Orte des Caminos, nach Triacastela oder Sarria. Sie spricht kaum Englisch. Wir haben Mühe, sie zu verstehen. Erst als Rolf dazukommt und aus dem Spanischen übersetzt, erfahren wir, dass um zehn Uhr ein Bus an der Hauptstraße hält. Wir lassen uns die genaue Stelle auf dem Handy zeigen, denn ein Bushäuschen oder ein Haltestellenschild gibt es dort nicht.

Fedor ist sehr aufgeregt. Er ist völlig durch den Wind, ich weiß nicht warum. Immerzu fragt er dasselbe. Er scheint Angst zu haben, dass er die Bushaltestelle nicht findet oder den Bus verpasst.

»Weißt du was, Fedor, ich bringe dich zur Haltestelle und warte mit dir so lange, bis du in den Bus eingestiegen bist. Erst danach gehe ich auf meine Etappe.«

Fedor ist sehr froh über meinen Vorschlag und seine Aufregung legt sich wieder. Rolf macht sich derweil auf den Weg.

Viel zu früh gehen wir vom Hotel los. Ohne Probleme finden wir die Stelle, an der der Bus halten soll. Ein Haltestellenschild gibt es tatsächlich nicht.

Langsam wird es hell. Es herrscht dicker Nebel. Die Sichtweite beträgt keine 50 Meter. Die Häuser auf der anderen Straßenseite kann man geradeso erkennen. Wir stehen am Straßenrand und hüpfen auf der Stelle, um nicht festzufrieren. So kalt wie heute war es überhaupt noch nie, es ist weit unter null Grad.

Da, dort kommt ein Bus! Allerdings aus der Gegenrichtung. Er hält auf der anderen Straßenseite und einige Leute steigen aus. Ich gehe rüber und frage den Fahrer, wann unsere Linie kommt, schließlich sind wir im Gebirge bei Glatteis und Nebel. Da ist es, zumindest in Deutschland, nicht selbstverständlich, dass alle Nebenstrecken bedient werden.

Der Fahrer beruhigt mich. Der Bus kommt erst um zehn Uhr, so wie es auf dem Fahrplan steht. Immer noch eine Dreiviertelstunde! Wir frieren wie die Schneider.

»Beate, du läufst nachher im dichten Nebel auf der Straße. Möchtest du meine orange Warnweste haben, damit die Autofahrer dich besser sehen? Ich könnte dir außerdem meinen Teleskopstock geben, damit du auf den vereisten Stellen nicht ausrutschst. Ich selbst habe ja meinen massiven Pilgerstab. Spätestens in Santiago kannst du mir alles zurückgeben.«

Dankend nehme ich an.

Endlich dringt aus der Nebelwand das Licht zweier Scheinwerfer, begleitet von tiefem Motorengeräusch. Der Bus verlangsamt seine Geschwindigkeit und hält neben uns an. Auf dem Richtungsschild steht »Sarria« – passt. Schon erklimmt Fedor die Stufen und steigt ein. Ich gehe sogleich auf die andere Straßenseite und laufe zügig los. Als der Bus anfährt, drehe ich mich um. Während er mich überholt, winkt mir Fedor durch die beschlagenen Scheiben zu.

Fedor ist versorgt. In einer Stunde wird er die nächstgrößere Stadt erreicht haben, Sarria, mein übernächstes Etappenziel. Er wird sich ein Zimmer suchen oder eine Herberge, um sich auszukurieren. Wenn man schon eine Zwangspause einlegen muss, ist es auf jeden Fall besser, diese in einer größeren Stadt zu verbringen, wo es Cafés und Läden gibt und man sich irgendwie die Zeit vertreiben kann.

Mein heutiges Ziel ist Triacestela, ein kleiner Ort, 21 Kilometer entfernt. So spät wie heute bin ich noch nie gestartet, ich muss mich jetzt wirklich beeilen.

Da das Dorf O Cebreiro auf dem höchsten Punkt dieses Caminoabschnitts liegt und es gestern nur bergan ging, geht es heute natürlich bergab. Ein Abstieg von jetzt 1.300 Meter Höhe auf 670 Meter an meinem Tagesziel.

Hier in O Cebreiro beginnt die Region Galicien. Auf Galicien freue ich mich schon seit Tagen, da diese Gegend landschaftlich besonders reizvoll sein soll, wie uns die Hospitaleros in den Herbergen immer wieder versicherten. Ich bin neugierig und gespannt.

Um den Verkehr möglichst wenig zu behindern, gehe ich am äußersten linken Straßenrand. Einige Autos kommen mir ziemlich rasant entgegen. Ich bin froh, dass ich die leuchtende Warnweste anhabe, verkehrt herum, mit dem Rückenteil vor dem Bauch, damit ich von vorn gut sichtbar bin. Von hinten bin ich wegen meines leuchtendgelben Rucksacküberzugs sowieso gut zu sehen.

Ganz ungefährlich ist es hier jedenfalls nicht. Der eigentliche Camino verläuft parallel zur Straße, etwas höher am Hang, auf einem verschneiten Wanderweg. Ich würde dort bis zu den Knöcheln im Schnee versinken und zu langsam vorankommen. Das kann ich mir nicht leisten. Auf der Straße bin ich viel schneller. Sie ist teilweise vereist, aber mit dem Teleskopstock geht es schon. Nach wenigen Serpentinen habe ich deutlich an Höhe verloren und die Sicht klart schlagartig auf. Plötzlich ist der dicke Nebel weg, als hätte es ihn nie geben. Die Bergspitze hing in

Ein überlebensgroßes Pilgermonument am Alto de San Roque

den Wolken, das war alles. Nun kann ich die vor mir liegende Landschaft weit überblicken. Die Berghänge ringsum sind noch schneebedeckt, aber das Tiefland in der Ferne leuchtet grün.

Es bläst ein heftiger Wind. Ich muss die Kapuze meiner Jacke über die Mütze ziehen, denn, trotz Windstopper, weht es durch sie hindurch.

Nach einer guten Stunde erreiche ich an der Hauptverkehrsstraße die überlebensgroße Statue eines mittelalterlichen Pilgers, der sich mit voller Kraft gegen den Wind stemmt. Genauso geht

Einsame, verschneite Bergdörfer

es mir jetzt auch. Meine Jacke und meine Hosenbeine flattern, während ich mit einer Hand die Kapuze unterm Kinn festhalte, damit der Sturm sie mir nicht vom Kopf reißt. Heftiger Wind scheint charakteristisch für diesen Pass am Alto de San Roque zu sein, sonst würde es dieses Denkmal nicht geben.

Nun zweigt der Camino auf schmale Nebenstraßen ab, die durch rustikale Bergdörfer führen. Die altertümlich anmutenden, einfachen Häuser sind aus dunklen Natursteinen errichtet worden, auf deren Dächern eine dünne Schneeschicht liegt.

Wahrscheinlich sahen diese Dörfer vor Jahrhunderten genauso aus wie jetzt, abgesehen von den Asphaltstraßen natürlich. Der Himmel ist grau verhangen, feiner Sprühregen benetzt die Straßen und Häuser, die in dunklem Anthrazit nass schimmern und dadurch noch düsterer wirken. Ich laufe wie durch eine Schwarz-weiß-Kulisse mit vielen Grauabstufungen. Die einzigen Farbtupfer sind die gelegentlichen gelben Camino-Pfeile und das sattgrüne Moos an einigen Mauern.

In jedem Dorf befindet sich eine kleine Kirche mit turmartig hochgezogener Giebelwand, in der eine oder mehrere kleine Glocken in halbrunden Öffnungen frei hängen. Alles wirkt düster und mystisch, wie in einer verlassenen Gegend. Die Dörfer sind zwar bewohnt und gepflegt, aber keine Menschenseele ist zu sehen. Kein Auto fährt vorbei. Nicht einmal eine Katze läuft über die Straße. Kein Supermercado, alle Bars geschlossen.

Was mag sich hier im Sommer abspielen? Die Cafés und Biergärten werden sicherlich von fröhlichen Pilgerscharen bevölkert sein.

Gegen Mittag gelange ich an eine Gruppe von Häusern, direkt an einer Verkehrskreuzung. Vor dem weiß getünchten Gebäude direkt an der Hauptstraße befindet sich ein Parkplatz, auf dem zwei Schäferhunde frei herumlaufen. Als ich mich nähere, fangen sie heftig an zu bellen. Zum Glück kommt sofort ein Mann aus dem Haus, der sie beruhigt. Es scheint sich hier um eine Bar zu handeln.

»Are you open?«, frage ich den Mann.

»Yes.«

Ich trete ein. Es ist dunkel drin und kaum geheizt. Die Stühle sind hochgestellt. Am Tresen sitzt ganz allein eine junge, asiatische Pilgerin. Sie war gestern ebenfalls im selben Hotel in O Cebreiro. Fedor hatte sie angesprochen und herausgefunden, dass sie aus Japan kommt.

Meinen Gruß beantwortet sie nicht, sie dreht sich nicht einmal zu mir um.

Ich setze mich zwei Plätze weiter und bestelle einen café con leche und lasse mir ein Stück Tortilla in der Mikrowelle warmmachen, einem Auflauf aus gekochten Kartoffeln und Rührei. Der Milchkaffee tut gut und das lauwarme Essen füllt ein wenig den Bauch. Die Japanerin zahlt und verlässt schweigend die Bar.

Gestärkt setze ich meine Wanderung fort. Die Landschaft ist bergig und hügelig. Ab und zu kommt die Sonne heraus. Dann sieht die Landschaft gleich viel freundlicher aus und das Wandern macht richtig Spaß.

Am späten Nachmittag nähere ich mich dem Tagesziel, Triacastela. Gerade als ich die ersten Häuser dieses kleinen Ortes erreiche, setzt ein heftiger Regenguss ein.

Ich gehe die Hauptstraße entlang und halte nach der Herberge Ausschau, irgendwo muss sie doch sein! An der Straße entdecke ich eine Bar. Genau in dem Moment, als ich an ihr vorbeigehe, öffnet sich die Tür und … Rolf steht vor mir.

»Na so was, Rolf! Du hier? Hast du schon eine Unterkunft gefunden?«

»Ja! Du brauchst nur hundert Meter zurückgehen und über die Wiese nach rechts abbiegen, dann kommst du direkt dorthin. Es sind nur zwei Minuten von hier. Ich habe gerade gegessen. Das Essen hier ist gut, kann ich empfehlen. Ich will jetzt nach einem Supermarkt Ausschau halten. Später komme ich vielleicht nochmal auf ein Bier her.«

Bin ich froh, jemand Bekanntes zu treffen! Seit dem Abschied von Fedor hatte ich, außer der Japanerin, keinen anderen Pilger gesehen.

Die städtische Herberge ist groß. An einem langen Gang sind nebeneinander viele kleine Schlafzimmer mit jeweils zwei Doppelstockbetten angeordnet. Rolf und ein Sportlehrer aus Bolivien teilen sich ein Zimmer. Ich beziehe den Raum direkt daneben. Wir drei sind die einzigen Gäste.

Wie lustig war es gestern Abend noch mit Fedor! Gerade eben hat er geschrieben und Fotos geschickt. Er ist in der Herberge in Sarria mit denselben Koreanern zusammen, die mit uns letztens mit dem Taxi nach Ponferrada gefahren sind. Sie sitzen vergnügt bei gutem Essen und Bier in der Kneipe.

Was mache ich mit dem angebrochenen Abend? Ich gehe zur Bar, vor der ich Rolf vorhin traf. Dort bestelle ich das Pilgermenü und beobachte die Gäste aus dem Dorf, die hier sitzen. Ich checke meine Mails, schreibe ein paar WhatsApps und ergänze mein Pilgertagebuch. Vor mir steht ein kühles Bier. Mir geht es gut, ich bin satt und zufrieden. Aber mir fehlt ein wenig die Gesellschaft. Keine Ahnung, wo Rolf und der Bolivier stecken.

In der Herberge lege ich mich beizeiten in meinen Schlafsack. Die deutsch synchronisierten Staffeln von »Marvelous Mrs. Maisel« habe ich mittlerweile zu Ende gesehen. Nun lade ich die allerneuesten Folgen herunter, in englischer Sprache, da es noch keine deutsche Synchronisation gibt. Die Originalstimmen klingen ganz anders, ungewohnt, aber irgendwie authentischer.

Draußen regnet es immer noch. Hoffentlich wird das Wetter morgen besser.

TAG 26: DAS GRÖSSTE BENEDIKTINERKLOSTER DER WELT
Donnerstag, der 19.12.2019
Triacastela–Samos–Sarria

Heute stehen zwei Routenführungen zur Auswahl. Entweder ich nehme den direkten Weg, die nördliche Hauptroute, immer an der Straße entlang nach Sarria. Oder ich entscheide mich für die alternative Route über Samos, die sechs Kilometer länger ist. In meinem Pilgerführer lese ich, dass das Kloster dort eines der berühmtesten ganz Spaniens ist. Es wäre sogar das größte Benediktinerkloster der Welt. Das weckt meine Neugierde. Wie wird das Wetter heute werden? Meine Wetter-App sagt Regen und Sturm voraus.

Im Dunkeln verlasse ich die Herberge. Der Camino führt, wie meistens, direkt auf der Hauptstraße des kleinen Ortes entlang. Das Kopfsteinpflaster glänzt nass im Licht der Laternen. Vor dem beleuchteten Hauseingang eines rustikalen Hauses steht eine lebensgroße Pilgerfigur mit Schlapphut und Pilgerstab, an dem der traditionelle Flaschenkürbis hängt, die Trinkflasche des Mittelalters. Meine Hoffnung wird nicht enttäuscht. Die Bar ist offen. Der Erste, den ich beim Eintreten erblicke, ist Rolf. Er sitzt am Tresen, vor sich einen Kaffee. An einem Ecktisch sitzt eine Gruppe von Pilgern, die ich noch nicht kenne. Zwei Männer und zwei Frauen, Italiener, etwas älter als ich. Sie reden und lachen laut, sympathische Leute. Ich bin froh, auf neue Weggefährten zu treffen nach der Einsamkeit der letzten Tage. Ohne Fedor ist es doch ganz schön still.

Ich setze mich an einen freien Tisch und lasse mir das Frühstück schmecken, genehmige mir heute Schinken zu meinem Toast. Immer noch unentschlossen, blättere ich in meinem

Pilgerführer. Die Streckentrennung ist gleich am Ortsausgang. Nehme ich die kürzere oder die längere Strecke? Im Moment ist das Wetter noch okay. Rolf ist gerade zur Tür raus. Ich habe ihn nicht gefragt, was er vorhat.

Heute Morgen bin ich topfit. Mein Stimmungstief von gestern Abend ist angesichts der bunt gekleideten und gut gelaunten Italiener verflogen. Nachdem ich während der letzten drei Tage immer in der Natur sowie in düsteren, einsamen Dörfern unterwegs war, wünsche ich mir jetzt wieder Kultur und Zivilisation. Gerne würde ich wieder etwas Spannendes besichtigen.

Kaum habe ich die Bar verlassen, muss ich anhalten, denn Regen setzt ein. Es ist stürmisch. Die Kamera packe ich tief unten ins Gepäck, diesmal in einen wasserdichten Beutel. Den neongelben Regenschutz ziehe ich über den Rucksack. Mütze, Handschuhe und Schal trage ich sowieso.

An der Kreuzung vor mir erfolgt die Streckentrennung. Der Wegweiser und die gelben Pfeile zeigen nach rechts, zur Straße nach Sarria – der Hauptstrecke. Nach links weist ein kleineres Schild zum Monasterio Samos.

Was soll's! Nass werde ich heute sowieso, ob ich eine Stunde länger oder kürzer unterwegs bin, ist dann auch egal. Ich lenke meine Schritte nach links.

Die alternative Strecke verläuft direkt neben einer Straße, die sich durch das Tal bergauf windet. Der parallel fließende Bach führt Hochwasser. Die Wiesen in Ufernähe sind bereits überflutet. Zum Glück liegt der Camino deutlich höher, so ist keine Überschwemmung zu befürchten. Die steilen, bewaldeten Berghänge rechts und links halten den Sturm ein wenig ab. Dennoch rütteln heftige Böen an meinem Schirm. An einer Straßenbiegung kommt der Wind plötzlich aus einer anderen Richtung und stülpt abrupt meinen Schirm um. Zwei Speichen sind zerbrochen. Ich klappe ihn zurück. Die defekte Stelle hängt kraftlos herunter. Na herrlich! Den Schirm hatte ich erst vor drei Tagen gekauft! Irgendwie muss ich mit ihm heute noch über die Runden kommen, denn den Poncho ließ ich vorgestern in der Ökoherberge zurück.

Meine Wanderjacke hält dem Dauerregen nicht stand. Seit zwei Jahren habe ich sie in Gebrauch und natürlich auch öfters gewaschen. Vor der Pilgerreise imprägnierte ich sie gründlich und kaufte dafür extra ein teures Spray, aber das hat nichts gebracht. Statt abzuperlen werden die Wassertropfen aufgesaugt wie von einem Schwamm. Mein linker Ärmel ist durchnässt.

Inzwischen klappt der Schirm bei jeder Windböe um. Ich muss mit einer Hand permanent den schlaff herunterhängenden Rand des Schirms festhalten. Mir geht es genauso wie vor zwei Wochen, als mich mein Sturmregenschirm hinter León im Stich ließ. Nur, dass der Wind heute noch viel stärker weht!

Ich muss an die Geschichte vom fliegenden Robert aus dem »Struwwelpeter« denken, dem für heutige Zeit martialisch anmutenden Kinderbuchklassiker. Die Mutter verbot dem Jungen, während eines Unwetters vor die Tür zu gehen. Er ging trotzdem hinaus und nahm einen großen, schwarzen Regenschirm mit – genauso einen, wie ich habe. Der Sturm hob den Schirm in die Lüfte, mitsamt dem kleinen Buben, der sich an ihn klammerte. Robert flog auf und davon und ward nie wieder gesehen.

Ganz so krass ergeht es mir heute hoffentlich nicht!

Hinter mir taucht eine dunkle Gestalt auf. Die Silhouette lässt Poncho und Teleskopstab erkennen. Es dauert nicht lange und ich werde eingeholt.

»Buen camino!«

»Buen camino! Where are you going? To Samos?«, beginne ich das Gespräch mit dem drahtig wirkenden, älteren Herrn.

»Sorry, no English. Español?«, erwidert er.

Er kann kein Englisch, ich kein Spanisch, aber wir reden

Blick auf das Kloster Samos

trotzdem miteinander, unter Zuhilfenahme von Händen und
Füßen. Wir wiederholen das Gesagte so oft, bis es der ande-
re irgendwie versteht. Erstaunlicherweise können wir auf diese
Weise einige Informationen austauschen.

Der sympathische Pilgerbruder kommt aus Mailand und
heißt Felice. Ich erzähle ihm, dass mein Sohn genauso heißt wie
er, Felix, was ihn sehr freut. Er ist schon das fünfte Mal auf
dem Camino unterwegs. Normalerweise geht der Weg unten am
Bach lang, aber er rät mir, unbedingt auf der Straße zu bleiben.

Das Kloster Samos kennt er gut, deshalb wird er es nicht noch einmal besichtigen. Direkt am Kloster gibt es eine Bar, die er mir empfiehlt. Bis dahin sei es nur noch eine Stunde Fußweg.

Gute Nachrichten – das Kloster ist näher als gedacht, und die Aussicht, mich bei einem Kaffee aufwärmen zu können und vielleicht etwas zu essen zu bekommen, lässt mich gleich schneller laufen.

Wir verabschieden uns und der freundliche Italiener geht zügigen Schrittes weiter. Bald ist er meinen Blicken entschwunden. Er wird der einzige Pilger bleiben, den ich heute treffe.

Nach einer Weile zeigt ein verwitterter Wegweiser mit der Aufschrift »Monasterio Samos« nach links auf einen Trampelpfad. Ich überlege kurz. Soll ich nicht auf der Straße bleiben? Aber da vorn ist bereits das Ortseingangsschild von Samos, was soll schon passieren?

Dem schmalen Weg folgend, gelange ich an einen Aussichtspunkt, der einen sagenhaften Blick auf das Kloster freigibt. Es liegt tief unten im Tal, von bewaldeten Berghängen umgeben. Was für ein großer Gebäudekomplex! Viel größer als Roncesvalles in den Pyrenäen.

Zwischen meterhohen Natursteinmauern führt der Weg zum Kloster steil abwärts. Das Mauerwerk ist mit Moos bewachsen. Über viele Jahrhunderte hat das Regenwasser die Pflastersteine ausgespült. Sie sind nur noch zu erahnen.

Im Ort, an der Hauptstraße, entdecke ich das Café, das der Italiener mir empfohlen hatte. Ich genehmige mir einen Kaffee und esse eine Kleinigkeit.

Das Kloster mit seinen hohen Mauern erinnert an eine Festung. Ich drücke die Klinke der schweren Eingangspforte herunter. Die Tür gibt nach. Am Ende des breiten Durchgangs entdecke ich rechts eine Glastür. Hier befindet sich der Besucherempfang mit Kasse und Souvenirverkauf. Ein älterer Herr

Im Innenhof des Klosters Samos

in der Kutte der Benediktiner steht hinter dem Verkaufstresen. Ich bin die einzige Besucherin. In tadellosem Englisch fragt er mich, ob ich eine Führung wünsche, sie könne sofort beginnen. Freudig stimme ich zu und stelle meinen Rucksack bei ihm ab, nehme nur meine Kamera und die Bauchtasche mit.

Kurz darauf holt mich eine junge Frau ab. Sie geht mit mir durch die geräumige Anlage. Eine englischsprachige Führung nur für mich allein! Am meisten beeindruckt mich der weitläufige Kreuzgang, dessen großflächiger Innenhof wie eine mediterrane Parkanlage gestaltet ist. Sogar Palmen wachsen hier, aus deren Mitte eine überlebensgroße Statue ragt.

Nachmittags setze ich meinen Weg in Richtung Sarria fort. Immer noch ist es regnerisch und stürmisch. Trotz aller Bemühungen ist der Schirm immer wieder umgeschlagen und weitere Speichen sind zerbrochen.

Sarria ist eine größere Stadt und gleichzeitig ein wichtiger Meilenstein auf dem Camino. Viele Pilger beginnen ihre Tour hier, da diese Stadt etwa 100 Kilometer von Santiago entfernt ist. Um in Santiago das offizielle Pilgerzertifikat zu bekommen, muss man als Fußpilger genau diese Distanz zurückgelegt haben, was durch täglich zwei Stempel in der Credencial nachzuweisen ist. Diese Stadt bietet sich als Ausgangspunkt für Pilger an, die wenig Zeit haben, aber trotzdem eine Urkunde erhalten möchten.

Ich folge der Wegweisung zur Herberge. Das Foyer mit Sitzecke und Tresen wirkt modern, wie in einem Hotel. Direkt nebenan befindet sich ein Café, das ein preisgünstiges Frühstück anbietet. Im geräumigen Schlafsaal sind nur wenige Betten belegt. Die Sanitäranlagen sind modern, mit Waschmaschine und Trockner. Hier fühle ich mich wohl.

Nachdem ich geduscht und meine Wäsche gewaschen habe, gehe ich ins Stadtzentrum. Ein junger Mann aus der Herberge hatte mir den Weg zu einem Geschäft mit Pilgerbedarf beschrieben. Ich hoffe, dort einen neuen Schirm zu erstehen.

Dort angekommen, staune ich nicht schlecht. Das Geschäft entpuppt sich als ausgezeichnet sortierter Outdoorladen. Wenn man bedenkt, dass viele Pilger erst hier in den Camino einsteigen und vielleicht noch ihre Ausrüstung kaufen müssen, macht so ein Angebot durchaus Sinn.

Regenschirme finde ich in einem großen Ständer. Sie sehen hochwertig aus, aber ich kann keine Preisschilder entdecken. Ein Modell gefällt mir besonders gut. Es wirkt stabil und ist trotzdem sehr leicht. Ist es vielleicht aus Carbon? Ein kleines, buntes Infoheftchen ist am Griff befestigt:

»Wir gratulieren Ihnen, dass Sie sich für dieses Hightech-Produkt entschieden haben. Wir geben Ihnen lebenslange Garantie.«

An der Kasse frage ich, was das Teil kostet. Die Verkäuferin antwortet wie aus der Pistole geschossen: »Neun Euro«.

Habe ich mich verhört? Meint sie vielleicht 90 Euro? Dieser Preis würde mich in einem deutschen Outdoorausstatter nicht überraschen. Ich reiche einen Zehn-Euro-Schein über den Tisch, und bekomme, tatsächlich, einen Euro zurück! Meinen zerfledderten schwarzen Straßenschirm werfe ich noch im Laden in einen Abfalleimer.

Zurück in der Herberge wartet eine Überraschung auf mich. Cyrille, mein französischer Pilgerbruder, ist eingetroffen. Wann haben wir uns das letzte Mal gesehen? Vor sechs Tagen! Es war in Astorga, als Fedor, er und ich abends essen gingen und anschließend in einer Kneipe waren. Mir kommt es vor, als wäre das eine Ewigkeit her! Was habe ich seitdem nicht alles erlebt! Das Cruz de Ferro, die Stadt Ponferrada, die Weinregion Bierzo im Dauerregen und die Besteigung des O Cebreiro!

Wie ist es Cyrille derweil ergangen? Er war ebenfalls am Eisenkreuz und auch in Ponferrada. Den O Cebreiro hat er weggelassen. Wegen seiner Probleme mit den Knien ist er die meisten Etappen mit dem Bus gefahren und hat die gewonnene Zeit genutzt, um sich die Orte genauer anzuschauen.

»Cyrille, hast du eigentlich nochmal etwas von Heedo, unserem koreanischen Pilgerbruder, gehört?«

»Leider nein. Ich habe unterwegs auch die anderen Koreaner gefragt, aber niemand kennt ihn. Er ist wahrscheinlich weit hinter uns.

Aber, sag mal, Beate, weißt du schon, wo du in Santiago übernachten wirst? Es gibt dort keine offenen Herbergen.«

»Ja, ich habe schon von Deutschland aus ein Zimmer gebucht. Eine günstige Pension im Zentrum.«

Cyrille schaut mich mit großen Augen erstaunt an und fängt laut an zu lachen: »You are so German, Frau Saschke!«

Cyrille, mein entspannter, französischer Pilgerbruder, würde im Traum nicht auf die Idee kommen, eine Übernachtung sechs Wochen im Voraus zu buchen!

TAG 27: FEDORS TELESKOPSTOCK
Freitag, der 20.12.2019
Sarria-Portomarín

Die Espressomaschinen des Herbergscafés fauchen und glucksen. Klapperndes Geschirr, Stühlerücken, lautes Stimmengewirr der Gäste. Ich mag dieses geschäftige Treiben am Morgen. Allein sitze ich an einem Tisch, schaue aus dem Fenster und beobachte mit Genugtuung, dass die Regentropfen, die auf die Pfützen fallen, weniger werden. Was wird der heutige Tag bringen?

Fedor ist eine Etappe vor mir. Gesundheitlich geht es ihm besser. Zusammen mit den Koreanern, die er in Sarria traf, war er gestern weitergepilgert. Von unterwegs schickte er mehrere Videobotschaften von Überschwemmungen auf dem Camino. Sie zeigen, wie die Koreaner in ihren bunten, im Sturm flatternden Regenumhängen durch knöcheltiefes Wasser waten. Diese Hindernisse könnten mich heute ebenfalls erwarten. Vielleicht habe ich aber auch Glück? Der Regen hat aufgehört. Es könnte sein, dass ein Teil des Wassers bereits abgelaufen ist.

Nachdem ich die Stadt hinter mir gelassen habe, geht es bergauf und bergab über Wanderwege. Auf kaum befahrenen Nebenstraßen passiere ich mehrere kleine Dörfer. Es läuft sich gut in dieser abwechslungsreichen Hügellandschaft. Freiflächen und Wäldchen aus knorrigen, dürren Steineichen wechseln sich ab. Immer wieder bleibe ich stehen, um zu fotografieren, versuche, die mystische und düstere Stimmung festzuhalten. Nach und nach werde ich von allen anderen Pilgern überholt, bis ich schließlich die Letzte bin.

Ich komme gut voran, bin guter Dinge. Jetzt ist es schon Mittag, von Überflutungen keine Spur. Ich denke gar nicht mehr daran.

Hinter einer Wegbiegung sehe ich die Bescherung! Der Camino führt durch eine flache, weit auslaufende Senke. Rechts und links des Wegs befinden sich Weideflächen mit leichtem Gefälle. Das Regenwasser, das sich auf der oberen Wiese sammelt, überspült den Camino auf einer Breite von 50 Metern und fließt auf der anderen Seite ab. Das Wasser steht so hoch, dass nur noch die Natursteinmauern, die den Weg säumen, herausragen. Jetzt ist guter Rat teuer.

Ich überlege, ob ich Hose und Schuhe ausziehe, um hindurchzuwaten. Die eisige Temperatur würde ich schon aushalten. Aber – das Wasser ist knietief und hat eine starke Strömung. Der Untergrund ist steinig, ausgespült und uneben. Was mache ich, wenn ich ins Straucheln komme oder ausrutsche? Mit Badelatschen könnte das schnell passieren. Barfuß geht erst recht nicht. An den scharfkantigen Gesteinsbrocken unter der Wasseroberfläche würde ich mir die Füße verletzen. Wenn ich stürzte, wäre ich sofort nass bis auf die Haut, ebenso mein Rucksack mit allen Kleidungsstücken, mein Pilgerausweis, meine Kamera, alles!

Die Pilger vor mir sind nicht umgekehrt, es muss also irgendeine Möglichkeit der Überquerung geben. Gibt es einen Trampelpfad? Sind Spuren zu erkennen? Ich kann nichts entdecken.

Es bleibt mir nur zu versuchen, über eine der lose aufgestapelten Natursteinmauern zu balancieren, die den Camino umfrieden. Eine andere Möglichkeit gibt ich nicht. Die überspülten Wiesen neben dem Weg kann ich nicht betreten. Hier würde ich versinken.

Mir fällt ein, dass ich Fedors Teleskopstock im Gepäck habe. Der könnte jetzt meine Rettung sein!

Von beiden Steinmauern erklimme ich diejenige, die mir besser begehbar scheint. Behutsam trete ich auf die wackeligen Steine. Mit dem Wanderstab stütze ich mich vorsichtig ab, bevor ich den nächsten Schritt wage. Ohne ihn könnte ich das Gleichgewicht auf dem schmalen Mauergrat nicht halten. Hochkonzentriert arbeite ich mich voran. Bloß nicht abstürzen! Niemand würde mich heute finden, falls mir etwas zustieße.

Nach bangen Minuten höchster Anspannung ist es geschafft. Ich springe von der Mauer auf festen Boden und blicke zurück. Die überflutete Stelle liegt hinter mir.

Danke, Danke, Danke, dass ich das geschafft habe! Ich spüre meinen schnell pochenden Puls und atme tief durch. Was hätte ich ohne den Teleskopstock gemacht? Jetzt wird mir klar, wozu Pilgerstäbe noch gut sind, außer der Abwehr von Hunden.

Während ich zügigen Schrittes meinen Weg fortsetze, stürmen viele Gedanken auf mich ein. Ich gebe zu, ich hatte jetzt eben Angst, verdammte Angst. Das war nicht mehr lustig.

Was wäre gewesen, wenn ich gestern den kranken Fedor nicht zum Bus gebracht hätte? Wenn ich nicht mit ihm über eine Stunde lang in der morgendlichen Eiseskälte ausgeharrt hätte? Sein Teleskopstock wäre heute jedenfalls nicht in meinem Besitz. Schon seltsam, wie auf dem Camino eins ins andere greift, wie von unsichtbarer Hand gelenkt.

Portomarín ist mein heutiges Etappenziel. Klingt vom Namen her maritim. Irgendetwas mit »Hafen« und »Meer«. Aber das Meer ist noch weit!

Am späten Nachmittag führt der von Mauern umgebene Wanderpfad steil in die Tiefe. Auch hier ist Fedors Stock eine Hilfe. Mir bietet sich ein großartiger Ausblick auf einen breiten Fjord, der unten im Tal liegt. Eine Autobrücke verbindet beide Ufer. Auf der gegenüberliegenden Seite schmiegen sich die Häuser von Portomarín an den Hang.

Ein Dorf im strömenden Regen

Es ist der Rio Miño, der mir hier zu Füßen liegt. Er wird zu einem schmalen See aufgestaut. Viele Kilometer weiter flussabwärts bildet er den Grenzverlauf zwischen Spanien und Portugal und mündet schließlich in den Atlantik.

Am Ortseingang studiere ich die Infotafel von Portomarín, um herauszufinden, wo die Herbergen sind, als auf meinem Handy eine WhatsApp ankommt. Rolf! Er schreibt, dass er hier in der Stadt eine Herberge gefunden hat, und sendet mir die Koordinaten. Perfektes Timing.

Die Unterkunft scheint ganz neu zu sein. Sie ist nicht groß, aber modern eingerichtet und mit allen Annehmlichkeiten ausgestattet, die man sich nur wünschen kann. Es gibt einen hellen Schlafsaal mit reichlich Platz zwischen den Doppelstockbetten. Mit dem Fahrstuhl gelangt man in den Keller, wo die Sanitärräume sind, stylisch mit modernen Wandfliesen, Designerwaschbecken sowie bodengleichen Duschkabinen, Waschmaschine und Trockner. Alles vom Feinsten, dennoch zum normalen Preis.

Rolf und ich sind die einzigen Gäste. Es ist kalt im Schlafsaal. Der junge Mann, der an der Rezeption sitzt, scheint ein Student zu sein, der nebenher für eine Prüfung lernt, denn er hat Lehrbücher vor sich liegen. Er dreht auf unseren Wunsch die Heizung hoch.

Heute Nachmittag habe ich den Einhundert-Kilometer-Meilenstein passiert. Die Entfernung nach Santiago wird hier bis auf die dritte Kommastelle angegeben: »100,000 km«. Ich frage mich, wie man das überhaupt so exakt gemessen haben will, bis auf einen Meter genau.

Eigentlich hatte ich erwartet, dass auf dem letzten Stück des Caminos spürbar mehr Pilger unterwegs sind. Aber davon merke ich nichts. Auch heute sind mir nur wenige Leute begegnet. Gerade mal die bunt gekleideten Italiener habe ich zweimal gesehen.

Es ist ein seltsames Gefühl, die Pilgerreise so bald beendet zu wissen. Der Countdown läuft. Wenn alles gut geht, werde ich in vier Tagen Santiago erreichen. Bin ich schon dafür bereit? Ich bin mir nicht sicher.

TAG 28: SCHWERE UNWETTER IN SÜDEUROPA
Samstag, der 21.12.2019

Portomarín–Palas de Rei

»Mehrere Tote nach heftigen Unwettern
Sturmböen und überflutete Straßen: Im Süden Europas sorgen Winterstürme für teils chaotische Zustände. Mindestens zehn Menschen kamen in Spanien, Italien und Portugal ums Leben.«
[Tagesschau.de am 22.12.2019, 16:10 Uhr]

Die Schlechtwetterlage der letzten Tage steuert auf ihren Höhepunkt zu. Heute früh ahne ich noch nichts davon, sondern habe ganz andere Sorgen. Gestern Abend fingen die Nackenschmerzen an, ich konnte meinen Kopf kaum noch bewegen, nur geradeaus schauen. Die Muskeln waren verspannt und schmerzten, vermutlich als Folge einer Überlastung durch das Tragen des Rucksacks. Ich hatte gestern etwas an der Gurteinstellung verändert, damit er höher sitzt. War das der Grund? Ich setze die Einstellung vorsichtshalber wieder zurück.

Ich muss an meinen jüngeren Sohn denken. Er war als Kind eines Morgens aufgewacht und hatte einen steifen Hals. Es war so schlimm und schmerzhaft, dass er sich noch im Bett übergeben musste, der arme, kleine Kerl. Der Kinderarzt hatte ihm dann später eine Manschette umgelegt, aus einem Damen-Nylonstrumpf, der mit viel Watte fest ausgestopft war und straff um den Hals geknotet wurde. Eine einfache, aber wirksame Methode, um den Nacken zu stützen und gleichzeitig Wärme zu spenden. An Wandern oder körperliche Betätigung wäre nicht zu denken gewesen. Was, wenn es bei mir noch schlimmer wird? Dann könnte ich vielleicht nicht mehr weiterpilgern!

Gestern Abend hatte Rolf meinen Nacken mit einer indischen Wundersalbe eingeschmiert. Vor zwei Jahren nahm er an einer Dauermeditation in Indien teil. Das bedeutete, eine Woche lang hintereinanderweg auf einer handtuchgroßen Matte zu sitzen und zu meditieren, nur unterbrochen von Essens- und Schlafpausen. Jeder der vielen Tausend Teilnehmer bekam zu Beginn der Veranstaltung einen Beutel mit verschiedenen Utensilien ausgehändigt. Diese Salbe zur Behandlung von Muskelverspannungen war dabei. Eine Arznei in einer kleinen Tube, die Rolf nur sparsam, in echten Notfällen, einsetzt. Ich war froh, dass er mir gestern eine Anwendung spendierte. Der behandelte Muskelstrang, der am unteren Nacken ansetzt und hoch zum Schädel führt, fing alsbald an, angenehm zu prickeln, wie Champagner, nur viel stärker, begleitet von einer wohltuenden Wärmeentwicklung. Es ging mir gleich besser. Über Nacht wickelte ich meinen Schal sorgsam um den Hals.

Heute früh sind meine Beschwerden immer noch da. Ich werde versuchen, den Kopf nur wenig zu bewegen, um die Muskeln nicht unnötig zu belasten.

Auch jetzt ist der Empfangstresen der Herberge besetzt, obwohl Rolf und ich die einzigen Übernachtungsgäste sind. Der freundliche Herr bereitet uns mit der Espressomaschine Milchkaffee. Dazu gibt es ein Stück Schwammkuchen. Wir schauen durch die Fenster des Frühstücksraums auf die Straße. Es ist bereits hell, aber grau und trübe. Auf den Pfützen bilden sich Blasen, ein Anzeichen für langanhaltenden Regen. Solange es nicht stürmt, soll es mir recht sein.

Mit Mütze, Schal, Handschuhen und Regenplane auf dem Rucksack, den Schirm in der Hand, trete ich hinaus auf die Straße. Rolf und ich gehen, wie immer, getrennt voneinander los.

Die Wegstrecke ist flach und unspektakulär. Der Camino verläuft direkt neben der Landstraße, ähnlich wie die Radwege in Deutschland. Selten kommt ein Auto vorbei. Ich passiere einzelne kleine Wohnhäuser, ein verlassenes Fabrikgelände, danach Brachland und Freiflächen, hin und wieder ein Waldstück.

Der Regen lässt nach, aber jetzt kommt Sturm auf. Richtiger Sturm! Schnell klappe ich den Schirm zusammen, damit er mir nicht entrissen wird. Hoppla, was ist denn das?! Eine Böe erfasst mich und schleudert mich auf die Straße. Mit aller Kraft stemme ich mich gegen den Wind, um zurück auf den Fußweg zu gelangen. Der Sturm schüttelt mich derart hin und her, dass ich mich nur noch tänzelnd auf den Beinen halten kann. Immer wieder werde ich in Richtung Straße abgedrängt. Bloß gut, dass keine Autos kommen! Vor mir sehe ich ein Waldstück. Schnell dorthin, es wird mir Schutz bieten!

Der Wind lässt dort nach, aber dafür kommt ein erneuter Regenguss. Schirm auf! Ein paar Minuten später stoppt er wieder, wird abgelöst von tosenden Windböen. Schirm zu!

So geht es die ganze Zeit – Güsse und heftige Böen wechseln sich ab. Spaß macht es nicht. Während der Sturmphasen muss ich nach wie vor achtgeben, dass ich nicht auf die Straße taumle.

Gegen Mittag werden in der Ferne Häuser sichtbar, offenbar ein Dorf. Ob es dort vielleicht ein Café gibt? Hoffnungsvoll laufe ich zügiger. Da vorn scheint etwas zu sein! Vor einem flachen Gebäude steht ein weißes Schild, auf dem mit großen, roten Lettern »Bar« geschrieben ist.

Die Tür ist vergittert. Die Terrasse vor dem Eingangsbereich ist jedoch zugänglich, durch Seitenwände geschützt und überdacht. Hier stehen zwei Snackautomaten sowie Plastiktische und ein Stapel Stühle. Besser als nichts! Ich setze meinen Rucksack ab und schaue, was die Automaten zu bieten haben. Ich werfe eine Münze in den Kaffeeautomaten, aber es passiert nichts.

Es kommen weder Becher noch Kaffee raus. Die Geldrückgabe funktioniert ebenfalls nicht. Der Euro ist futsch.

Der andere Automat hält Kaltgetränke und Snacks bereit. Diesmal klappt es. Die angeforderte Flasche Cola poltert in den Entnahmeschacht. Mein Kleingeld reicht noch für ein paar Keksstangen und eine Doppelpackung Schwammkuchen.

Gerade breite ich meine Styropormatte auf dem kalten Plastikstuhl aus, um mich hinzusetzen, als sich eine Gestalt nähert. Sie wird von einem neongrünen Poncho heftig umweht. Den koreanischen Pilger sehe ich zum ersten Mal. Wir kommen sofort ins Gespräch. Er bietet mir heißen Tee aus seiner Thermoskanne an, im Gegenzug gebe ich ihm ein Stück Schwammkuchen.

Bald darauf flattert eine weitere Gestalt herbei. Den hellgrauen Poncho kenne ich doch! Es ist Rolf.

Während wir gemeinsam über das Wetter schimpfen, schreit der Koreaner plötzlich auf und zeigt hinter mich. Eine Katze springt auf den Tisch und stibitzt mein zweites Stück Kuchen. Dass Katzen so etwas fressen! Die Arme muss ganz schön Hunger haben. Das Kuchenstück kann ich verschmerzen, ich habe noch genug Proviant.

Der Plausch mit den Weggefährten tut gut. Das Gefühl, nicht allein unterwegs zu sein, sondern mit anderen dieselben Herausforderungen bewältigen zu müssen, macht es für uns alle erträglicher.

Eine Einkehrmöglichkeit findet sich einige Kilometer weiter dann doch noch. In einem Dorf fallen mir mehrere Autos vor einem unscheinbaren Haus auf. Bei genauerem Hinsehen erkenne ich, dass es sich um eine Dorfkneipe handelt. Sie ist rappelvoll. Es ist Samstag und das halbe Dorf scheint sich hier zu treffen. Fast alle Pilger, die mit mir unterwegs sind, treffe ich an. Ich nehme am Tisch des Koreaners Platz, den ich vorhin im Unterstand kennengelernt hatte. Es ist gut geheizt, es gibt Linsensuppe, der Kaffee schmeckt. Ich bin in angenehmer Gesellschaft, was will ich mehr? Sogar Rolf taucht auf und setzt sich zu uns.

Wir überlegen, wie weit es noch bis zum Tagesziel ist. Zwei Stunden werden wir noch brauchen bis Palace del Rei, dem nächsten Ort, der eine offene Herberge hat. Das Licht am Ende des Tunnels ist jedenfalls zu sehen.

Vor lauter Sturm und Regen hatte ich gar nicht mehr auf meine Nackenschmerzen geachtet. Sie sind jetzt schlimmer als zuvor. Ich kann den Kopf überhaupt nicht mehr bewegen! Sobald ich ihn ein bisschen nach vorn neige, trifft mich ein stechender Hieb in den Nacken. Um meine Zeche zu zahlen, muss ich wie ein Blinder mein Portemonnaie in der Bauchtasche ertasten, den Kopf starr geradeaus gerichtet.

Nun geht es wieder hinaus in die Kälte und Nässe. Der Weg führt über ausgewaschene Wege und durch matschiges Laub. Rinnsale plätschern über den Weg, die manchmal zu kleinen Bächen anschwellen. Es ist immer noch windig, aber nicht mehr so extrem wie vorhin.

Wie ein Roboter laufe ich durch die Landschaft. Ich verkrieche mich unter meinem Schirm, sehe unter dessen Rand nur wenige Meter des Wegs. Alles andere ist ausgeblendet. Meine Wanderstiefel sind seit Stunden nass. Solange ich nicht friere, ist alles gut. Die beiden Pullover übereinander halten warm. Aber irgendwie schlägt mir das Wetter doch aufs Gemüt. Seit drei Tagen laufe ich mehr oder weniger im Regen, eigentlich seitdem ich in Galicien bin.

Der Camino führt auf einem Hohlweg unterhalb einer Weidefläche entlang. Direkt hinter dem Elektrozaun steht eine hell-

Regenwasser überflutet den Camino

braune Kuh mit auffallend sauberem Fell, die aufmerksam beobachtet, wie ich mich nähere, so als würde sie auf mich warten. Sie steht auf der Böschung über mir und blickt auf mich hinab. Eine seltsame, unerwartete Erscheinung. Sie ist ganz allein auf der Weide. Normalerweise sind doch Rinder immer bei ihrer Herde! Das Tier bewegt sich nicht einen Millimeter.

»Warum stehst du hier? Bist du auch so einsam wie ich? Wir beide sind Leidensgenossen, müssen den ganzen Tag draußen in Kälte und Regen verbringen.«

Sie schaut mich mit ihren wunderschönen, dunklen Augen unverwandt an, als könnte sie meine Gedanken lesen.

Es dämmert schon, als ich Palas de Rei erreiche. Der Name klingt vielversprechend »Palast des Königs«, aber den gibt es hier nicht. Ich bin froh, als ich endlich an der Herberge am Ortsausgang angekommen bin. Es sind viele Pilger hier. Alle Betten des Schlafraums sind belegt, sogar die oberen Etagen. Ein Bollerofen verbreitet im Zimmer Wärme. Das Duschwasser ist wunderbar heiß und tut meinem steifen Nacken gut. Die Pilger hängen im Zimmer ihre regennassen Sachen zum Trocknen hin. Es sieht hier aus wie in einer Räuberhöhle.

Gunter hat per WhatsApp ein YouTube-Video geschickt, mit Dehnungsübungen gegen Nackenschmerzen. Ich folge der Anleitung genau und wiederhole die Übungen ein zweites Mal. Das dauert insgesamt nicht länger als 15 Minuten und die zweite Runde fällt mir schon etwas leichter. Ob es wirkt, werde ich morgen erst sehen.

Abends gehen Rolf und ich zum Essen in das Ortszentrum. Er hatte auf dem Weg zur Herberge eine »Pulpería« entdeckt, ein Restaurant, das Speisen vom Oktopus anbietet, vom Tintenfisch. Pulpo ist in Galicien die Nationalspeise. Ich esse leidenschaftlich gern Fisch und Meeresfrüchte und möchte Oktopus unbedingt probieren.

Gerade haben wir unser Bier bestellt, als plötzlich das Licht ausgeht. Alles ist ringsum finster. Die Straßenbeleuchtung ist aus, der ganze Ort liegt im Dunkeln. Im Restaurant geht über dem Tresen eine schwache Notbeleuchtung an. Alle Gäste, auch wir, bleiben sitzen und hoffen, dass der Strom wiederkommt. Leider passiert das nicht.

Natürlich kann jetzt nicht mehr gekocht werden. Wir sind

froh, dass wir trotzdem einen Blattsalat bekommen und ein paar Tapas-Schnittchen, denn wir haben Hunger.

Später gehen wir durch die unbeleuchteten Straßen der Stadt zurück in die Herberge. Wir haben Glück, unsere Unterkunft hat Strom. Aber es ist kein Internet da. Das ist zu verschmerzen.

Schwere Unwetter in Spanien – und wir sind mittendrin!

TAG 29: DIE WUNDER AUF DEM CAMINO
Sonntag, der 22.12.2019
Palas de Rei–Arzúa

Ein Wunder ist geschehen! Ich setze mich im Bett auf und bewege vorsichtig den Kopf. Die Nackenschmerzen sind fast weg! Das hatte ich nicht zu hoffen gewagt! Die Dehnungsübungen am Vorabend haben tatsächlich geholfen! Ich bin unsagbar erleichtert, denn ich hatte Angst, dass ich meine Pilgertour nicht zu Ende bringen kann, falls die Schmerzen schlimmer werden.

Ich bin die Erste, die im Schlafsaal wach wird. Leise schleiche ich ins Bad, denn es ist erst sechs Uhr. Als ich vom Waschraum zurückkomme, merke ich, wie überhitzt und stickig der kleine Raum ist, die Luft müffelt verbraucht. Bloß raus hier! Ich fange an, meine Sachen im Dunkeln zu packen, setze meine Stirnlampe auf, um etwas zu sehen. Die anderen scheinen noch im Tiefschlaf zu ruhen. Oder sind sie von der sauerstoffarmen Luft ins Koma gefallen? Als ich mit Packen fertig bin, werden die Anderen wach und jemand schaltet das Licht an.

Ich rufe meinen Mitpilgern zu: »Bye, bye! See you! Buen camino!« und verlasse den Raum.

Meine Wanderstiefel sind zum ersten Mal seit Tagen wieder trocken, denn hier in der Herberge gibt es eine geniale Trockenmaschine für die Stiefel. In jeden Schuh steckt man eine Art Staubsaugerschlauch. Wenn man das Gerät einschaltet, wird warme Luft hineingeblasen. Schon nach einer halben Stunde sind die Schuhe trocken. Richtig trocken!

Das kostet natürlich Geld, wie alle Extras in den Herbergen. Sonst stopft man in den Unterkünften die Stiefel mit Zeitungen aus, die bereitliegen. Die saugen die Feuchtigkeit zwar gut aus den Schuhen, aber vollständig trocken sind sie am nächsten

Morgen trotzdem nie. Da bewähren sich meine Merinosocken. Sie vermitteln selbst in feuchten Schuhen ein warmes, trockenes Gefühl.

Ohne Frühstück mache ich mich auf den Weg. Die Tür fällt hinter mir ins Schloss und ich stehe im Stockfinstern auf der Straße. Erst jetzt fällt es mir wieder ein – Stromausfall! Obendrein ist Sonntag! Die völlige Dunkelheit ist unheimlich. Kein Auto fährt vorbei, kein Lichtschein dringt aus den Häusern. Die anderen Pilger packen noch ihre Rücksäcke oder frühstücken. Ich hatte ja nicht einmal einen Teebeutel, um ein Heißgetränk aufzugießen. Nur eine trockene Knifte Brot habe ich einstecken und ein paar Kekse sowie eine volle Wasserflasche.

Die gelben Camino-Pfeile sind ohne Licht nicht zu erkennen. Jede Kreuzung scanne ich mit meiner Stirnlampe nach den Markierungen ab, denn die Route führt im Zickzack durch den Ort. Ich bin erleichtert, als ich endlich die Landstraße erreiche, denn jetzt geht es nur noch geradeaus in den Wald hinein. Langsam beginnt die Dämmerung. Nieselregen setzt ein.

Hier in Galicien verläuft der Jakobsweg oftmals durch Hohlwege, die rechts und links von mehr oder weniger hohen Natursteinmauern eingefasst sind. Dahinter recken hohe, dürre Steineichen ihre knorrigen, kahlen Arme in den Himmel. Diese Bäume mit ihren ausladenden Ästen bilden einen düsteren Tunnel um den Camino. Auf dem Boden liegt rötliches, nasses Laub.

Bei jedem Schritt gebe ich acht, nicht tief im Matsch zu versinken. Mist! Ich trete auf einen vermeintlichen Laubhaufen und stehe plötzlich knöcheltief in einem Rinnsal. Mit dem anderen Fuß springe ich schnell auf eine andere Stelle, aber auch hier versinke ich. Sofort läuft das eiskalte Wasser in meine Stiefel. Schnell einen großen Sprung zu Seite, an den Rand der Böschung!

Beide Füße sind nass, die Socken vollgesaugt, bei jedem Schritt ein Schmatzen in den Schuhen.

Vor Wut und Verzweiflung kommen mir die Tränen. Scheiße, Scheiße, Scheiße! Meine schönen Schuhe! Heute früh waren sie noch trocken! Jetzt muss ich den ganzen Tag mit nassen Füßen herumlaufen. Die Haut wird aufquellen, als würde ich zu lange in der Badewanne liegen. Und gefrühstückt habe ich auch noch nicht! Wer weiß, wie lange es dauert, bis ich eine Bar finde, denn der Wald scheint kein Ende zu nehmen.

Ich beruhige mich allmählich und laufe stoisch weiter. Das Wasser in den Schuhen nimmt meine Körperwärme an. Als ich eine Stelle finde, wo ich meinen Rucksack absetzen kann, wechsle ich die Socken.

Die Wälder in Galicien sehen ganz anders aus als in Deutschland. Die Baumstämme und Mauern sind mit Moos und Efeu bewachsen. Irgendwie hat das was. Nun nehme ich doch wieder meine Kamera aus dem Rucksack und fange an, unter dem Regenschirm zu fotografieren. Nach und nach holen mich meine Mitpilger aus der Herberge ein. Ihre signalroten, knallgelben oder neongrünen Rucksacküberzüge sehe ich noch lange vor mir im düsteren Camino-Tunnel leuchten, bis sie irgendwann meinen Blicken entschwinden.

Spät am Vormittag erreiche ich ein kleines Dorf und finde einen Unterstand. Vielleicht ist das eine Bushaltestelle? Zeit, den Rucksack abzusetzen und zu verschnaufen.

Während ich verweile, nähert sich eine bekannte Silhouette in hellgrauem Regenponcho. Es ist Rolf. Ein paar Worte zu wechseln und gemeinsam über das Wetter zu schimpfen, tut gut. Obwohl es ununterbrochen regnet, haben wir eine deutliche Verbesserung zu gestern, denn es weht nur ein moderater Wind anstatt der Orkanböen.

»Hast du heute schon was gegessen, Rolf?«

Steineichen bilden einen Tunnel um den Camino

»Nein, aber in der nächstgrößeren Stadt, in Melide, gibt es eine Pulpería. Dort werde ich auf jeden Fall Mittagspause machen und so richtig Oktopus schlemmen. Die Zeit nehme ich mir.«

Nach einem üppigen Mittagessen ist mir zwar nicht, denn ich möchte nicht so viel Zeit investieren und obendrein noch in ein Suppenkoma fallen, aber ein Milchkaffee und ein belegtes Baguette wären nicht schlecht.

Die Dörfer, die ich passiere, wirken so, als wäre die Zeit stehen geblieben. Sind die Häuser 300 oder 30 Jahre alt? Schwer einzuschätzen. Einen großen Unterschied zwischen heute und früheren Jahrhunderten wird es nicht geben.

Was mag hier im Sommer los sein? Bars, Biergärten und Cafés gibt es ja. Herrscht dann vielleicht Jubel, Trubel, Heiterkeit? Im Winter ist alles geschlossen und verlassen.

Gegen Mittag hört der Regen auf, und die Sonne blinzelt ab und zu durch die Wolken. Sofort steigt auch meine Stimmung. Wie angenehm warm wird es jetzt!

Ich erreiche die ersten Häuser der Stadt Melide. Wo mag die Pulpería sein? Ich folge dem Camino in Richtung Zentrum.

An der Straße entdecke ich ein Schild mit der Aufschrift: »Wir haben Pulpo!«

Dahinter befindet sich eine Art Gartenkneipe. Geh an keiner Einkehrmöglichkeit vorbei, du weißt nie, ob sich jemals wieder eine Gelegenheit bietet!

Ich lenke meine Schritte zum Eingang. Drinnen stehen ein paar Plastiktische. Ich bin der einzige Gast. Die ältere Dame am Tresen spricht nur Spanisch. Kein Problem, denn die laminierte Speisekarte enthält Abbildungen der verschiedenen Gerichte. Ich zeige auf einen Toast, auf dem ein Berg Pulpo-Würfel angehäuft ist. Das Ganze ist mit Käse überbacken und appetitlich mit Paprikapulver bestreut. Sieht lecker aus. Und schmeckt auch überaus lecker!

Das ist der erste Pulpo meines Lebens. Pulpo ist nicht dasselbe wie Calamaris. Aus Calamaris macht man diese gummiartigen Tintenfischringe, die frittiert werden und die man auch in Deutschland, in den Kühltruhen der Supermärkte, findet. Pulpo ist etwas anderes – Oktopus. Die Arme des Pulpo werden gegart, in Würfel geschnitten und serviert. Pulpo ist wunderbar zart, von einer einzigartigen, angenehmen Konsistenz. Ich bin begeistert! Kein Wunder, dass Rolf seit Tagen nur noch von Pulpo redet.

Kaum habe ich die Imbissgaststätte verlassen, verschwindet die Sonne hinter bedrohlich dunklen Wolken. Von einem Moment auf den anderen kracht ein unglaublicher Sturzregen herunter.

Ich flüchte in den Eingangsbereich eines Kaufhauses und beobachte ein paar Minuten das Geschehen. Die Intensität des Regens lässt nicht nach.

Was mache ich nur? Ich kann ja nicht den ganzen Nachmittag hier stehen und warten, bis der Regen aufhört! Ein Ende ist nicht abzusehen. Die Wolkendecke ist gleichmäßig dunkelgrau, und die Blasen auf den Pfützen lassen auf einen lang anhaltenden Regen schließen. Ich muss weiter! Ich will schließlich noch mein Tagesziel erreichen, die Stadt Arzua, die noch 13 Kilometer entfernt ist.

Was soll schon passieren, wenn ich mich dem Unwetter stelle und weiterlaufe? Meine Schuhe sind sowieso nass, nasser geht es nicht. Jedenfalls hält mich am Oberkörper der Schirm halbwegs trocken. Das ist das Wichtigste, denn wenn ich obenherum trocken bin, friere ich auch nicht. Wenn die Hosenbeine nass werden, ist das nicht so tragisch, denn an den Beinen bin ich weniger kälteempfindlich. Außerdem trocknen die Hosen schnell durch die eigene Körperwärme, sobald der Regen aufhört.

Ich setze meinen Weg beherzt fort.

Später am Nachmittag lässt der Niederschlag nach, hört schließlich ganz auf.

»Plom, plim, plom!«

Eine WhatsApp? Cyrille schreibt!

»Ich bin in Arzua und habe eine Herberge gefundenen, in der Nähe der Kirche.«

Die Adresse schickt er gleich mit.

Wunderbar, nun brauche ich selbst nicht mehr zu suchen.

Bis dahin ist es aber immer noch ein gutes Stück zu laufen, immer an der Hauptverkehrsstraße entlang. Kurz vor Arzua sehe ich auf der anderen Straßenseite eine Tankstelle. Ob ich hinübergehe, um etwas einzukaufen? Heute ist Sonntag, und in Arzua werden alle Läden geschlossen sein. Ich bin zu erschöpft, um die stark befahrene Straße zu überqueren und trotte weiter. Jetzt tut mir auch der rechte Fuß noch weh! Harte Plattenwege sind einfach Gift.

Die Stadt ist größer als gedacht, und der Weg zieht sich ewig hin. Ich bin erleichtert, als ich endlich an der Herberge ankomme. Rolf, der eine halbe Stunde hinter mir ist, schicke ich per WhatsApp die Koordinaten.

Die privat geführte Herberge ist modern, mit gepflegten Sanitärräumen. Das Duschwasser könnte allerdings wärmer sein.

Meine Stiefel stopfe ich mit Zeitungen aus. Das ganze Regal ist voller Stiefel der anderen Pilger, alle nass, alle ausgestopft, auch das teure Paar Stiefel eines führenden italienischen Herstellers, das einem jungen Koreaner gehört. Ich hatte heute eine Unterhaltung mit ihm und er beteuerte, dass seine hochwertigen Stiefel immer noch trocken sind. Von wegen, hier stehen sie, vollgestopft bis zum Rand! Es gibt keine Schuhe, die bei tagelangem Dauerregen wasserdicht bleiben, egal, wie viel sie kosten.

Übrigens, meine Nackenschmerzen sind im Laufe des Tages vollständig verschwunden. Sie sind wie weggeblasen! Erstaunlich, wie gut die Dehnungsübungen gestern Abend geholfen haben. Ich bin so unendlich froh darüber!

Mit meiner Pilgerreise bin ich nun fast auf der Zielgeraden. Nur noch morgen einen ganzen Tag laufen. Übermorgen werde ich nach einer verhältnismäßig kurzen Etappe von 20 Kilometern in Santiago ankommen.

Zum allerersten Mal habe ich heute so etwas wie ein Motivationstief. Ich habe einfach keine Lust mehr, weiter in diesem Wetter unterwegs zu sein. Das Regen zermürbt. Wir Pilger sehnen uns nach Trockenheit und Wärme. Es soll besser werden, laut Vorhersagen. Vielleicht kommen wir in Santiago sogar bei Sonnenschein an?

Übermorgen kommt meine Pilgerreise tatsächlich zu ihrem Ende. Die fünfeinhalb Wochen, die mir anfangs unendlich lang erschienen, sind fast vorbei. Besonders auf der zweiten Hälfte des Wegs ist die Zeit im Nu verflogen. Vorgestern, in Portomarín, bedauerte ich noch, dass das Ende der Reise bevorsteht. Heute bin ich so weit, dass ich einfach nur noch ankommen will. Es gibt nichts Besonderes mehr zu sehen oder zu erleben. Jetzt ist es Zeit, die Tour zu Ende zu bringen.

Seit dem Cruz de Ferro hatte ich meine Antennen bewusst auf Empfang für spirituelle Erlebnisse gestellt. Doch nichts ist passiert. Bleibt nur noch morgen und übermorgen. Ich frage die anderen Pilger, ob sie etwas Spirituelles erfahren haben, denn wir befinden uns zusammen auf diesem Abschnitt des Caminos. Alle verneinen.

Im Keller hatte ich meine Wäsche angesetzt. Als ich in den Schlafsaal zurückkehre, sehe ich, dass Rolf inzwischen angekommen ist und in seinem Gepäck kramt.

Während ich meine Wäsche zusammenlege und sortiere, finde ich auf meinem Bett plötzlich eine kleine Stange Toblerone. Was ist das? Toblerone? Wo kommt die denn her? Seit Beginn meiner Pilgertour hatte ich in den Geschäften nach Toblerone-Schokolade Ausschau gehalten, aber nirgendwo gefunden. Eine große Stange Toblerone half mir am ersten schweren Pilgertag über die Pyrenäen. Danach bekam ich nie wieder welche zu kaufen. Und nun liegt sie hier auf meinem Bett?

Ich sehe aus den Augenwinkeln wie Rolf sich schmunzelnd abwendet.

»Rolf?! Rolf, ist die Schokolade von dir?«

»Ich wusste doch, dass du ganz scharf drauf bist. Hast du vorhin die Tankstelle gesehen, kurz vor Arzua? Da war ich drin, um einzukaufen. Beim Hinausgehen sah ich die Toblerone. Da bin ich nochmal zurück und hab sie für dich gekauft.«

Vor Freude kommen mir die Tränen. Ich finde noch eine weitere Stange im Rucksack und sogar noch eine dritte in meiner Jackentasche!

Dies ist mein persönliches Camino-Wunder! Mein ganz eigenes Wunder, das mir ein Pilgerbruder bereitet hat.

Jetzt begreife ich: Die Camino-Wunder kommen von den Menschen selbst! Es ist der Zusammenhalt, die Freundschaft, die Solidarität der Pilger untereinander sowie die Hilfsbereitschaft der Einheimischen, die Camino-Wunder entstehen lassen. Je mehr ich darüber nachdenke, desto mehr Wunder fallen mir jetzt ein.

TAG 30: IDEEN FLIEGEN MIR ZU
Montag, der 23.12.2019
Arzúa–Pedrouzo

Heute ist der letzte reguläre Pilgertag, denn morgen ist nur noch Zieleinlauf nach Santiago. Müsste ich jetzt nicht irgendetwas Besonderes spüren? Etwas Feierliches? Irgendein Hochgefühl? Nein, der heutige Tag fühlt sich an wie immer – ein normaler, regnerischer Pilgertag.

Rolf und ich laufen in Sichtentfernung. Am Vormittag kommen wir an eine Stelle des Caminos, die wegen einer ausgedehnten Überschwemmung überhaupt nicht mehr passierbar ist. Die Steinbrücke, die normalerweise über einen Bach führt, steht komplett unter Wasser. Die umliegenden Wiesen bilden einen See. Rolf und ich suchen die Umgebung nach einer Möglichkeit der Überquerung ab. Wir finden nichts. Hindurchwaten ist ebenfalls keine Option, denn das Wasser ist stellenweise hüfttief. Wir kehren um und nehmen den Umweg über die Straße.

Gegen Mittag schickt mir Rolf die Koordinaten eines Cafés, denn er ist nun wieder vor mir. Als ich dort ankomme, finde ich die gesamte Pilgerschaft vor. Ich setze mich zu einer Pilgerin an den Tisch, mit der ich bisher noch nie gesprochen habe.

Gestern sah ich sie zum ersten Mal von Weitem. Sie fiel mir wegen ihres ungewöhnlichen Äußeren auf. Mit ihrer Igelfrisur erinnert sie mich an einen buddhistischen Mönch. Ihre Haare sind rotblond und ihr Gesicht markant und ausdrucksstark. Anfangs war ich mir nicht sicher, ob sie ein Mann oder eine Frau ist, denn ihre Kleidung und ihre Körpersprache wirken eher männlich. Sie mag vielleicht Ende 30 sein. Meine Neugier ist auf jeden Fall geweckt. Jetzt ist Gelegenheit, sie kennenzulernen.

Wir unterhalten uns lebhaft und reden sogar noch weiter, als wir gemeinsam das Café verlassen.

Meine Pilgerschwester stammt aus Irland und heißt Shae. Sie begann ihre Pilgertour in Sarria, einhundert Kilometer vor Santiago. Mehr Zeit hatte sie nicht für die Tour.

Als junges Mädchen ging sie nach dem Abitur nach China, gegen den Willen ihrer Eltern, die alles andere als begeistert waren. Sie lebte sieben Jahre lang in einem abgelegenen Dorf. Dort erlernte sie die Landessprache. Inzwischen wohnt sie in London und gibt an der Universität Chinesisch-Kurse.

Shae ist Single. In ihrer Freizeit ist sie viel outdoors unterwegs, geht joggen und wandern. Sie denkt darüber nach, vielleicht in ein paar Monaten auf den Camino zurückzukehren, um dann die gesamte Strecke ab Saint-Jean-Pied-de-Port zurückzulegen. Sie erkundigt sich, wie ich meine Tour erlebt habe.

»War es schwer, sechs Wochen pausenlos zu laufen? Wie hast du das geschafft?«

»So schlimm war es nicht. Das kann jeder schaffen, der einigermaßen gesund und fit ist. Notfalls kann man ja auch mal einen Ruhetag einlegen oder mit dem Bus fahren.«

»Hattest du keine Probleme mit der Motivation? Grade jetzt im Winter hat es doch nicht immer Spaß gemacht, oder?«

»Unterwegs, besonders bei Dauerregen, hatte ich manchmal wirklich die Nase voll. Und abends war ich manchmal ziemlich fertig. Erstaunlicherweise war ich aber jeden Morgen wieder top fit, egal, wie erschöpft ich am Vorabend war, oder wie schlecht ich schlief. Jeden Morgen habe ich mich aufs Neue auf den Tag gefreut, selbst bei schlechtem Wetter. Niemals habe ich auch nur eine Sekunde darüber nachgedacht, die Tour abzubrechen.«

Ich schildere ihr viele lustige Begebenheiten. Berichte ihr von meinen Selbstbeobachtungen und meinen Beobachtungen der Mitpilger. Wir lachen ununterbrochen. Wie ein Stand-up-Co-

Typisch Galicien – Natursteinmauern am Camino

median gebe ich eine Story nach der anderen zum Besten. Ist das vielleicht der Einfluss von vier Staffeln »Marvelous Mrs. Maisel«?

Wir laufen immer weiter, bis Shae stutzig wird.

»Sag mal, wann haben wir das letzte Mal einen gelben Pfeil gesehen?«

Wir blicken uns um, hier sind keine Wegmarkierungen mehr. Wir müssen zurück. Dass ich einen Abzweig verpasst habe, ist mir bisher auf dem gesamten Camino nicht passiert!

Später, als ich wieder allein bin, geht mir die Unterhaltung mit Shae noch lange durch den Kopf. Unser Gespräch hat mir verdeutlicht, wie viel ich in den letzten Wochen erlebt habe. Was wäre, wenn ich diese Geschichten aufschriebe? Wenn ich ein Buch über meine Erlebnisse verfasse, unterhaltsam, lustig, mit ein wenig Augenzwinkern, aber auch zum Nachdenken? Eine Schilderung, wie es wirklich war? Wie fühlt es sich an, als ganz normale Pilgerin in der heutigen Zeit, ohne religiöse Absichten, auf dem Camino unterwegs zu sein?

Schon fange ich an, im Geiste ein Inhaltsverzeichnis zu strukturieren, einen Buchtitel zu suchen. Meine Gedanken verselbständigen sich. Wie klingt »Pilgern 4.0«?

»Pilgern 1.0« wären die Kelten, die den Weg als Erste gingen. »Pilgern 2.0« steht für die Zeit der christlichen Pilger in den Jahrhunderten vor uns. »Pilgern 3.0« ordne ich Hape Kerkeling zu sowie den vielen Menschen, die sich von ihm inspiriert auf den Weg gemacht haben. Und jetzt, achtzehn Jahre später? Wir sind im digitalen Zeitalter – also »Pilgern 4.0«!

Das Handy ist das ultimative Hilfsmittel des modernen Pilgers. WhatsApp, die Pilger-App »Buen Camino«, das offizielle Herbergsverzeichnis und GPS-Tracks machen die Tour sicherer und vereinfachen den Kontakt untereinander. Ich habe keinen einzigen Pilger ohne Smartphone getroffen.

Verrückt! Ich hatte bis jetzt nicht im Traum daran gedacht, ein Buch zu schreiben. Bisher interessierte mich nur das Fotografieren. Und jetzt kommt aus dem Nichts diese Idee!

Seit ein paar Tagen schon denke ich darüber nach, was nach dem Camino kommt, wenn ich wieder zu Hause bin. Ganz von selbst gehen die Gedanken in diese Richtung.

Moment! Dieser Richtungswechsel, dieser Wendepunkt vom Rückblick zur Vorschau, ist irgendwann nach dem Cruz de Ferro eingetreten, auf dem spirituellen Abschnitt.

Nach dem Kreuz wartete ich die ganze Zeit vergeblich darauf, dass etwas Spirituelles passieren würde, irgendetwas Übernatürliches. Nichts dergleichen fand statt. Ich war schon fast enttäuscht.

Vielleicht ist unter der spirituellen Erleuchtung etwas ganz anderes zu verstehen? Vielleicht sind die Ideen gemeint, die dem Pilger am Ende der Reise zufliegen? Oder die Änderungen seines Gemütszustands? Bei mir von deprimiert und verbiestert zu »gut drauf« und optimistisch? Bin ich am Ende sogar wieder ich selbst?

Fedor ist mir einen Tag voraus. Gestern übernachtete er in einer kleinen Pension in Pedrouzo und schickte die Koordinaten. Mir ist heute ebenfalls nicht nach Massenquartier und Halligalli in der Herberge zu Mute. Ich möchte lieber allein sein und mich auf den morgigen letzten Tag meiner Pilgerreise einstimmen. Nur noch dieses eine Mal übernachten und dann gehe ich auf meine allerletzte Etappe.

Einerseits fällt es mir schwer, vom Camino Abschied zu nehmen, andererseits reicht es jetzt auch irgendwie. Die letzten Tage im Dauerregen haben nicht wirklich Spaß gemacht und etwas Neues zu sehen gibt es ebenfalls nicht mehr. Jetzt freue ich mich auf Santiago, die Kathedrale und den Pilgergottesdienst mit dem Schwenken des großen Weihrauchbehälters.

Ob Fedor inzwischen an der Kathedrale von Santiago angekommen ist? Er hat sich noch nicht gemeldet. Muss er vielleicht lange im Pilgerbüro auf seine Urkunde warten?

Endlich kommt 18.43 Uhr seine erlösende WhatsApp:

»Hallo Schwesterherz, ich bin da!! Ich habe es geschafft! Yes, yes, yes! Ich habe meine urkunde bekommen! 2.490 km ... Sie haben es nachgemessen. Bin sehr proud for myself! Ich bin am weinen jetzt! Ich weis sicher ... Morgen hast du das auch.«

Ich antworte sofort.

»Wow, ich gratuliere Dir und umarme Dich! Ich bin so stolz auf Dich!!! So viele KM!! Jetzt muss ich auch weinen, weil Du das geschafft hast ... Toll!!«

Fedor ist von Maastricht bis Santiago gelaufen, in drei Monaten über eine Strecke von 2.490 km. Welch eine Leistung! Als er im Herbst von zu Hause loslief, sagten seine Bekannten: »Fedor, wir gehen jede Wette ein, in einer Woche bist du wieder zurück!«

Aber, er hat es geschafft. Er hat diese gewaltige Tour bewältigt, hat durchgehalten und ist über sich hinausgewachsen.

Wie wird es mir morgen um diese Zeit ergehen?

Ich fürchte die Gefühle werden mich bei meiner Ankunft an der Kathedrale ebenfalls überwältigen.

TAG 31: HEILIGABEND IM ZIEL
Dienstag, der 24.12.2019
Pedrouzo–Santiago de Compostela

Ich habe verschlafen. Das erste Mal überhaupt auf meiner Pilgertour. Erst 7.30 Uhr werde ich wach. Um diese Zeit bin ich normalerweise schon längst unterwegs. Vielleicht denkt mein Körper, dass er schon im Ziel ist und ausruhen darf? Aber, macht nichts, heute sind es nur 20 Kilometer bis Santiago. Wenn alles gut geht, werde ich am Nachmittag, zur besten Bescherungszeit, an der Kathedrale ankommen. Heute ist Heiligabend. Ist das nicht gut getimt, an diesem besonderen Tag am heiligen Pilgerziel anzukommen? Gibt es ein schöneres Geschenk, das man sich selbst machen kann? Schnell packe ich und verlasse die Unterkunft.

Es ist trocken, bewölkt und windig. Kein Regen! Die letzten fünf Tage, seit Triacastela, gab es täglich Niederschläge, mal Dauerregen, mal Schauer. Ich bin dankbar, dass ich wenigstens am letzten Tag im Trockenen laufen darf. Aber, noch ist es trübe und gefrühstückt habe ich auch noch nicht. Im Nu habe ich den Ortsausgang erreicht, leider ohne an einem Café oder an einer Bar vorbeigekommen zu sein. So schließt sich der Kreis. Am ersten Pilgertag bin ich ohne Frühstück gestartet, am letzten nun auch wieder. Aber ich habe ausreichend Proviant und Wasser dabei. Weil ich so spät dran bin, laufe ich völlig allein. Alle Mitpilger sind weit vor mir auf der Strecke.

Als ich das erste Dorf hinter Pedrouzo erreiche, setze ich meinen Rucksack ab, um endlich etwas zu essen. Ich beobachte, dass am benachbarten Parkplatz ein Auto hält und zwei Männer aussteigen, die eine große Filmkamera dabeihaben. Mit einer

Chorizo-Wurst in der einen Hand und einem Baguette in der anderen, die Colaflasche unter den Arm geklemmt, gehe ich weiter.

Die zwei Männer mit der TV-Kamera stehen mitten auf dem Weg und scheinen auf etwas zu warten.

»Are you a pilgrim?«, werde ich angesprochen, »where are you from?«

»Yes, I am a pilgrim and I am from Germany.«

Mir ist es peinlich, mampfend und kauend den beiden Herren zu antworten. Klar, dass ich so keine geeignete Kandidatin für ein Fernsehinterview bin. Die Journalisten erklären mir, dass sie von einer großen Tagezeitung aus Madrid sind und eine Reportage über das Pilgern im Winter schreiben wollen. Sie würden mich gern fotografieren, von hinten, während ich den Weg fortsetze. Ich habe nichts dagegen und stapfe bergauf weiter, während ich mein Essen vor den Bauch halte, damit es auf den Fotos nicht zu sehen ist. Ob morgen vielleicht ein Bild von mir in der Zeitung erscheint? Ich werde es nie erfahren.

Nach wenigen Kilometern gelange ich zum Flughafengelände von Santiago. Der Camino führt an einem hohen Maschendrahtzaun vorbei, die Masten mit den Markierungsleuchten sind zum Greifen nah. Übermorgen werde ich hier abfliegen.

Die letzten zwölf Kilometer bis zur Kathedrale liegen vor mir. Bei jedem Straßenschild mit der Aufschrift »Santiago« verstärkt sich meine Aufregung. Mein Herz pocht bis in den Hals und ich kämpfe mit den Tränen. Bin ich bereit anzukommen?

Nicht mehr lange und ich werde im Zentrum von Santiago sein, und meine Pilgerreise ist zu Ende. Habe ich gefunden, wonach ich suchte? Haben sich meine Erwartungen erfüllt? Habe ich meine Zeit hier bestmöglich genutzt?

Ehrlich, ich weiß es nicht. Ich weiß es einfach nicht. Fedor hat gesagt, die Antworten kommen erst zu Hause …

Was hat die Pilgerreise mit mir gemacht? Habe ich mich verändert? Ja, auf jeden Fall!

Wenn ich überlege, wie es mir zu Anfang ging. Ich wollte nur meine Ruhe haben, nur für mich sein, mit niemandem reden, nur meinen Gedanken nachhängen. Das war auch gut so. Das war notwendig.

Inzwischen bin ich richtig aufgetaut, lache viel, unterhalte mich mit den Weggefährten und genieße die Geselligkeit der Pilgergemeinde, bin voller Ideen. Wie kommt das?

Als Pilger lebt man ganz im Hier und Jetzt, ist auf die allerwichtigsten Dinge reduziert. Habe ich genug zu essen und zu trinken? Bin ich trocken und warm? Habe ich Schmerzen? Finde ich abends eine Herberge? Werden die Duschen heiß sein? Finde ich unterwegs eine Bar, um einen Kaffee zu trinken? Wo sind meine Mitpilger?

Alles andere, was man an Gedanken und Problemen von zu Hause mitbrachte, verliert nach und nach an Bedeutung. Wenn man sich bei Sturm und Regen darauf konzentrieren muss, dass man nicht von Windböen vor ein Auto geschleudert wird, interessieren einen die Umstände eines zurückliegenden Jobverlusts herzlich wenig. Wenn man Hunger oder Durst hat, ist nur wichtig, wo der nächste Supermercado ist. Alle Ungerechtigkeiten des zurückliegenden Lebens sind einem in diesem Moment egal!

Im Gegenzug machen die schönen Dinge der Reise wie Landschaften bei Sonnenaufgang, zauberhafter Nebel, interessante Orte und geheimnisvolle Klöster umso größeren Eindruck. Man freut sich über Kleinigkeiten, wie die erfrischende Orangenlimo bei einem anstrengenden Aufstieg, über ein freundliches Gespräch, das Bier am Abend in der Herberge. Man hat viel Zeit,

ganz bei sich zu sein, in sich hineinzuhorchen, über vieles nachzudenken, seinen Gedanken freien Lauf zu lassen. Ohne dass es
einem bewusst wird, legt man jede Menge Ballast ab und es ent-
steht Raum für Neues – neue Ideen, neue Pläne, neue Energie.

Es wird ein bewegender Moment sein, wenn ich in Santiago
an der Kathedrale ankomme. Werden mich die Gefühle dort
überwältigen? Meinem Pilgerbruder Fedor ging es so, fast jedem
Pilger geht es so. Die Emotionen drängen bereits jetzt unauf-
haltsam nach oben!

Ich erinnere mich an meinen Zieleinlauf beim Marathon
vor vielen Jahren in Hamburg. Tief durchatmen! Ruhig bleiben!
Nicht heulen! Ich rannte an den Zuschauertribünen vorbei, auf
dem roten Teppich dem Ziel zu. Dann gab es kein Halten mehr.

Genauso geht es mir auch jetzt – ein jahrelang gehegter Le-
benstraum kommt heute zur Vollendung.

Ab dem Pilgermonument auf dem Monte del Gozo steige ich
ab, hinunter nach Santiago, bald erreiche ich die ersten Häuser. Nach der Einsamkeit der verregneten, altertümlichen Dörfer von Galizien tut es gut, endlich wieder in einer modernen
Stadt zu sein, zurück in der Zivilisation. Die Ampeln, Straßen
und Geschäfte, die vielen Menschen auf den Fußwegen stören
mich diesmal nicht. Im Gegenteil, das pulsierende Leben auf
den Straßen lenkt mich ab und erdet mich. Es ist Heiligabend,
früher Nachmittag und es herrscht quirlige Betriebsamkeit. In
Deutschland wäre um diese Zeit niemand mehr auf der Straße
zu sehen.

Ich nehme mir vor, die letzten Kilometer bis zur Kathedrale
ganz bewusst zu gehen und zu genießen. Die Sonne scheint, es
ist herrlichstes Wetter. Was für ein Empfang! An einer Straßen-
ecke entdecke ich eine Bar. Super, ich hatte heute noch keinen
Kaffee. Den genehmige ich mir jetzt in aller Ruhe, bevor ich ins

Zentrum spaziere. Die Bar ist modern und stylisch, die Bedienung sehr freundlich. Familien mit Kindern sitzen beim Mittagessen. Als ich die Bar verlasse, ist es 14.13 Uhr.

»Plom, plim, plom«, eine WhatsApp von Rolf.

»Das Pilger Office ist bis 14.45 Uhr offen. Bin schon da. Morgen ist das Office geschlossen.«

Was?! Machen die in einer halben Stunde schon zu?!

»Ich beeile mich!«, schreibe ich zurück.

Ich versteh das nicht! Laut Tourbuch ist das Pilgerbüro jeden Tag bis 21 Uhr geöffnet, egal, ob Sonn- oder Feiertag. Und nun schließen sie schon am Nachmittag, und morgen, am Weihnachtsfeiertag, ist ganz zu? Wenn ich eine Urkunde haben will, muss ich mich extrem beeilen! Bis zur Kathedrale sind es noch drei Kilometer. Wenn ich Glück habe, schaffe ich das gerade so.

Ich rase los, immer den gelben Pfeilen nach. An einer Kreuzung verliere ich die Wegweisung, sehe keine Pfeile mehr. Ich laufe in eine schmale Gasse hinein, laut Google Maps müsste es hier entlanggehen. Da spricht mich ein älterer Herr an, ob ich zur Kathedrale wolle, denn ich sei falsch! Er zeigt in eine andere Straße, eine steile Treppe hinauf. Ich erklimme die vielen Stufen und tatsächlich, oben finde ich die gelben Markierungen wieder. Ich bin zurück auf Kurs, habe aber wertvolle Minuten verloren.

Ich eile, so schnell ich kann, weiter, überquere eine Straße und werde heftig angehupt. Reifen quietschen! Oh, hier war ja eine Ampel! Ich bin bei Rot rübergegangen, ohne zu schauen.

»Ich bin überhaupt nicht mehr großstadttauglich!«, erschrecke ich, »tagelang war ich in einsamen Gegenden unterwegs und habe mir ganz abgewöhnt, auf Straßen und Verkehr zu achten.«

Die beiden Türme der Kathedrale rücken näher. Schnell, schnell, schnell! Ich muss es zum Pilgerbüro schaffen, denn auf die Compostela will ich nicht verzichten! Noch eine Gasse ent-

lang, durch ein Tor hindurch und die Treppe hinunter und ...
ich stehe vor der Kathedrale. Am Ziel!

Aber wo ist das Pilgerbüro? Es muss hier in der Nähe sein! In
fünf Minuten schließt es. Ich stürze auf ein paar Koreaner zu, die
ihre Urkunden schon in den Händen halten: »Leute, sagt mir mal
ganz schnell, wie es zum Pilgerbüro geht, die machen gleich zu!«

Ich eile die gezeigte Gasse entlang. Pilgerbruder Raffael
kommt mir entgegen.

»Wo ist das Büro, Raffael?«

Er zeigt hinter sich auf ein Haus mit dunkler, großer Holztür. Die Tür ist auf, ich trete ein. Rolf steht vor mir!

»Da vorn, zum Tresen musst du hin!«, ruft er mir zu.

Ich bin die einzige und allerletzte Pilgerin im großen Abfer-
tigungssaal. Geschafft!

Ich überreiche der Dame meine beiden Stempelbücher, die
sie genau studiert. Sie nimmt eine bunt bedruckte, vorbereitete
Pilgerurkunde und trägt mit schnörkeliger Schönschrift meinen
Namen und die Gesamtkilometer ein. Dazu kaufe ich noch einen Köcher, um die Urkunde zu rollen und sicher zu verwahren.

Ich atme tief durch. Ich habe meine Pilgerurkunde, jetzt ist
alles gut!

»Und, was machen wir jetzt?«, fragt Rolf, der auf mich gewartet hat.

»Wir gehen zur Kathedrale und kommen erst einmal richtig
an!«

Vor lauter Hektik hatte ich keine Zeit, beim Anblick der im-
posanten Kirche in Ehrfurcht zu versinken, hatte nicht einmal
Zeit für überwältigende Gefühle! Ganz ehrlich – ich bin sogar
froh darüber.

»Hast du Hunger?« fragt Rolf, »wollen wir was essen gehen?
An der Treppe bei der Kathedrale ist ein gutes Restaurant. Die
haben Pulpo, habe ich gesehen.«

Die Kathedrale von Santiago de Compostela

Natürlich habe ich Hunger. Es ist jetzt nachmittags um drei Uhr und seit heute früh habe ich nichts gegessen.

»Klar, zur Feier des Tages leisten wir uns das«, stimme ich zu. Wir betreten das schicke Restaurant. Die Tische sind mit weißen Tischdecken, gestärkten Stoffservietten, Gläsern und Besteck elegant eingedeckt. So fein war ich auf dem Camino noch nie essen.

»Rolf, das haben wir uns jetzt verdient! Wir haben unser Ziel erreicht und außerdem ist Weihnachten!«

Wir nehmen Platz. Selbst dieses Lokal bietet ein Pilgermenü an, mit Pulpo im Hauptgang. Dazu bestellen wir den regionalen Weißwein, Albariño. Wir sitzen am Tisch, die Rucksäcke neben uns, stoßen auf unsere erfolgreiche Pilgertour an und genießen das Essen. Wir freuen uns wie die Schneekönige und tauschen die Erlebnisse der letzten Tage aus und sind einfach nur glücklich! Rolf will übermorgen noch weiter nach Finisterre wandern, zum »Ende der Welt«.

Ich denke an Gunter, der genau zu dieser Stunde als Weihnachtsmann verkleidet in Dresden unterwegs ist, kleine Kinder bespaßt und hoffentlich nicht zu sehr erschreckt. Ich spüre, jetzt ist es Zeit, wieder nach Hause zu gehen.

Auf dem Vorplatz der Kathedrale machen Rolf und ich gegenseitig die obligatorischen Finisherfotos. Nach und nach treffen fast alle Pilger ein, die ich kenne und zum Teil seit Tagen nicht gesehen habe.

Das gibt es doch nicht! Da ist doch … Heedo! Heedo in Begleitung von Cyrille! Cyrille war gestern ebenfalls in Pedrouzo. Wir hatten noch miteinander gewhatsappt. Aber Heedo? Wo kommt er plötzlich her? Ich hatte ihn ganz am Anfang der Tour aus den Augen verloren, als ich drei Etappen mit dem Bus vorgerückt war. Ich kann es kaum glauben, dass er nun vor mir steht! Wir fallen uns in die Arme. Er erzählt mir, dass er sich auf der gesamten Strecke sehr beeilt hat, um mich einzuholen, denn er wollte mich unbedingt wiedersehen. Heute ist es ihm endlich gelungen, am allerletzten Tag!

Während wir Pilger beieinanderstehen, uns begrüßen und umarmen, treffen immer mehr Bekannte ein, schließlich auch Kim. Das letzte Mal sah ich ihn vor zwei Wochen in León. Sogar Brian aus New York kommt uns entgegen gehumpelt. Mit ihm hatte niemand mehr gerechnet, da ihm in León ein Arzt wegen seiner Bänderdehnung Ruhe verordnet hatte. Er hatte es in León nicht lange ausgehalten und war mit dem Bus weitergefahren.

Endlich entdecke ich Fedor. Mein Pilgerbruder, dessen Teleskopstock und Warnweste ich noch bei mir habe. Jetzt sehen wir uns wieder!

An diesem Nachmittag begegnen mir fast alle Pilger, die ich unterwegs kennenlernte. Erstaunlich, hier an der Kathedrale führen wirklich alle Wege zusammen.

Nun wird es Zeit, mein Quartier aufzusuchen. Die kleine Pension befindet sich in einer Seitengasse im Stadtzentrum. Ein kleines, sehr einfaches Zimmer mit Bad.

Für abends habe ich mich mit Fedor verabredet. Um 19 Uhr treffen wir uns an der Kathedrale. Er hat einen Werbeflyer dabei, der zu einer Weihnachtsfeier ins »Pilgerhaus« einlädt. Klingt gut, dort könnte ich ja mal vorbeischauen. Fedor kommt nicht mit, weil er von einer Familie aus seiner Herberge eingeladen worden ist.

Das Pilgerhaus wird von einem US-amerikanischen Ehepaar geführt. Ich bin der erste Gast auf der Party. Nach und nach treffen weitere Pilger ein, die ich alle nicht kenne. Ich schreibe Rolf eine WhatsApp und schicke ihm die Koordinaten. Wenig später kommt er dazu.

Es ist ein kleines Buffett aufgebaut mit Snacks und Finger-food und es gibt – Glühwein. Wie sehr hatte ich ihn vermisst! Er schmeckt gut, würzig und fruchtig, aber ich bezweifle, dass Alkohol darin ist.

Ich unterhalte mich mit der älteren Australierin, die neben mir sitzt. Sie ist zum dritten Mal den Camino Francés gelaufen. Ich bin baff. Wie, um Himmel willen, kann man dreimal exakt dieselbe Strecke laufen und dafür aus Australien anreisen? Es gibt doch noch viel mehr Caminos hier in Spanien, die Nordroute, den portugiesischen Weg, den Silberweg und den Primitivo. Die sind doch mindestens genauso interessant!

Inklusive Gastgeber sind wir zehn, zwölf Leute. Ich vermis-se die Koreaner. Es sind überhaupt keine Asiaten hier. Mit den anderen Pilgern werde ich nicht so recht warm. Es gibt weder Bier noch Wein. Eine Party ohne Alkohol? Und das auf dem Camino? Fast jeden Abend hatten wir Pilger in den Herbergen zusammengesessen, gequatscht, gelacht, und ja – natürlich auch Alkohol getrunken.

Das Betreiberehepaar kümmert sich hauptberuflich um die Seelsorge von Pilgern, die hier ankommen. Die beiden wirken auf mich wie Missionare. Sie selbst sind noch keine einzige Etappe auf dem Camino gelaufen.

Irgendwie fühle ich mich hier nicht so recht wohl. Das ist nicht mehr mein Camino. Das ist nicht mehr der einfache, ehr-liche Camino ohne Schnickschnack, ohne Missionare und ohne Bevormundung. Um nicht unhöflich zu erscheinen, bleibe ich noch bis 22 Uhr und verschwinde dann.

ABSCHIED

»Plom, plim, plom«, ich werde wach. Das gibt es doch nicht, es ist schon nach acht Uhr! Was ist nur mit mir los? Ich habe ja schon wieder verschlafen!

»Guten morgen beate, biste schon wach? Es ist nichts offen zum frühstücken, alles ist zu«, schreibt Fedor per WhatsApp.

Heute, am ersten Weihnachtsfeiertag, sind alle Bars und Restaurants geschlossen? Ich kann es mir kaum vorstellen.

»Die Kathedrale ist auf, war grade drin«, folgt die nächste Nachricht, diesmal von Rolf.

Gestern hatten die anderen Pilger erzählt, dass die Kirche wegen Bauarbeiten geschlossen ist und deshalb dort auch keine Pilgermesse stattfindet. Schade, kein Schwenken des großen Weihrauchbehälters. Die Pilgermesse ist stattdessen in einer anderen Kirche anberaumt, ohne Weihrauchzeremonie natürlich. Schnell raus aus den Federn!

Die Kathedrale ist nur fünf Minuten von meinem Quartier entfernt. Tatsächlich, die Bars, Restaurants und Geschäfte sind vergittert. Kaum ein Mensch ist im Stadtzentrum zu sehen.

Der Seiteneingang der Kathedrale, am Pferdebrunnen, ist offen. Das geräumige Kirchenschiff ist innen mit Baugerüsten zugestellt. Viel ist von der Kirche nicht zu sehen. Die mit Edelsteinen besetzte, überlebensgroße Goldbüste des heiligen Jakobus thront oberhalb des Hauptaltars. Außer mir schlendert nur ein älteres koreanisches Ehepaar durch den Kirchenraum. Sie sind Touristen. Ansonsten bin ich allein hier.

An der Seite des Altarraums entdecke ich eine unscheinbare Tür.

Es ist der Zugang zu einer schmalen Treppe, die zu einem Podest führt, das sich direkt hinter der Heiligenfigur befindet. Ich steige die Stufen nach oben, stehe unmittelbar hinter Jakobus, kann ihm über die Schulter schauen, in das Kirchenschiff hinein. Jetzt bin ich da! Ich bin am eigentlichen Ziel meiner Pilgerreise angelangt!

Ein weiträumiges Netz an Jakobswegen erstreckt sich über ganz Europa. Die vielen Wege werden nach und nach zu größeren Hauptstrecken vereint, bevor alle Routen schließlich in Santiago zusammentreffen. Alle Wege haben ein einziges, gemeinsames Ziel – diese Kathedrale, in der die sterblichen Überreste des Apostels beigesetzt sind und wo sich seine Statue befindet, die das versinnbildlicht.

Nach altem Brauch der Jakobspilger umarme ich die Heiligenfigur von hinten und berühre sie mit Stirn und Augenbrauen.

»Ich habe es zu dir geschafft, mein Freund!«

Lange halte ich so inne, während ich an die wichtigsten Ereignisse meiner Reise zurückdenke.

Wie viele Pilger werden diese Goldbüste vor mir berührt haben? Der Gedanke erfüllt mich mit Ehrfurcht. Welche Strapazen und Gefahren mögen sie durchgestanden haben?

Jeder Einzelne erlebte seine ganz eigene Geschichte. Uns alle eint das gemeinsame Ziel, hier anzukommen, beim heiligen Jakob, unserem Beschützer und Begleiter auf dieser beschwerlichen Reise. Wie die vielen Tausend, vielleicht sogar Millionen Ankömmlinge vor mir, bin ich in diesem bewegenden Moment von tiefer Dankbarkeit erfüllt. Dankbarkeit dafür, dass ich sicher angekommen bin. Dankbarkeit für alles, was ich erlebt habe und was mir der Camino gegeben hat. Das unterscheidet mich nicht von den Pilgern früherer Zeiten.

Fedor und ich verabreden uns zum gemeinsamen Frühstück. Nach längerem Suchen finden wir eine offene Bar. Das Café ist gut besucht, es ist kaum möglich, einen Sitzplatz zu bekommen. Heute ist schönstes Wetter, die Spanier sitzen an Bistrotischen im Freien in der Sonne, obwohl die Temperaturen kühl sind. Wir genießen unser Frühstück, als mich eine WhatsApp von Rolf erreicht:

»Warst du gar nicht in der Pilgermesse?«

Oh, es ist schon 14 Uhr! Das hatte ich völlig vergessen! Fedor und ich waren so froh, endlich ein offenes Lokal gefunden zu haben, dass wir nicht mehr an die Messe dachten. Schade, aber nicht zu ändern. Die ungestörten Minuten beim Heiligen in der Kirche waren mir wichtig. Das war mein persönlicher Abschluss der Pilgerreise.

Am Abend treffe ich Rolf und Raffael an der Bar des Hotels Parador. Fedor und Cyrille kommen dazu. Gemeinsam gehen wir in eine Pulpería im Stadtzentrum. Heedo meldet sich, er sei in einer Kneipe, ganz in der Nähe, zusammen mit einer Gruppe Koreaner. Fedor, Cyrille und ich machen uns nach dem Essen dorthin auf den Weg.

Spät abends sitzen Fedor, Cyrille, Heedo und ich zusammen beim Bier und blicken auf das Erlebte zurück.

»Habt ihr gefunden, wonach ihr auf dem Camino gesucht habt? Was nehmt ihr in euer Leben mit nach Hause? Was habt ihr gelernt? Was hat der Camino euch bedeutet?«, möchte ich von meinen Pilgerbrüdern wissen.

»Der Camino hat bei mir Körper und Seele wieder zusammengebracht«, fasst es Fedor zusammen.

Cyrille ergänzt: »Das Spannende auf dem Camino ist, Menschen aus vielen Ländern zu treffen. Außerdem lernt man das Gastgeberland intensiv kennen. Die Kultur, die Landschaft, das Alltagsleben sowie das Wetter – alles spürt man hautnah. Wunderbarerweise bekommt man auf dem Camino immer

Gasse im Zentrum von Santiago de Compostela

dann Hilfe, wenn man sie braucht. Das habe ich mehrmals erlebt.«

Besonders beeindruckt mich Heedos Sichtweise: »Das Wichtigste auf dem Camino sind die Menschen. Der Weg selbst ist hinsichtlich der Landschaft nicht besonders spektakulär. Die Pilgerbrüder und -schwestern, denen man unterwegs begegnet, machen den Weg erst zum Erlebnis. Ich habe daraus etwas Wichtiges gelernt: Bestimmt wird es mir in meinem Leben hin und wieder passieren, dass ich eine Richtung einschlage, die nicht zum gewünschten Ziel führt. Aber das ist nicht nutzlos oder umsonst, denn egal welchen Weg ich nehme, ich werde dabei immer von anderen Menschen begleitet werden, die ihn wertvoll machen. Nicht das Ziel ist das Allerwichtigste, sondern der Weg selbst und die Menschen, mit denen man zusammen ist.«

»Beate, was war für dich die wichtigste Erfahrung auf dem Camino?«, fragt mich Heedo.

»Ich glaube, es war das Gefühl von Freiheit. Frei zu sein von den Erwartungen und Anforderungen anderer, frei zu sein von Leistungsdruck. Frei zu sein, zu tun und zu lassen, was ich will, ohne Rücksicht auf andere nehmen zu müssen. Frei zu sein, nur auf mich zu hören und auf meine Bedürfnisse.«

»Wirst du dieses Gefühl von Freiheit in deinem Alltag bewahren können, wenn du wieder zu Hause bist?«, möchte er wissen.

»Ich weiß es nicht, ich werde es versuchen. Es gibt Möglichkeiten, dieses Gefühl aufrechtzuerhalten. Zum Beispiel, wenn ich joggen gehe, oder auch, wenn ich fotografiere. Da bin ich ganz bei mir und fühle mich frei. Vielleicht werde ich das Letztere intensivieren.«

Wir sitzen den ganzen Abend zusammen, bis der Wirt schließlich die Stühle hochstellt. Draußen vor der Tür umarmen wir uns, halten uns lange in den Armen, denn nun trennen sich unsere Wege für immer. Auch die jungen Koreaner und Chinesen vom Nachbartisch umarmen wir wie gute Freunde, obwohl wir uns hier in der Kneipe zum ersten Mal sahen. Die meisten werden, wie Feodor und ich, nach Hause fahren. Heedo und Cyrille gehen morgen weiter nach Finisterre.

Es sind die Menschen, die den Camino besonders machen, Menschen aus allen Erdteilen. Auch, wenn wir uns nie wiedersehen, meine Gefährten werden für immer einen Platz in meinem Herzen haben.

ICH BIN DANN WIEDER DA
Donnerstag, der 26.12.2019
Santiago de Compostela–Dresden

Für heute früh hatte ich mir den Wecker gestellt. Noch im Dunkeln verlasse ich die Pension, um ein allerletztes Mal durch die Innenstadt in Richtung Kathedrale zu gehen. Bevor ich zum Flughafen aufbreche, möchte ich vom Camino, von Santiago und von Spanien in aller Ruhe Abschied nehmen.

Die Stadt schläft noch. Müllautos fahren bereits durch die Straßen, um den Abfall des Weihnachtsfestes einzusammeln. Die ersten Frühstücksbars öffnen. Weihnachten ist vorbei. In Spanien gibt es keinen zweiten Feiertag. Nach einem kurzen Innehalten geht das Leben wie gewohnt weiter. Ich habe die Stadt besichtigt, habe mich von meinen Pilgergefährten verabschiedet. Meine Zeit hier ist beendet.

Ich überquere ein letztes Mal den Platz vor der Kathedrale, gehe anschließend in Richtung Busbahnhof. Von hier aus pendelt ein Shuttlebus zum Flughafen. In einer schmalen Gasse öffnet sich vor mir die Tür einer Bar. Die vier italienischen Pilgerinnen und Pilger, die mit ihren bunten Rucksäcken für Farbtupfer in der düsteren Landschaft sorgten, treten auf die Straße.

»Ich reise heute ab und bin gerade auf dem Weg zum Flughafen!«

Sie kommen auf mich zu und umarmen mich.

»Wir laufen noch nach Finisterre weiter. Guten Flug und alles Gute für dich! Buen camino, und bis zum nächsten Mal!«

»Bis zum nächsten Mal?«, frage ich verwundert zurück.

»Du kommst doch bestimmt wieder – hierher auf den Camino! Dann sehen wir uns vielleicht.«

Ein letztes Mal am Platz vor der Kathedrale

Noch einmal pilgern? Auf diese Idee bin ich noch gar nicht gekommen! Aber, warum eigentlich nicht?

Gegen Mittag startet mein Flieger in Richtung Heimat, mit Umstieg in Palma de Mallorca und Köln/Bonn. Abends werde ich in Dresden ankommen. Fedor reist heute ebenfalls ab, mit dem Flixbus über Paris nach Maastricht. Er wird dreißig endlos lange Stunden unterwegs sein.

Die Heimreise verläuft ohne Probleme. Pünktlich lande ich in Dresden. Als ich aus dem Passagierbereich komme und sich die automatische Tür hinter mir schließt, entdecke ich unter den Wartenden Gunter und meine Freundin Irene. Wir fallen uns in die Arme.

Ich steige ins Auto und werde nach Hause chauffiert. Es ist alles vertraut, die Fahrt durch die abendliche Stadt, meine Begleiter, die Wohnung. Alles ist wie immer.

Aber, auf irgendeine Weise ist es auch anders. Ich bin anders. Ich habe so wahnsinnig viel erlebt. Äußerlich sehe ich genauso aus wie vor knapp sechs Wochen. Vielleicht etwas erholter, auf jeden Fall braun gebrannt. Die Haare sind von der Sonne ausgeblichen und ich bin fünf Kilogramm leichter und durchtrainiert.

Innerlich fühlt es sich an, als brächte ich einen Schatz mit, einen Sack voller wunderbarer Erlebnisse und Eindrücke. Den sieht man als Außenstehender freilich nicht.

Auf die Frage: »Na, wie war es?«, weiß ich nicht, wie ich mit wenigen Worten antworten soll und sage einfach nur: »Es war klasse!«

Es gibt so viel zu berichten, wo fängt man an, wo hört man auf?

Eine gute Woche nach meiner Heimkehr bin ich mit ein paar Freundinnen auf einer Neujahrswanderung unterwegs.

»Was war das beeindruckendste Erlebnis auf deiner Pilgertour?«, werde ich gefragt.

Das ist nicht ohne Weiteres zu beantworten. Es gibt nicht dieses eine herausragende Ereignis, es ist das Gesamtpaket, das zum unvergesslichen Erlebnis wird. Es ist die Mischung aus Freiheitsgefühl, sportlicher Herausforderung, Erleben von Natur, Landschaft, Wetter, Land und Leuten, einfacher Lebensweise, Gemeinschaft der Pilger.

Was hat die Pilgerreise mit mir gemacht?

Ich bin immer noch derselbe Mensch, auch hat sich meine Persönlichkeit nicht verändert. Ich bin auf jeden Fall deutlich mehr ich selbst, ich bin »wieder da«. Ich bin wieder »ich«!

Ich habe gelernt, besser auf mich achtzugeben, auf meine Bedürfnisse zu hören. Ich spüre wieder, was gut für mich ist und was nicht. Ich habe eine Menge Abstand zu dem bekommen, was hinter mir liegt. All das, was mich zu Beginn der Pilgerreise belastet hat, der Arbeitsstress der vergangenen Jahre sowie mein Jobverlust, sind abgehakt, liegen weit hinter mir. Es ist nichts vergeben und vergessen, auf keinen Fall! Aber es berührt mich nicht mehr. Die Menschen, die mir geschadet haben, sind mir gleichgültig geworden. Die Vergangenheit ist nicht mehr wichtig, sie ruht als kleiner, unscheinbarer Stein unter dem Cruz der Ferro. Ein Stein unter vielen tausend anderen.

Ich muss mich regelrecht zwingen, über die Zukunft nachzudenken, so stark befinde ich mich immer noch im Hier und Jetzt.

Auf dem Camino habe ich etwas Wichtiges gelernt: Wenn du Hilfe brauchst, bekommst du Hilfe. Als ich das verinnerlicht hatte, wurde ich ziemlich gelassen. Dieses Vertrauen, dass sich alles zum Guten wenden wird und im entscheidenden Moment Hilfe kommt, besteht auch jetzt, nach meiner Rückkehr, fort.

Diese unerklärlichen kleinen Wunder und Zufälle, die ich unterwegs erlebte, passieren auch jetzt manchmal, zu Hause im

Alltag, wenn auch nicht so oft. Sie gab es wahrscheinlich auch schon früher in meinem Leben, ich habe ihnen nur keine Beachtung geschenkt.

Was ich jetzt zu Hause bemerke, ist, dass ich mein Gefühl der Freiheit, das ich auf dem Camino wiedererlangt habe, einfach nicht mehr hergeben will. Bei allen Aktivitäten frage ich mich jetzt, ob ich das wirklich will.

Beim Schreiben dieses Buches habe ich meine Pilgeraufzeichnungen hervorgenommen. Auf der Heimreise, im Flieger, notierte ich alles, was mir an Ideen für die Zeit »danach« zugeflogen war. Viele Stichpunkte gehören zu meiner Liste. Einen Teil davon habe ich bereits verwirklicht, wie zum Beispiel dieses Buch.

Die allerletzte Notiz in meinem Pilgertagebuch, auf meiner To-do-Liste für zu Hause, lautet: »Erhobenen Hauptes durchs Leben gehen!«

Ich glaube, das bekomme ich jetzt wieder hin.

NACHWORT

Im März 2020 brach die Corona-Pandemie in Europa aus und alle Pilger in Spanien wurden nach Hause geschickt. Wie froh war ich, dass ich im Winter zuvor gestartet war! Hätte ich bis zum Frühjahr gewartet, wäre die Reise nicht mehr möglich gewesen.

Sind die Antworten zu Hause gekommen? Erstaunlicherweise – ja! Nicht sofort, aber nach und nach hat sich alles, was mich beschäftigte, fast wie von selbst geklärt. Auch einen neuen Job habe ich gefunden. Ende des Jahres 2020, mein Buchmanuskript war gerade fertig, trat ich eine neue Arbeitsstelle an.

Und was ist aus meinen Weggefährten geworden?

Mit Fedor und Rolf tausche ich noch gelegentlich WhatsApp-Nachrichten aus. Rolf lebt seit der Pilgerreise in Thailand und schickt ab und zu Fotos von Luxushotels, in denen er sich gerade aufhält. Fedor ist in den Niederlanden und wartet darauf, dass die Corona-Reisebeschränkungen aufgehoben werden, denn er hat vor, zu Fuß nach Berlin zu gehen. Dort wollen wir uns treffen.

Heedo hat in Korea ein zweites Studium aufgenommen. Er schreibt, dass er hohem Leistungsdruck ausgesetzt ist. Oft denkt er an seine Zeit auf dem Camino zurück. Das hilft ihm, sich wieder auf sich selbst zu besinnen.

Cyrille lebt seit Juli 2020 auf der kleinen französischen Insel Réunion im Indischen Ozean und arbeitet für Caritas, um armen Menschen zu helfen. »Hör auf deinen Körper!«, wie oft hatte mich Cyrille so ermahnt. Ab und zu denke ich daran und muss lächeln.

Der Camino lässt mich nicht mehr los. Ich will erneut auf Pilgertour gehen, diesmal in Deutschland, zunächst für ein bis zwei Wochen. Die Wanderkarten und ein Tourbuch habe ich schon gekauft. Wie Fedor werde ich an meiner Haustür starten, von dort zum nächsten Jakobsweg gehen und dann immer weiter nach Südwesten …

Dresden, den 31.3.2021

BEATE ZASCHKE wurde 1966 in Jena geboren und ist dort aufgewachsen. Nach dem Abitur studierte sie in Halle (Saale), ging anschließend nach Dresden und gründete dort eine Familie. Ihre beiden Söhne sind erwachsen. Inzwischen geschieden lebt sie in einer langjährigen Partnerschaft. Seit dem Studium arbeitete sie als Qualitätsmanager, Sicherheitsingenieurin und Werksleiterin in verschiedenen Branchen der Wirtschaft. Vor ein paar Jahren entdeckte sie für sich das Fotografieren als Hobby. Ihre bevorzugten Themen sind Landschaft und verlassene Orte. In ihrer Freizeit geht sie am liebsten Wandern und Radfahren – und hat immer ihre Kamera dabei.

CAMINO FRANCÉS

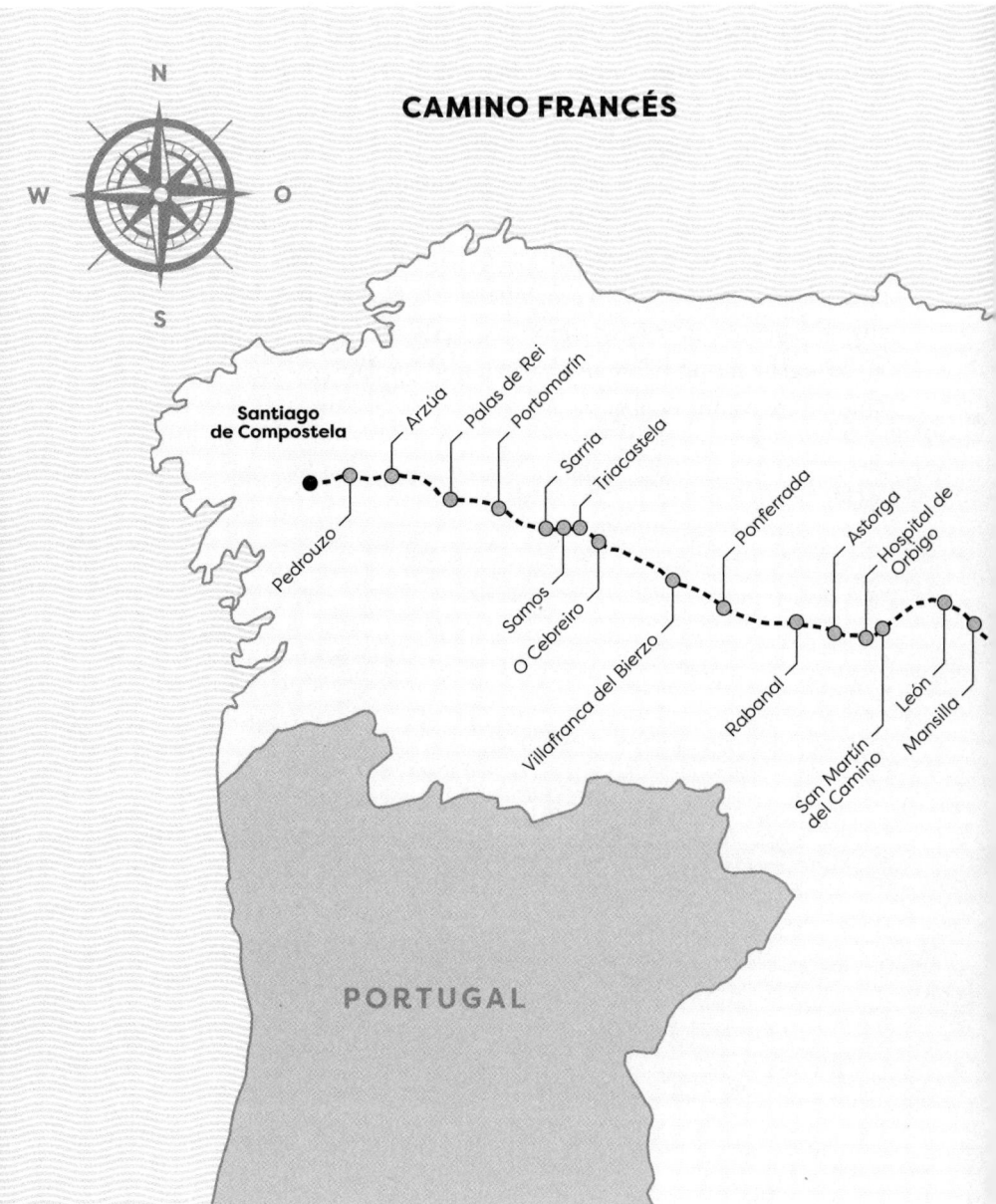

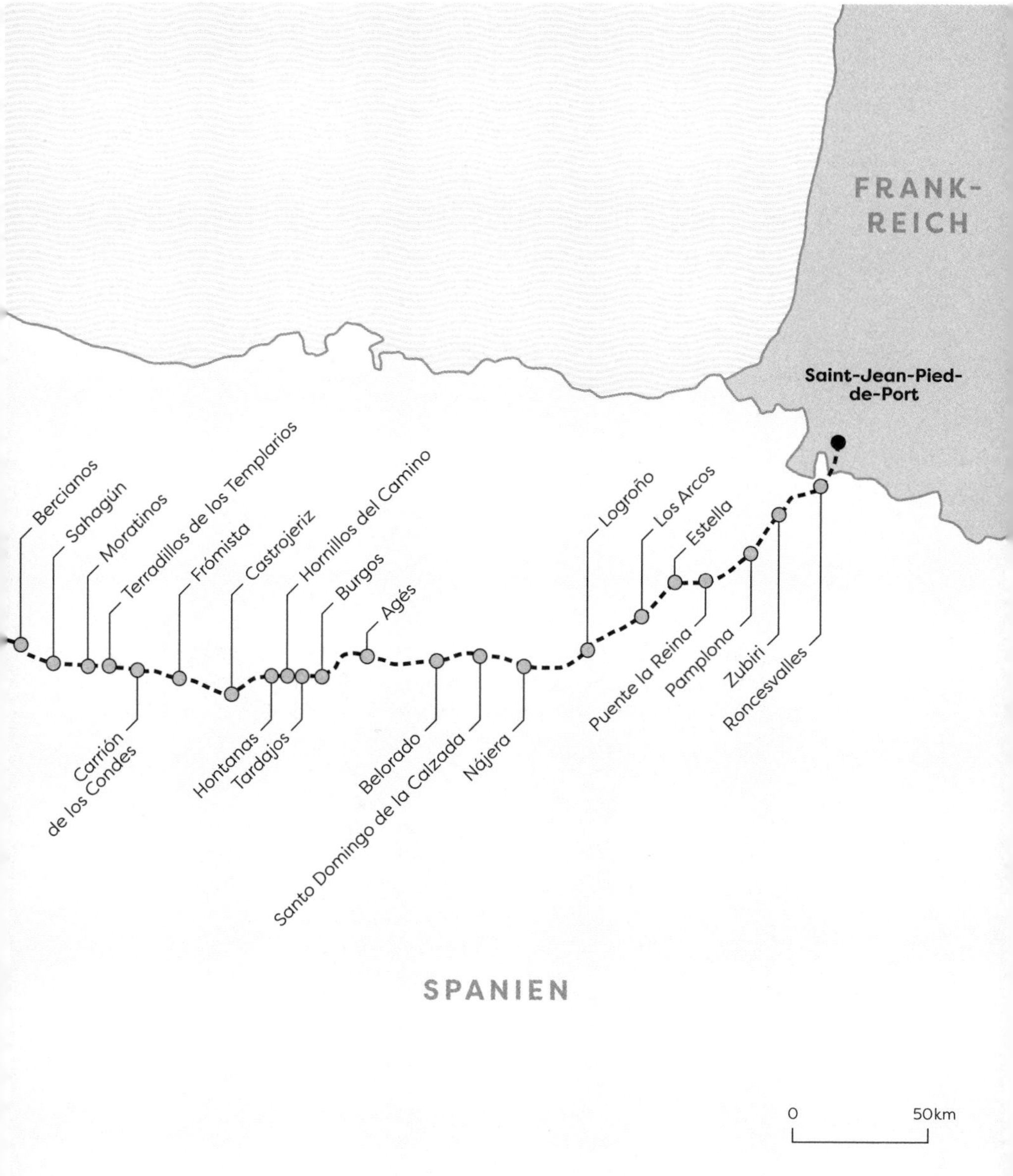

FRANK-
REICH

Saint-Jean-Pied-
de-Port

Bercianos
Sahagún
Moratinos
Terradillos de los Templarios
Frómista
Castrojeriz
Hornillos del Camino
Burgos
Agés
Logroño
Los Arcos
Estella
Puente la Reina
Pamplona
Zubiri
Roncesvalles

Carrión
de los Condes
Hontanas
Tardajos
Belorado
Santo Domingo de la Calzada
Nájera

SPANIEN

0   50km

Bibliografische Information der Deutschen Nationalbibliothek
Die Deutsche Nationalbibliothek registriert diese Publikation in der
Deutschen Nationalbibliografie; detaillierte bibliografische Daten im
Internet unter http://dnb.dnb.de.

Fotos: Beate Zaschke

1. Auflage
© 2022 mdv Mitteldeutscher Verlag GmbH, Halle (Saale)
www.mitteldeutscherverlag.de

Gesamtherstellung: Mitteldeutscher Verlag, Halle (Saale)
Layout und Satz: Stefanie Bader, Leipzig

ISBN 978-3-96311-574-5

Printed in the EU